GOODYEAR
EAGLE
BBS
SET 10

Grand Prix 98

live miterlebt

FORMEL 1

Weltmeisterschaft

8. Jahrgang

ZEITGEIST VERLAG

ZEITGEIST VERLAG
Düsseldorfer Straße 60
40545 Düsseldorf
Tel. 0211-55 62 55
Fax 0211-57 51 67

Im Vertrieb des

Motor buch Verlag

Motorbuch Verlag
Postfach 10 37 43
70032 Stuttgart

Redaktionsschluß Mitte März 1998

Alle statistischen Angaben entsprechen dem Stand vor dem Beginn der Weltmeisterschaft 1998.

Herausgegeben von
WILLY KNUPP
im Auftrag von RTL Television

8. Jahrgang

Autoren:
Christoph Schulte
Achim Schlang
(Chefreporter rallye racing)
Lukas T. Gorys

Fotos:
Lukas T. Gorys
(Weitere Fotografen siehe Seite 208)

Illustrationen:
Jim Bamber (F1-Strecken)
Fischer Kartografie (Karten)

Konzeption und verantwortlich für den Inhalt:
Hubert Bücken

Projektleitung, Redaktion:
Jörg Beckmann

Lithos:
publishing partner, Bochum

Druck:
Mohndruck, Gütersloh

Printed in Germany
ISBN 3-613-30387-6

Stories

Die Teams

Die Schauplätze

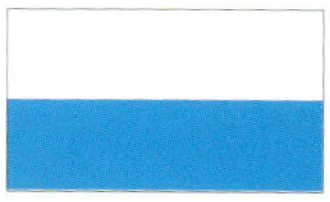

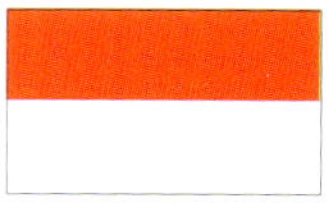

INHALT

LIEBE FORMEL-1-FREUNDE!

Die Formel 1 ist aus deutscher Sicht noch interessanter, als sie es im vergangenen Jahr ohnehin schon war. Ob Michael Schumacher, sein Bruder Ralf oder ich – wir alle haben für diese Saison hochgesteckte Ziele.
Fangen wir mit Ralf an – der muß sich in der Königsklasse endgültig etablieren. Was an der Seite seines Teamkollegen Damon Hill sicherlich nicht zu den ganz einfachen Aufgaben zählen wird.
Noch schwerer wird es für Bruder Michael sein. Ferrari hat zu Beginn des Jahres gesagt, daß für sie nur der Titel in Frage kommt. Damit kennt Michael ganz genau seinen Arbeitsauftrag.
Was meine Person angeht: Der mir nachträglich zuerkannte zweite Platz in der Weltmeisterschaft 1997 hat mich nie besonders interessiert. Nur insoweit, daß ich jetzt immer sagen kann, mir reiche es, wenn ich mich in diesem Jahr um einen Platz verbessern würde...

Letztendlich wird man jegliche Zielsetzung aber auch von der Frage abhängig machen müssen, wo unsere Williams wirklich stehen. Wie gut ist das Chassis nach dem neuen Reglement, wie stark ist der Mecachrome, welche Zwischenergebnisse werden wir im Reifenkrieg Bridgestone gegen Goodyear erleben?
Da kann es natürlich eine ganze Menge Überraschungen geben. Überraschungen, die am Ende der Saison ganz andere Teams und ganz andere Kombinationen vorne sehen werden, als wir jetzt auf dem Plan haben.
Also: Wo ich in der WM-Tabelle landen werde, ist momentan noch Kaffeesatzleserei. Was ich aber jetzt schon versprechen werde: Ich habe einen Teampartner, den ich persönlich ausgesprochen schätze. Und trotzdem will ich ihm diese Saison ein verdammt hartes Leben bereiten. Nicht nur als Teamkollege mit gleichem Material, sondern auch als amtierender Weltmeister ist Jacques Villeneuve wirklich eine hervorragende Herausforderung.

Viel Spaß beim Lesen von „Grand Prix 98 – live miterlebt" und natürlich eine spannende Rennsaison wünscht Ihnen

Ihr

In Melbourne duschte Heinz-Harald

Frentzen Sieger Mika Häkkinen. Der dritte Platz des Deutschen hinter den übermächtigen Silberpfeilen resultierte aus einer starken Leistung.

Das Bruderduell geht 1998 in die zweite Runde. Ralf Schumacher, im vergangenen Jahr war er der Rookie, hat jetzt viel mehr Erfahrung und

kann voll angreifen – auch seinen Bruder. Für Michael geht es in diesem Jahr um alles. Er will und muß mit Ferrari endlich den Titel holen.

Melbournes Tageszeitung „Herald Sun" schrieb über Villeneuve: „Der Mann ist Millionär und sieht ständig aus wie ein ungemachtes Bett."

Trotzdem oder gerade deswegen ist der erste kanadische Formel-1-Weltmeister bei den Fans auf der ganzen Welt ungeheuer beliebt.

REGLEMENT 1998

So einschneidend wie in diesem Jahr waren die Regeländerungen in der Formel 1 schon lange nicht mehr. Ziel der Funktionäre war – wie so oft – die Sicherheit zu erhöhen und die Rennen durch mehr Überholmanöver wieder spannender zu machen.

Der historische Abriß (Siehe Seite 14) zeigt, daß die Baubestimmungen für Rennwagen der Formel 1 im Verlauf der Jahre immer strenger wurden. Die Mehrheit der Ingenieure klagt deshalb, der Freiraum für revolutionäre Innovationen sei nicht mehr vorhanden. Oder andersherum ausgedrückt: Wenn ein Auto den Paragraphen entsprechend auf die Räder gestellt wird, bleibt kaum Spielraum für individuelle Details.

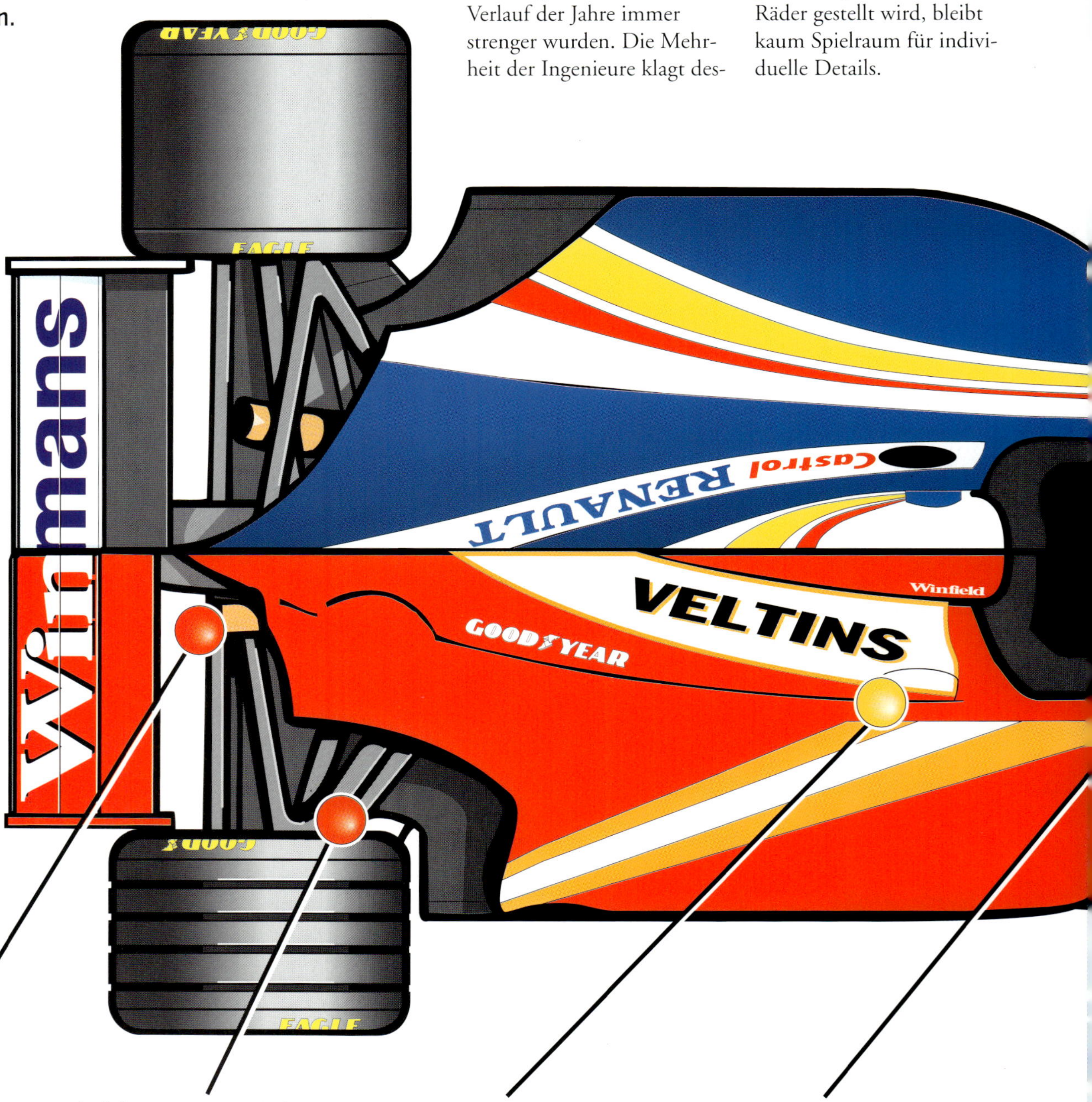

Auspuff ist nun Bestandteil der Karosserie und darf nicht über die Hinterachse hinausragen, wenn er mehr als 30 cm neben der Fahrzeugmitte liegt.

Bremsen dürfen pro Rad nur noch aus einer Bremszange und zwei Bremsklötzen bestehen. Einschränkungen bezüglich Position und Größe der Kühlleitungen.

Tankventil muß über eine Abdeckung verfügen.

Cockpitpolsterung wurde vergrößert und muß über die gesamte Länge gerade verlaufen.

Vielen Konstrukteuren wäre deshalb – unter Berücksichtigung der Sicherheitsvorschriften – eine sogenannte „Freie Formel" wesentlich lieber. Die technischen Lösungen liegen in diesem Fall absolut in der Hand der Ingenieure. Ob dann ein 5-Liter-Saugmotor in ein extremes Leichtbau-Chassis eingebaut wird oder ein 1,8-Liter-Turbo, ist völlig freigestellt. Im Grand-Prix-Sport galt die „Formule Libre" bisher nur in den Jahren 1931 bis 1933, als die Funktionäre lediglich die Renndauer bzw. die Gesamtdistanz festlegten.

Aktuell gilt zum Thema Motor ein maximaler Hubraum von drei Litern. Die Anzahl der Zylinder, die rund sein müssen, ist auf zwölf beschränkt. Lediglich Viertakt-Otto-Motoren sind erlaubt.

Die Anzahl der Räder ist auf vier beschränkt. Die Motorkraft darf über maximal zwei Räder übertragen werden.

Das Mindestgewicht der Gesamtkonstruktion muß – inklusive Fahrer – bei jeder Kontrolle mindestens 595 kg betragen. Damit die Piloten nicht bei jedem Wiegevorgang ins Cockpit klettern müssen, wird deren Gewicht zweimal pro Saison (vor dem ersten Rennen und bei „Halbzeit" des Rennjahres) registriert.

Die Sicherheitsvorschriften verlangen eine Überlebenszelle gemäß FIA-Spezifikation mit vorgeschriebener Mindestöffnung (für 1998 vergrößert) und Mindestabmessungen (für 1998 er-

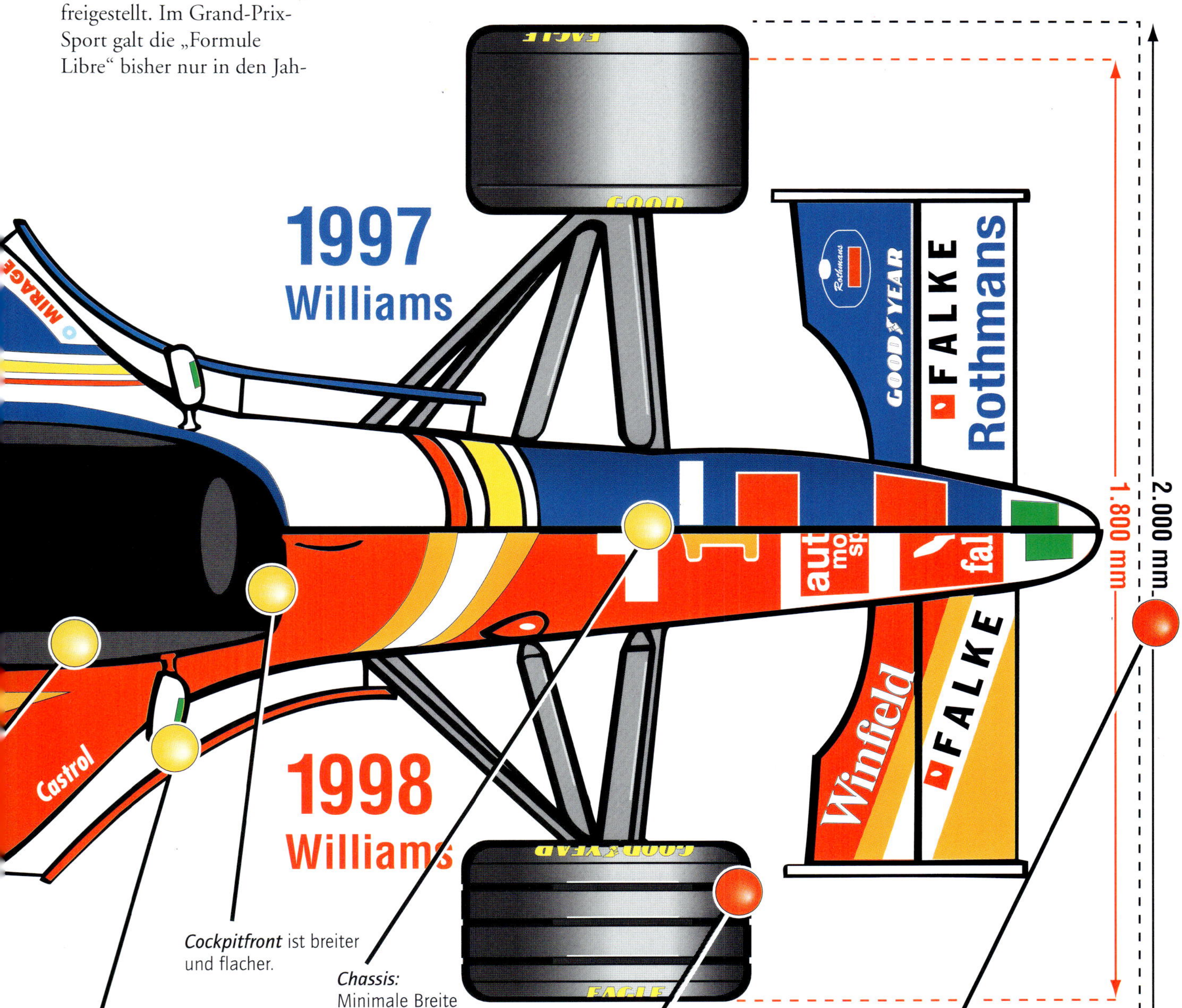

Cockpitfront ist breiter und flacher.

Chassis: Minimale Breite am vorderen Befestigungspunkt der Vorderradaufhängung beträgt 350 mm und vergrößert sich bis zur vorderen Cockpitöffnung auf 450 mm. Zwischen diesen Punkten muß die Chassislinie gerade verlaufen.

Spiegel wurden von 5 x 10 cm (Höhe x Breite) auf 5 x 12 cm vergrößert.

Reifen: Die Vorderreifen müssen je drei Längsrillen aufweisen, die Hinterreifen jeweils vier. Die Mindestbreite der Rillen beträgt 14 mm, die Tiefe 2,5 mm.

Gesamtbreite: Die maximale Breite der Rennwagen wurde um 20 mm auf 1.800 mm reduziert.

höht). Der Fahrer muß das Cockpit innerhalb von fünf Sekunden verlassen können, ohne das Lenkrad zu entfernen. Außerdem sind vorgeschrieben:

- zwei Feuerlöscher (Löschdauer 10 bis 40 Sekunden für das Cockpit, 30 bis 80 Sekunden für den Bereich Motor/Getriebe),
- zwei Überrollbügel,
- Cockpitpolsterung inklusive Lenkradprallschutz,
- zwei Stromkreisunterbrecher (einer von außen zugänglich, um Helfern bei Unfällen die Unterbrechung des Kreislaufs zu ermöglichen),
- Rückwärtsgang,
- ein Ölsammler mit drei Litern Fassungsvermögen,
- Rückspiegel,
- Sicherheitsgurte,
- Rückleuchte (wird auf Anweisung der Rennleitung bei schlechten Sichtverhältnissen eingeschaltet).

Die Belastungstests (Crash-Tests) für die Bereiche Front, Heck und Flanken (in Höhe von Pilot und Tank) wurden für 1998 verschärft. Lenkrad und -säule müssen ebenso den Sicherheitsvorschriften entsprechen wie die Aufhängungsteile, die „Sollbruchstellen" aufweisen müssen.

Die Abmessungen betragen: Bugüberhang (Vorderachse bis Spitze) max. 1.200 mm; Hecküberhang max. 500 mm; max. Gesamtbreite 1.800 mm (bisher 2.000 mm); max. Höhe 950 mm; Skidblock (Holzbrett) auf 5 cm-Stufe an der Wagenunterseite. Das Brett muß zwischen 9 und 11 mm stark sein.

Die Abmessungen der aerodynamischen Hilfsmittel liegen bei max. 1.400 mm für die Frontflügelbreite, max. 1.000 mm für die Heckflügelbreite, max. 800 mm für die Heckflügelhöhe. Das Höhe/Breite-Verhältnis der Aufhängungsteile darf die Relation 1:3,5 nicht überschreiten. Die Mindeststärke der Flügelendplatten vorn beträgt 10 mm – hierdurch soll die Gefahr des Aufschlitzens der Reifen gegnerischer Autos minimiert werden. Die Plazierung von Winglets im Heckbereich und der Deflektoren an den vorderen Flanken ist exakt definiert.

Vergrößertes Cockpit, größere Außenspiegel und Rundumpolsterung – nicht nur in Wurz' Benetton.

Neu – neben den angesprochenen Maßen für die Gesamtbreite und das Monocoque – sind Bauvorschriften für die Bremsen. Seit Saisonbeginn 1998 darf pro Rad nur eine Bremszange mit maximal zwei Bremsklötzen verwendet werden.

Im Mittelpunkt der Diskussion steht allerdings das neue Reifen-Reglement. Die profillosen Pneus – sogenannte Slicks – sind neuerdings verboten. Ohne Rück-

Slicks verboten

sicht auf die Asphaltverhältnisse müssen Reifen mit Profil montiert werden. Die Paragraphen sehen für die vorderen Pneus drei umlaufende Längsrillen vor, für die hinteren vier. Die Tiefe der Rillen beträgt 2,5 mm, die Breite 1,4 mm. Eine Mindestprofiltiefe nach Einsatz im Qualifying oder Rennen wird nicht verlangt. Aufgrund der Vertiefungen wird die Auflagefläche der Gummis reduziert – als Folge ist die Bodenhaftung der Rennwagen geringer, dadurch soll die Kurvengeschwindigkeit herabgesetzt werden.

Die Autos müssen seit Saisonbeginn also stärker abgebremst werden, zumal – wegen der kleineren Stirnfläche aufgrund der geringeren Gesamtbreite – auf den Geraden schneller gefahren wird. Zusätzlich sollen die Einzangenbremsen den Bremsweg verlängern. Damit beabsichtigte die FIA zwei Auswirkungen: Die niedrigen Kurvengeschwindigkei-

Längere Bremswege

ten sollen den Sicherheitsstandard verbessern, und dank der längeren Bremswege sollen Überholmöglichkeiten geschaffen werden. In etwa gleich starke Gegner werden nämlich grundsätzlich nicht beim Beschleunigen überholt, sondern vor den Kurven „ausgebremst". Erlaubt sind auch die sogenannten „Wunderbremsen", die McLaren-Mercedes in Melbourne so erfolgreich einsetzte. Der Pilot kann mit einem zusätzlichen Bremspedal das kurveninnere Antriebsrad abbremsen und dadurch den Schlupf des äußeren Antriebsrades verringern. Seit dem Brasilien-GP haben

Alle Autos haben jetzt zusätzliche Sicherungsklappen am Tank.

auch Williams, Ferrari und Benetton dieses System in den Griff bekommen.

Unverändert sind die Benzin-Vorschriften: Zum Einsatz kommt entweder Tankstellenbenzin oder Experimental-Benzin, das sich für den Handel eignet und sämtliche Gesundheits- und Sicherheitsbestimmungen der EU erfüllt. Das jeweils verwendete – bleifreie – Benzin muß exakt einer zuvor bei der FIA hinterlegten und von ihr freigegebenen Probe (chemischer Fingerabdruck) entsprechen. Die Tankgröße ist freigestellt, die Konstrukteure setzen aus taktischen Gründen aber möglichst kleine Tanks ein.

In den Bereich des sportlichen Reglements, das den gesamten Ablauf der GP-Wochenenden regelt, fällt der Paragraph „Renndistanz", der eine Strecke von 305 km plus eine Runde vorsieht.

Maximal zwei Stunden

Parallel dazu ist die GP-Dauer auf maximal zwei Stunden (die laufende Runde muß beendet werden) begrenzt.

Neu im sportlichen Reglement ist die Formulierung des Artikels 123. Viele Fans werden sich erinnern: Suzuka 1997 – im Qualifying ignorierte Jacques Villeneuve eine gelbe Warnflagge. Weil der Kanadier bereits als Wiederholungstäter eingestuft worden war, disqualifizierten ihn die Funktionäre und schlossen ihn vom Rennen aus. Erst nach einem Protest von Williams wurde er – vorbehaltlich einer endgültigen Klärung – zum Start zugelassen. Künftig können Qualifying-Zeiten bei Fehlverhalten des Piloten beliebig gestrichen werden. Ein Protest ist dann nicht möglich.

Die neuen Reifen haben Profil. Zu Saisonbeginn können Goodyears Pneus nur mit Tricks Aufsehen erregen ...

REGLEMENT IM WANDEL DER ZEIT

Die Fahrerweltmeisterschaft wird seit 1950 ausgetragen. Der Autorennsport folgte damit dem Motorradsport, der eine WM bereits seit 1949 veranstaltet. Seit 1958 findet parallel eine WM der Konstrukteure (zunächst Konstrukteurs-Pokal genannt) statt.

Abgesehen von den beiden Rennjahren 1952 und 1953 und elf Auflagen des weltberühmten Oval-Rennens „Indy 500" (1950 bis 1960) wurden die WM-Läufe immer nach den technischen Bestimmungen der jeweils gültigen Formel 1 ausgetragen. Verantwortlich für das Reglement war stets die Sportabteilung des Weltverbandes der Automobilclubs, FIA. Die Sportabteilung nannte sich zunächst CSI, dann FISA und heute firmiert sie unter dem Namen ihres Dachverbandes FIA.

Der Begriff Formel 1 tauchte erstmals 1946 auf. Parallel galt damals auch kurzfristig der Name Formel A. Der „III. Gran Premio del Valentino" wurde als erstes Formel-1-Rennen – natürlich noch ohne WM-Status – am 1. September 1946 gestartet.

Bis in die Gegenwart wurden die Baubestimmungen immer wieder modifiziert. Die Motive der Funktionäre waren dabei: Sicherheitsbedenken, Ansporn der Techniker und Kostengründe.

1947 bis 1953

Maximaler Hubraum 4,5 Liter für Saugmotoren oder 1,5 Liter für Kompressor-Aggregate. Es gab zu dieser Zeit keinerlei Gewichts- oder Spritvorschriften.
1952 und 1953 wurde die Fahrer-WM allerdings mit Rennwagen der Formel 2 ausgetragen. Die Autos durften mit Saugmotoren (maximal zwei Liter Hubraum) oder Kompressor-Motoren (maximal 500 ccm) angetrieben werden. Alle Teams setzten Saugmotoren ein.

1954 bis 1960

Ursprüngliche Laufzeit bis Ende 1957, anschließend wurde sie in zwei Stufen bis Ende 1960 verlängert. Maximaler Hubraum 2,5 Liter für Saugmotoren bzw. 750 ccm für Kompressor-Aggregate. Keinerlei Gewichtsvorschriften. Bei WM-Grand-Prix wurden ausschließlich 2,5-Liter-Autos eingesetzt. Der Treibstoff war bis Ende der Saison 1957 freigestellt, ab 1958 durfte lediglich Flugbenzin (Avgas) verwendet werden.

1961 bis 1965

Hubraum: 1,3 bis maximal 1,5 Liter. Verbot von Kompressoren. Mindestgewicht (mit Kühlwasser und Öl, aber ohne Sprit) 450 kg. Handelsübliches Benzin. Erste Sicherheitsvorschriften wie Überrollbügel, Stromkreisunterbrecher und doppelt ausgelegtem Bremssystem. Verwendung von Sicherheitsgurten freigestellt. Verbot von Stromlinien-Verkleidungen.

1966 bis 1969

Maximal drei Liter Hubraum für Saugmotoren oder 1,5 Liter für Turbos. Mindestgewicht (mit Wasser und Öl, aber ohne Benzin) 500 kg. Handelsübliches Benzin. Im Verlauf der Saison 1969 wurden erstmals die aerodynamischen Hilfsmittel reglementiert.

1970

Erhöhung des Mindestgewichts auf 530 kg wegen der obligatorischen Einführung von Bord-Feuerlöschern.

1971

Sicherheitsgurte werden Pflicht. Sie waren allerdings schon länger Bestandteil aller Rennwagen.

1972

Erhöhung des Mindestgewichts auf 550 kg, Beschränkung der Zylinderzahl auf zwölf.

Frontmotoren wurden bis 1960 eingesetzt (hier Ascaris Ferrari 1953). Laut aktuellem Reglement wären sie heute noch erlaubt.

1979 sorgten bewegliche Dichtleisten („Schürzen") für Abtrieb – hier Jody Scheckter im WM-Ferrari 1979. 1981 werden sie verboten.

1973
Erhöhung des Mindestgewichts auf 575 kg. Begrenzung des Tankinhalts auf 250 Liter. Einführung zahlreicher Baubestimmungen zur Erhöhung der Sicherheit – speziell im Bereich Tank und Benzinzufuhr. Begrenzung der maximalen Renndauer auf zwei Stunden.

1974
Drastische Verschärfung der Sicherheitsbestimmungen. Beispielsweise muß ab diesem Jahr die Feuerlöschanlage innerhalb des Monocoques plaziert werden.

1976
Im Verlauf der Saison wird erstmals eine Knautschzone im Frontbereich vorgeschrieben. Zahlreiche weitere Sicherheitsbestimmungen wie die Einführung eines zweiten Überrollbügels. Begrenzung der maximalen Reifenbreite auf 21 Zoll. Begrenzung der bisher freigestellten Gesamtbreite auf 2150 mm.

1981
Verbot beweglicher „Schürzen" (seitlicher Dichtleisten zur Erzeugung eines Unterdrucks an der Wagenunterseite). Die unbeweglichen Dichtleisten müssen eine Bodenfreiheit von 60 mm haben. (Gegen diese Regel wurde während der Rennen durch Hydrauliksysteme verstoßen.) Verbot von Vierradantrieb und Begrenzung der Radanzahl auf vier. Erhöhung des Mindestgewichts auf 585 kg.

1982
Freistellung der Bodenfreiheit. Reduzierung des Mindestgewichts auf 580 kg. Verbot von Wankel-, Zweitakt- und Dieselmotoren sowie Turbinen.

1983
Endgültiges Verbot der „Schürzen", also auch der unbeweglichen Dichtleisten. Neue Vorschriften für aerodynamische Hilfsmittel und Knautschzonen. Reduzierung des Mindestgewichts (Auto ohne Fahrer) auf 540 kg.

1984
Reduzierung der Tankkapazität auf 220 Liter. Totales Verbot von Tankstopps.

1985
Neue Vorschriften für Knautschzonen und aerodynamische Hilfsmittel. Verbot des Nachfüllens jeglicher Flüssigkeiten (Treibstoff, Öl, Wasser) während des Rennens.

1986
Verbot von Saugmotoren, Reduzierung des maximalen Tankinhalts auf 195 Liter.

1987
Erneute Zulassung von Saugmotoren, parallel zum Einsatz von Turbomaschinen. Sauger jetzt mit einem Hubraum von maximal 3,5 Litern. Mindestgewicht für Turbo-Autos 540 kg, für Sauger 500 kg.

1988
Zulassung von Rennwagen der Formel 3000. Reduzierung des Tankinhalts für Turbo-Autos auf maximal 150 Liter. Tankinhalt der Sauger freigestellt.

1989
Verbot der Turbos. Keine Zulassung für Autos der Formel 3000.

1990
Anhebung des Mindestgewichts auf 505 kg. Nach wie vor wird das Auto ohne den Fahrer gewogen.

1993
Reduzierung der maximalen Radbreite auf 381 mm. Von nun an fortlaufend Änderungen der Bestimmungen für aerodynamische Hilfsmittel.

1994
Erlaubnis zum Nachtanken während des Rennens.

1995
Die Sicherheitsbestimmungen werden verschärft – z.B. durch vergrößerte Knautschzonen und einen neu gestalteten Unterboden der den Abtrieb verringern soll. Reduzierung des maximalen Hubraums auf drei Liter. Neue Definition des Mindestgewichts: 595 kg – aber ab sofort wird der Pilot mit gewogen.

1996
Einführung der 107 %-Regel beim Qualifying.

Mika Häkkinen schämte sich nicht seiner Tränen: Der Melbourne-Sieger wäre durch einen zusätzlichen Boxenstopp von seinem Team beinahe

um den sicher geglaubten Sieg gebracht worden. Teamkollege Coulthard ließ den Finnen passieren und gab ihm den verdienten Triumph zurück.

LITTLE BIG MAN

Das Heiligtum des Mr. E: In seinem silbergrauen Luxusbus fädelt Bernie Ecclestone die wichtigen Deals an der Rennstrecke ein.

Ohne diesen Mann dreht sich in der Formel 1 kein Rad: Charles Bernard Ecclestone hat die Königsklasse vom wilden Haufen zum perfekt organisierten Unternehmen gemacht. Daß er daran kräftig verdient, ist selbstverständlich. Bernie zählt zu den reichsten Männern Englands.

Der kleinste gemeinsame Nenner der Formel 1 hat einen Namen: Charles Bernard Ecclestone, genannt „Bernie“. Er ist der Mann, der die Fäden in Händen hält. Er bestimmt, wo es lang geht, und nebenbei scheffelt er Millionen.

Schon als Schüler – so der britische „Ecclestone-Forscher“ Peter Windsor – erkannte Ecclestone die Gesetze von Angebot und Nachfrage und nutzte sie konsequent: Klein Bernie, Jahrgang 1930, handelte auf dem Schulhof erfolgreich mit Rosinenbrötchen. Seine Kameraden hatten etwas zu beißen, und er verfügte über Cash. So übte er schon damals seinen aktuellen Beruf aus: Geschäftemachen. Was sich änderte, war allein die Handelsware und die Gewinnspanne…

Einmal ausgewachsen, überraschend schon beim „Pegelstand“ von 1,59 Metern, verabschiedete sich der Brite von den Teigwaren und der Schule. In England leben Zeitgenossen des großen Zampano, die wissen wollen, er habe die Penne ohne Abschluß verlassen. Für nur ein Jahr sah es anschließend so aus, als stünde ihm eine Allerweltslaufbahn bevor: Jung-Ecclestone verdiente Geld als Angestellter eines Gaswerks. Diese Arbeit muß ihm gestunken haben, denn fortan wurde gehandelt.

In dieser Zeit, es waren die ersten Nachkriegsjahre, nahm Ecclestone mit mäßigem Erfolg an Motorradrennen teil. Sein Geld verdiente

Bernie fährt Motorrad- und F3-Rennen

er mit dem schwunghaften Handel der Zweiräder. Der Rubel rollte, denn fast jeder Kunde wurde zufriedengestellt, da die Käufer unter vielen hundert Maschinen auswählen konnten.

1949 stieg er, den seine engsten Mitarbeiter heute respektvoll „Mister E.“ nennen, auf Rennwagen der Formel 3 um. Aber auch auf vier Rädern reichte sein Talent nicht aus. 1951 sah er das selbst ein, auch wenn er später noch vereinzelt Rennen fuhr. Jetzt verkaufte er Autos, und das im großen Stil.

In jenen Jahren soll er seine Parallel-Karriere begonnen haben, die ihn am Spieltisch zum „Zocker-König“ von London werden ließ. Noch heute wettet Bernie Ecclestone gern und ist mit den Einsätzen nicht gerade kleinlich.

Jetzt war der motorsportbegeisterte Handelsmann vermögend, aber in der Formel 1, die er heute regiert, war er noch nicht einmal ein kleines Licht. Der GP-Sport sollte ihn allerdings schon bald kennenlernen. Als 1957 der Rennstall Connaught pleite ging, kaufte Ecclestone die Konkursmasse und gründete seinen F1-Rennstall. Im Winter 57/58 setzte er die Boliden bei der Tasman-Serie in Australien und Neuseeland ein. Als Piloten nahm er Stuart Lewis-Evans und Roy Salvadory unter Vertrag.

Zurück in Europa vertraute er unverändert auf die Fahrkunst von Lewis-Evans und verpflichtete daneben den Amerikaner Bruce Kessler sowie seine Landsleute Archie Scott-Brown, Ivor Bueb und Paul Emery. Als sich weder Kessler noch Emery für den Großen Preis von Monaco qualifizieren konnten, erlitt sein Projekt einen großen Rückschlag. Den tatsächlichen Rückzug aus der Formel 1 trat Ecclestone allerdings erst nach Ende 1958 an, weil sein Freund Stuart Lewis-Evans – inzwischen Werksfahrer bei Vanwall – in Casablanca tödlich verunglückte.

Ecclestone vertiefte sich für ein Jahrzehnt wieder ins reine Geldverdienen, auch wenn er einen kleinen Motorrad-Rennstall unterhielt. Neben dem Fahrzeughandel und dem Glücksspiel schuf er sich damals als Makler ein drittes Standbein. Ein mögliches viertes zählt zu dem Bereich der vielen Ecclestone-Mysterien: Verwegene Journalisten behaupten bis heute, Bernie sei der Kopf jenes legendären Postraubes gewesen, der 1963 in die Kriminalgeschichte einging. Nichts spricht dafür, daß dieses Gerücht ein Fünkchen Wahrheit enthält. Bernie selbst scherzte: „War mir doch viel zu wenig Geld im Zug."

Nachdenklich: Verhandlungsgenie Ecclestone 98 in Melbourne.

1968 tauchte der Geschäftsmann wieder im Dunstkreis der Formel-1-Rennen auf. Der Brite freundete sich mit dem Rennfahrer Jochen Rindt an, und das Duo begann, große Pläne zu

Ecclestone übernimmt 1972 Brabham

schmieden. Schnell reifte die Idee, gemeinsam ein eigenes Team zu gründen. Doch das Schicksal stand der Verwirklichung im Weg: Wie schon Lewis-Evans, so starb auch Jochen Rindt den Rennfahrer-Tod.

Diesmal dauerte es nicht zehn Jahre, bis Trauer und Resignation überwunden waren. Zu Beginn der Saison 1972 übernahm Bernie Ecclestone das Team Brabham. Als Konstrukteur heuerte er den erst 27jährigen Südafrikaner Gordon Murray an, als Team-Manager einen gewissen Herbie Blash, der gerade 24 Lenze zählte.

Die ersten Jahre waren schwer. 1974 sprach in Buenos Aires alles für eine Wende zum Guten, als Carlos Reutemann den Grand Prix von Argentinien anführte. Von jenem Rennsonntag ist ein typischer Ecclestone-Ausspruch überliefert: „Wenn Carlos siegt, dann wird er Präsident Argentiniens und ich sein Finanzminister." Carlos gewann nicht. Der erste Sieg wurde am 30. März des gleichen Jahres gefeiert – ohne Ecclestone, der sich vor Rennende Richtung London abgesetzt hatte, um – natürlich – Geld zu verdienen.

Mit seiner Familie entspannt Mr. E beim Skifahren. In der Schweiz besitzt der Millionär ein Chalet.

Aber der schnöde Mammon – „Money makes the difference“ – war schon damals nicht alles, wonach er strebte. Bernie Ecclestone lebt zwar in angemessenem Luxus, aber er ist im Grunde

Er liebt Verhandlungen

seines Herzens kein Mensch mit extremen Ansprüchen in dieser Richtung. Wichtiger als Geld, das er als Mittel zum Zweck ansieht, sind ihm Erfolg und Macht. Er ist ein Mann, der „Verhandlungsduelle“ liebt. Und dieses Metier beherrscht er wie kaum ein zweiter. Er setzt fast alle Ideen um, die ihm in den Sinn kommen. Bernie Ecclestone gilt als unglaublich korrekter Geschäftsmann. Nur: der Mann mit dem Elefanten-Gedächtnis denkt regelmäßig entschieden weiter als seine Gegenüber, und die wundern sich dann hinterher, worauf sie sich da wieder einmal eingelassen haben…

Als Chef von Brabham war Bernie „Eierstein“ – so nannte ihn Niki Lauda gern – noch weit von jener Machtstellung entfernt, die er heute inne hat. Den Grundstein für sein Imperium legte er, als er in den 70er Jahren die Formel-1-Konstrukteurs-Vereinigung F0CA gründete.

Bis zu jenem Zeitpunkt hatten alle Teamchefs unabhängig voneinander mit den Veranstaltern der Formel-1-Rennen über die Startgelder verhandelt. Das änderte sich dank Ecclestones Engagement: Der Brite „verkaufte“ das komplette Startfeld an die Organisatoren und steckte von der Gesamtgage – natürlich vor dem Teilen – einige Prozent in die eigene Tasche. Mit Recht, denn der Verhandlungspoker um immer höhere Start- und Preisgelder war ein gutes Honorar wert.

Im Kampf um noch mehr Macht und Geld legte sich der kleine Mann immer stärker mit dem Automobil-Weltverband FIA an. Der Streit eskalierte zu Beginn der 80er Jahre und endete zunächst mit einem „Waffenstillstand“. Anfang der 90er Jahre wurde dann das Machbare nachgeholt: Bernie Ecclestone setzte sich – gemeinsam mit seinem alten Weggefährten Max Mosley – selbst an die Spitze des Weltverbandes.

Die Fans werfen dem „F1-Guru“ vor, die Eintrittspreise für die GP-Rennen seien zu hoch. Ecclestone kontert: „Ein Paar Schuhe ist im Verlauf der letzten Jahrzehnte auch teurer geworden.“ Wer will ihm da widersprechen? Außerdem gilt der Engländer als „herzlos“. Halten läßt sich dieser Vorwurf nicht: Wie nur wenige, sorgt er für das Wohl alter Bekannter, Freunde und Mitarbeiter. Aus diesem Kreis hat er noch niemand im Regen stehen lassen. Auch jener Herbie Blash, den er zum Manager des Brabham Teams machte, ist heute noch bei jedem GP mit von der Partie, um jeweils die lokale Rennleitung professionell zu unterstützen.

Wer sich ein derart großes Imperium aufgebaut hat, wie es Ecclestone gelang, der kann natürlich auch easy die Pöstchen für alte Kumpels finden. Der frühere Rosinenbrötchen-Händler ist heute

1981: Frank Williams, FIA-Präsident Jean-Marie Balestre und sein politischer Gegner Bernie Ecclestone.

1997: Staatsbesuch beim Luxemburg-GP am Ring: Der dünne Herr Ecclestone und der dicke Herr Kohl.

Vize-Präsident der FIA, zuständig für den Promotion-Bereich. Außerdem steht er

Lizenz zum Gelddrucken

der FOA (Formula One Administration) vor, die alles, aber auch wirklich alles regelt, was mit dem Grand-Prix-Sport zu tun hat, inklusive der TV-Rechte – der Lizenz zum Gelddrucken. Daneben ist Ecclestone Chef der ISC (International Sports World Communications) – so hat er die TV-Rechte für alle weiteren FIA-Championate in Händen. Damit nicht genug, denn er kommandiert auch die Firma Special Event Productions Ltd. und führt auf diese Weise Regie im Verwaltungssektor sämtlicher FIA-Meisterschaften unterhalb der Formel 1.

Bernie veranstaltet einige Grand-Prix-Läufe selbst. Bei den Rennen in Hockenheim, Spa und Budapest läuft alles über seine Firma FEG. Ecclestones Vermögen wird auf 750 Millionen Mark geschätzt – da macht es wenig, daß seiner Frau bei einem Raubüberfall im vergangenen Jahr wertvoller Schmuck gestohlen wurde. Slavicza, ein ehemaliges Fotomodell aus Jugoslawien und etwa 20 Zentimeter größer als er, ist Bernies zweite Frau. Die beiden haben zwei Töchter.

Ecclestone und Mosley 76. Die beiden sind seit langem befreundet.

Brabham-Chef Bernie 76 (l.), Pilot Carlos Pace, Konstrukteur Murray.

In diesem streng bewachten Komplex residiert FOCA-TV . Die Technik wird zu jedem GP geflogen.

Seit 1996 bemüht sich der rastlose Brite, die Formel 1 an der Börse zu plazieren. Bisher hat er die Hürden nicht meistern können, und da er nicht gern verliert, spricht er schon davon, daß

Kein Nachfolger in Sicht

ihm dieses Vorhaben gar nicht so wichtig ist… Aber niemand darf sich wundern, wenn die Formel-1-Aktien plötzlich auftauchen. Geschätzter Börsenwert: sechs Milliarden Mark.

Oft wird die Frage gestellt, wer Bernie Ecclestone eines Tages ablösen wird. Die Antwort heißt: Niemand! Zu unwahrscheinlich ist es, daß es jemals wieder einen Manager seiner Qualitäten – der die Formel 1 bis ins kleinste und scheinbar unwichtigste Detail im Griff hat – geben wird. Nur ein mehrköpfiges Gremium kann diese Aufgabenflut wahrnehmen, wenn „Eierstein" eines Tages wirklich die Lust verlieren sollte. Aber davon ist er weit entfernt. Die Frage nach dem Datum seines Rücktritts beantwortete er erst Anfang 1998: „In zwanzig Jahren. Dann werde ich eine Pause machen."

Bis diese Stunde X eintritt, gilt der ungeschriebene Paragraph 1 des Grand-Prix-Sports: Alljährlich wird in der Formel 1 um den Weltmeister-Titel gefahren, obwohl der eigentliche Champion schon zu Saisonbeginn feststeht: Er heißt immer Bernie Ecclestone.

Ferrari-Pilot Michael Schumacher war mit seinem Ausflug auf den fünften Kontinent nicht zufrieden. Im Qualifying holte er zwar Platz drei

hinter den überlegenen McLaren-Mercedes, doch im Rennen war bereits nach fünf Runden Schluß. Der Motor hatte den Geist aufgegeben.

V.I.P. – LAUTER WICHTIGE LEUTE

Eigentlich wollen sie immer und überall ihre Ruhe haben. Trotzdem lassen sie sich auf jedem Event sehen. Aber nur mit Sonderbehandlung. Die Rede ist von den Very Important Persons, kurz V.I.P., den Promis, den wirklich wichtigen Menschen. Ganz klar, daß sich die Formel 1 als Parkett für die Selbstdarstellung besonders anbietet.

Silverstone, Fahrerlager: Norbert Haugs Gesprächsführung bekam leichtes Fading. Offensichtlich war er nicht mehr ganz bei der Sache. Flink kreisten seine Augen in Richtung Eingang der Mercedes-Hospitality: Achtung, Promi im Anmarsch.

Es war Herzogin Fergie höchstderoselbst, die Haug das Gespräch mit Journalisten abrupt beenden ließ. Wenn in England blaues Blut ruft, muß selbst die Presse anstehen. Gehorsamst rauscht Haug zur VIP-Betreuung ab.

Den übrigen Anwesenden, die für Sekunden einen Blick auf die stämmige Herzogin werfen durften, blieb vertieftes Interesse an dem Typ, der damals so hingabevoll an ihren Zehen lutschte. Wie sagt man doch so schön:

Wahlschweizer (fast) unter sich: Michael Schumacher, Phil Collins (r).

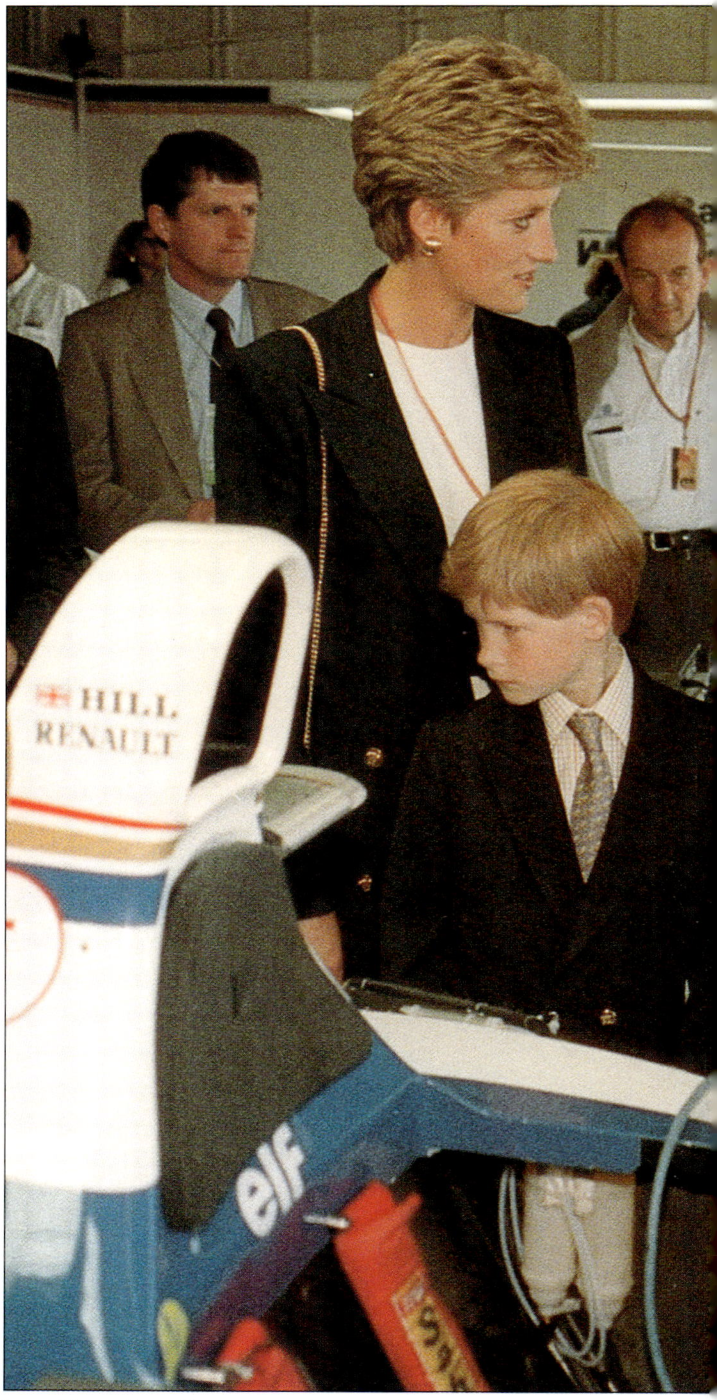

Lady Di und ihre Söhne zu Gast in der Williams-Box. David Coulthard

Die Geschmäcker sind verschieden. Muß wohl so sein.

Keine zwei Meinungen gibt es natürlich bei Lady Di, der Prinzessin unserer aller Herzen. De mortuis nihil nisi bene – über Tote nichts als Gutes. Zugegeben, ihr Auftritt vor vier Jahren, ebenfalls in Silverstone, war ein Höhepunkt der Formel 1. Wer dachte, daß Formel-1-Stars von Fotografen umzingelt seien, daß ein Michael Schumacher keinen Schritt mehr unkontrolliert gehen könne, der hätte mal den Di-Auftritt verfolgen sollen. Dagegen hat selbst das abgefahrenste Medien-Interesse an Grand-Prix-Fahrern eher was von mitleidigem „Richtig, euch gibt es ja auch noch…"

Lady Di's Kinder waren mit von der Partie und ließen sich vom damaligen Williams-Piloten David Coulthard die Boliden erklären. Gut möglich, daß Teamkollege Damon deswegen am Tag darauf den Großen Preis von England gewonnen hat. Er wollte auch mal neben Diana stehen dürfen. Und er bekam sogar aus ihren Händen den Siegerpokal. Wie scheu und gleichermaßen anmutig sie damals auf dem Podest stand. Nie, aber auch nie hätte man sich vorstellen können, von diesem scheuen Reh ein zünftiges „Ich find dich Scheiße" zu hören.

Das war mehr der Ton von Tic Tac Toe, die Eddie Irvine auf dem Hockenheimring besuchten. Die Plattenfirma fand das im vergangenen Jahr eine gute Idee. Die Rebellen des deutschen Schlagerhimmels mit dem Rebell der Formel 1 in einer Box. Mittlerweile sind die drei Hupfdohlen weg vom Fenster und hätten derzeit Mühe, ins Fahrerlager zu gelangen.

Promis im Zentrum des Medien-Orkans

Was für ein Thema: Prominente im Fahrerlager der Formel 1. Als allererstes muß die Frage erlaubt sein: Was wollen die da überhaupt? Da beschweren sich die sogenannten „celebrities" ständig darüber, keinen Schritt inkognito machen zu können, und dann gehen sie sehenden Auges mitten ins Zentrum des Medien-Orkans. Entweder schiere Dummheit. Oder vielleicht doch genau das, was sie wollen. Im Mittelpunkt des Interesses stehen. Die Formel 1 als High-Tech-Jahrmarkt der Eitelkeit.

Nehmen wir mal den Fall Marius Müller-Westernhagen. MMW macht ganz tolle Musik, kann das allerdings selbst nicht so richtig glauben. Sonst wäre sein Selbstbewußsein ausgeprägter. Stattdessen gibt er lieber das Ekel. Eine Suite im Walkershof, in Hockenheim *das* Hotel, wo die besten Fahrer der reichsten Teams absteigen. Dort ein MMW? Da müsse es doch bitte was Besseres geben. Die einladende Firma Goodyear rotierte. Für einen 15-Kilometer-Lift bestand der Rocker auf einer Mercedes S-Klasse mit Zwölf-Zylindern. Nein, nicht acht, bitte zwölf. Da tat es doch geradezu gut, daß an der

hatte die Ehre, Ihrer Hoheit samt Anhang sein Arbeitsgerät zu erklären.

Medienerfahren: Fergie weiß, wie man sich ins rechte Licht rückt.

Westernhagen und Becker – der eine liebt große Auftritte, der andere kommt im Namen des Sterns.

elektronischen Schranke zum Fahrerlager der Gernegroß keine Karte hatte und erst einmal – Promi hin, Promi her – warten mußte.

Wie wirkliche Stars in der Formel 1 auftreten, kann man sich bei Mick Jagger abgucken. Der kommt mit seiner Jerry Hall reingeschneit, Turnschuhe an, und hat diesen Blick drauf, den man einfach glauben muß: „Kinder, regt euch nicht auf. Klar ich bin der Jagger, aber ich finde das hier alles ganz geil und will mich einfach nur ein bißchen umsehen."

Ebenso bescheiden im Auftritt ist George Harrison, ein wahrer Formel-1-Freak. Die Beatle-Ikone, seit vielen Jahren enger Freund von

V.I.P.s – aus der Nähe nicht so aufgerüscht

Gerhard Berger, kommt regelmäßig zur Formel 1. Sitzt ruhig und ganz bescheiden in einer Hospitality-Ecke und genießt es dabeizusein. My sweet lord...

Das kann überhaupt so ein Problem sein mit den stillen Promis. Vom Nahen sehen die ganz anders aus, als man sie von der Glotze her kennt. Nicht so aufgerüscht, fast immer viel kleiner, als sie im Fernsehen wirken: Da kann es einem schon passieren, daß man einer schwarzen Lederjacke mal sagt, sie möge sich schleichen, weil sie gerade den Platz in der Jordan-Hospitality belegt. Und die Lederjacke steht dann auch ganz brav auf und schickt sich an zu gehen. Wenn da nicht Boß Eddie Jordan plötzlich wie von der Tarantel gestochen aus dem Teambus geschossen käme, um seinen Busenfreund Chris de Burgh gegen die böse Umwelt zu verteidigen. Ganz ähnlich liegt der Fall bei Chris Rea. Den erkennt auch kaum einer, was er, ganz im Gegensatz zu Westernhagen, richtig genießt.

Apropos, nicht erkennen. Als Claudia Schiffer das erstemal in Michael Schumachers Box auftrat, damals war der Kerpener noch nicht der jetsettende Weltmann sondern in erster Linie Benetton-Pilot, fragte er, nachdem das langbeinige Modell nach smallstem Small-Talk entschwand, nur kurz: „Wer war dat denn?"

Ganz anders in der vergangenen Saison. Mittlerweile Ferrari-Pilot und große Auftritte gewohnt, kommt wieder so eine hübsche Frau in Michaels Box. Der stets glücklich verheiratete Michael, wenn schon nicht mit den Augen so doch thematisch

Elle McPherson – Kampfname „The Body"

ganz auf Ballhöhe, überrascht diesmal mit charmantem Smalltalk. Und dann, das Model war gerade gegangen, an Jean Todt die Frage, diesmal in Hochdeutsch: „Wer war das denn?" Es war niemand geringeres als Elle McPherson, Kampfname „The Body". Wer jemals neben ihr stand, weiß, daß selbst dieser Name weniger verspricht als diese Sahneschnitte hält.

Es ist ein Jammer, daß unser Superstar, der Doppelweltmeister, so gar kein Faible für Top-Models hat. Was sagte er doch so unnachahmlich zu der farbigen Naomi?

Jackie und Paul Stewart sowie Jan Magnussen mit Ex-Beatle und Formel-1-Kenner George Harrison.

„The Body" Elle McPherson und der Ferrari – zwei Schönheiten scheinen sich gefunden zu haben.

Stones-Frontmann Mick Jagger braucht keinen großen Bahnhof.

„Ich stehe mehr auf blond." Wie gesagt, ein Jammer.

Wo doch die Welt der wunderhübschen Mannequins und die Macho-Welt der Königsklasse wie Deckel auf Pott passen. Und genau dies ist auch der Grund, warum die Managements beider Lager immer wieder daran fingern, beide Gruppen zusammenzubringen. Es muß ja nicht so weit gehen, daß Claudia im Auftrag eines TV-Kanals Michael auf der Picknickdecke interviewt…

Also lassen wir das mal mit Schumacher und den Mädels. Dann doch eher jemand aus der Fraktion Sport. Und am besten, wenn man damit auch noch seine Sponsoren befriedigen kann. Die gehen oft nach folgendem Motto vor: Zwei Fotos von je einem Star sind noch keine Meldung und werden deswegen von den Zeitungen auch nicht gedruckt. Aber ein Foto von zwei Stars, das könnte was werden.

So zum Beispiel jedes Jahr zum Formel-1-Lauf in Spa. Ganz in der Nähe findet das Internationale Leichtathletik-Meeting in Brüssel statt. Dann nimmt sich der Sportartikel-Hersteller Nike den einen oder anderen Superstar aus der Nike-Truppe, sagen wir mal Carl Lewis, und karrt ihn zum Nike-Superstar Michael Schumacher. Beide begrüßen sich dann wie alte Freunde, tauschen bespikte Sprinterschuhe gegen feuerfeste Rennhandschuhe. Das ganze dauert rund fünf Minuten, was bei einer 250stel Sekunde Belichtungszeit für eine ganze Reihe guter Schüsse reicht, und schon ist Nike wieder in den Zeitungen.

Ganz ähnlich klappt das bei Mercedes. Weil deren Formel-1-Fahrer Mika Häkkinen und David Coulthard außerhalb des engsten Fan-Kreises kaum einer kennt, werden die beiden in Deutschland ein wenig durch Boris Becker aufgepeppt. Der Tennisstar, selbst Betreiber einer Benz-Niederlassung, kommt dann flugs

Filmstars im mondänen Monaco

zu einem Rennen vorbei, läßt sich formatfüllend auf dem Starting-Grid neben den McLaren-Mercedes-Fahrern sehen, und alle sind zufrieden. Am meisten natürlich Mercedes.

Was auch ganz gut zusammenläuft, sieht man jedes Jahr in Monaco. Ein bis zwei Meeresbuchten weiter westlich finden die alljährlichen Filmfestspiele in Cannes statt. Und dann kommt dann schon mal Christopher Lambert oder – viel besser noch – Sharon

Stone auf einen kurzen Sprung in die Formel 1 rüber und alle, vom Filmverleiher bis zum Zigarettensponsor, finden es gut.

Silvester Stallone geht da noch einen Schritt weiter. Sly hat von Bernie Ecclestone das Einverständnis erhalten, einen authentischen Formel-1-Film drehen zu dürfen. Ganz hart am Leben Sennas angelegt. Klar, daß Stallone schon aus Werbegründen zu den Fahrerlager-Dauergästen der laufenden Saison zählen wird.

Rein gar nichts mit dem schnöden Mammon hat es zu tun, wenn sich Politiker sehen lassen. Da geht es nur um reine Eitelkeit und natürlich um Wählerstimmen. Da kommt Bundeskanzler Kohl auf Frentzen zu – so im tiefsten Tal der Frentzen-Karriere und auf dem Höhe-

Die Stars lachen, der Sponsor auch. Nike rüstet Schumacher und Leichtathletik-Legende Carl Lewis aus.

Sylvester Stallones Formel-1-Film soll 1999 in die Kinos kommen.

Dolly Buster trägt ihr „Silicon-Valley" demonstrativ zur Schau.

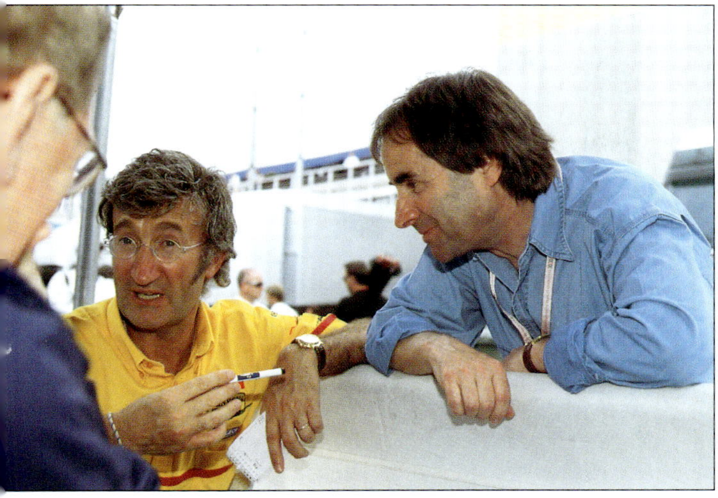

Chris de Burgh (r.) ist wie Chris Rea ein alter Spezi von Eddie Jordan.

punkt harschester Medienkritik – und überrascht den Mönchengladbacher mit folgender Begrüßung: „Herr Frentzen, ich finde es toll, wie die deutschen Medien Sie unterstützen…"

Man kann eben nicht alles wissen, und Kohl ist allein durch seine Körperfülle im Fahrerlager ein Ereignis. Noch schöner ist es, wenn er neben Ecclestone steht. Da bekommt man ein feines Gefühl für Dimensionen.

Besser in die Ecclestone-Klasse paßt da schon Norbert Blüm. Der möchte doch zu gerne mal zusammen mit einem Formel-1-Star fotografiert werden. Macht sich doch immer gut bei den Wählern draußen im Lande. Nur zu blöd, daß sich partout keiner der schnellen Jungs neben ihn stellen will. Da muß man halt ein wenig nachhelfen und sich einfach mal einen schnappen. Wo doch gerade ein paar Fotografen in der Nähe stehen. Es war Sonntag und kurz vor dem Rennen und Nobbi hat wohl bis heute nicht begriffen, warum das Foto mit dem „Fahrer" in keiner Zeitung war. Oder hat ihm doch einer gesagt, daß der junge Mann da an seiner Seite zwar einen Formel-1-Fahrer-Overall trug, daß das letztendlich aber alle Mechaniker kurz vor dem Rennen machen müssen…?

Nobbi hin, „The Body" her – einen hat es bislang noch nicht im Fahrerlager gegeben. Dabei wurde er schon mehrmals angekündigt. Man hätte ihn doch eigens um die Rennstrecke kutschiert, Michael Schumacher am Steuer. Und diesmal hätte der Ferrari-Star garantiert gewußt, wer das denn nun sei. Nun gut, Michael hätte vielleicht dafür gesorgt, daß seine kleine Tochter nicht in der Nähe gewesen wäre, aber ansonsten hätte er den Star schon gerne hofiert: den großen Michael Jackson. Aber leider ist er dann doch nicht gekommen. Wo er sich in der Formel 1 so wohl gefühlt hätte. Doch was soll's, Jackson ist zu Hause geblieben und hat stattdessen seinen Lieblingsaffen vorbeigeschickt. Und das hat dann leider keiner gemerkt. Denn ein Affe mehr oder weniger fällt im Formel-1-Fahrerlager nun wirklich nicht auf…

Ob Kanzler Helmut Kohl mit seiner 97er Frentzen-Begrüßung einen Wähler gewonnen oder eher verloren hat, erfahren wir wohl nie…

Im Vorfeld der Saison 1998 mußten die Teams die gravierendsten Regeländerungen seit Jahren umsetzen. Fachleute rechnen deshalb mit

einem extrem spannenden Rennjahr. Am besten scheint McLaren die Hausaufgaben gemacht zu haben. Sie dominierten zu Beginn deutlich.

DIE FAHRER 1998

Zweiundzwanzig Piloten, so viele wie im vergangenen Jahr, gehen in den Kampf um Punkte und Meisterschaft. Mit dabei sind drei Weltmeister. Neben den bekannten gibt es nur zwei neue Gesichter: Der Japaner Toranosuke Takagi, im vergangenen Jahr Testfahrer bei Tyrrell, sitzt jetzt als Stammpilot hinter dem Steuer. Bei Minardi fährt mit Esteban Tuero der jüngste Rennfahrer seit Jahren. Der Argentinier wird im April 20 Jahre alt.

Hintere Reihe von links: Rubens Barrichello, Jan Magnussen (Stewart), Jarno Trulli, Olivier Panis (Prost), Jean Alesi, Johnny Herbert (Sauber). Takagi (Tyrrell), Shinji Nakano, Esteban Tuero (Minardi). Vordere Reihe von links: Giancarlo Fisichella, Alexander Wurz (Benetton),

Mittlere Reihe von links: Pedro Paulo Diniz, Mika Salo (Arrows), David Coulthard, Mika Häkkinen (McLaren), Ricardo Rosset, Taranosuke
Heinz-Harald Frentzen, Jacques Villeneuve (Williams), Michael Schumacher, Eddie Irvine (Ferrari), Ralf Schumacher, Damon Hill (Jordan),

1 Jacques Villeneuve

2 Heinz-Harald Frentzen

Williams-Mecachrome

Williams FW20

Motor: Mecachrome V10 GC37-01, ca. 760 PS (siehe Seite 85)
Motorelektronik: Magneti Marelli
Getriebe: halbautomatisch, 6 Gänge
Fahrzeugmaße (L/B/H): 4.392/1.800/950 mm
Radstand: 2.914 mm; Spur (v/h): 1.460/1.400 mm
Dämpfungssystem: Williams-Penske
Bremsen: AP/Carbone Industrie
Reifen: Goodyear
Benzin: Petrobras

Sponsoren

Winfield (Zigaretten), Veltins (Brauerei), Andersen Consulting (Unternehmensberatung), Falke (Bekleidung), Sonax (Autopflege), Castrol (Schmierstoffe), Goodyear (Reifen) Auto Motor und Sport (Fachzeitschrift)

Etat

ca. 75 Millionen US-Dollar, davon 15 für Motoren

Adresse

Williams Grand Prix Engineering Ltd.
Grove, Wantage
Oxfordshire OX12 0DQ
Tel. 0044-1235-777700, Fax 0044-1235-777739
Internet: http//www.connect.ca/formula1/

Alle statistischen Angaben entsprechen dem Stand vor der Formel-1-WM 1998

1 Jacques Villeneuve

ANDERS ALS DIE ANDEREN

Gar nicht so schlecht: Insgesamt vier Jahre fuhr der Kanadier die amerikanische Indycar-Serie und Formel 1. Zeit genug, in beiden Top-Serien den Meistertitel zu erringen. Mit 26 Jahren ist der Sohn des großen Gilles Villeneuve bereits ein Gigant.

Und einer, den keiner so richtig auf der Pfanne hatte. Klar, Ecclestone deroselbst hat ihn mit einem Top-Team-Drive aus den Staaten in die Formel 1 gelockt und von Anfang an behauptet, der habe das Zeug zum Weltmeister. Aber sicher war sich keiner, ob er das auch so meinte, oder ob es dem Formel-1-Zampano wichtiger war, der amerikanischen Konkurrenz-Serie einen berühmten Namen auszuspannen.

Faktum ist, Jacques Villeneuve hat alle überzeugt. Besonders beeindruckend war, wie ihm das bei Michael Schumacher gelungen ist, indem er ihn einmal außen und einmal innen in einer Kurve überholt hat. Außen in der ultraschnellen Senna in Estoril, worüber die Szene noch heute genüßlich schnalzt. Innen in der Dry Sack von Jerez, als Michael im Saisonfinale nur noch die Notbremse ziehen konnte.

Villeneuve ist höchst erfrischend unkonventionell. Er pfeift sich was auf alles und hat seinen eigenen Kopf nicht nur zum Helmtragen. Vielsprachig, intelligent, selbstbewußt, originell, sauschnell und rennclever – Jacques hat alle Anlagen zum weltweiten Superstar.

2 Heinz-Harald Frentzen

JAHR DER ENTSCHEIDUNG

Den besten Frentzen den es je gab verspricht der Vizeweltmeister allen Fans, erst recht aber seinen Gegnern. Und genau den besten Frentzen wird es auch brauchen, wenn es darum geht, um den Titel mitzufahren. Denn das hat man in dieser Saison von Frentzen zu erwarten. Die Zeit des Lernens ist endgültig vorbei, dieses Jahr muß Attacke geblasen werden, und als allerersten hat er den blonden Kanadier einzustampfen.

Die vergangene Saison war im Verlauf ziemlich genau andersherum, als es die meisten Frentzen-Kenner erwartet hatten. Viele meinten: Der ist auf einem Williams sauschnell, wird aber noch zu viele Fehler machen. Wie gesagt, es kam anders. 13:4 verlor Frentzen das Trainingsduell gegen Villeneuve, dafür bestach er besonders in der zweiten Saisonhälfte durch ungeheure Zuverlässigkeit.

Das wird dieses Jahr nicht reichen und keiner weiß das besser als HH. Zwar gelingt es ihm noch immer nicht, Villeneuve als richtiges Feindbild aufzubauen – dafür findet er Jacques einfach zu sympathisch. Aber er weiß, daß sein Leistungsnachweis nur über den Kanadier zu erbringen ist. Vor allem Patrick Head wird mit Argusaugen darauf achten, ob Frentzen wirklich der Überflieger ist. Sicher ist, daß diese Saison die wichtigste in der Karriere des Mönchengladbachers sein wird.

Persönliches
Kanadier, geboren am 9.4.71 in St. Jean-sur-Richelieu, Quebec
Wohnort: Monte Carlo
Größe/Gewicht: 1,71 m/68 kg
Ledig
Erlernter Beruf: Rennfahrer
Hobbies: Skifahren, Inlineskating, Musik, Lesen, Filme, Computer
Einkommen 98 (geschätzt): 8 Millionen US-Dollar

Weg in die Formel 1
86 - 87 Kanad. Rennfahrerschulen
88 Ital. Tourenwagen
89 - 91 Italienische Formel 3
92 Japanische Formel 3, 2. Rang
93 Atlantic Series (USA), 3. Rang
94 IndyCar, 6. Rang
95 IndyCar-Champion

Formel-1-Chronik

Jahr	Team	Siege	Punkte	Rang
96	Williams-Renault	4	78	2
97	Williams-Renault	7	81	1

Formel-1-Bilanz

Starts	Poles	Siege	Punkte	WM-Titel
33	13	11	159	1

Persönliches
Deutscher, geboren am 18.5.67 in Mönchengladbach
Wohnort: Monte Carlo
Größe/Gewicht: 1,78 m/66,5 kg
Ledig, Freundin Tanja Nigge
Erlernter Beruf: Kaufmann
Hobbies: Mountain-Bike fahren, Fitneßtraining, mit Freunden ausgehen
Einkommen 98 (geschätzt): 6 Millionen US-Dollar

Weg in die Formel 1
80 - 85 Kart
85 - 87 Formel Ford 2000
88 Dt. Formel Opel Lotus, 1. Rang
89 Deutsche Formel 3, 2. Rang
90 Sportwagen-WM/Sauber-Mercedes; Formel-3000-EM
91 Formel-3000-EM
92 - 93 Japanische Formel 3000

Formel-1-Chronik

Jahr	Team	Siege	Punkte	Rang
94	Sauber-Mercedes	-	7	13
95	Sauber-Ford	-	15	9
96	Sauber-Ford	-	7	12
97	Williams-Renault	1	42	2

Formel-1-Bilanz

Starts	Poles	Siege	Punkte	WM-Titel
65	1	1	71	-

Konstrukteurs-Weltmeister, Fahrer-Weltmeister und Fahrer-Vizeweltmeister – mit dieser Jahresbilanz 1997 läßt sich gut in eine neue Saison gehen. Ruhig und der eigenen Stärke bewußt, hat sich die Truppe des Flugzeugnarren Frank Williams auf das neue Reglement eingestellt. Sie waren die ersten, die wochenlang auf Zwitterautos Tests für Goodyear mit den Profilreifen runterschrubbten – kein Team also hat mehr Erfahrung mit dieser neuen Herausforderung als die Weltmeistertruppe.

Williams warnt zwar jedes Jahr vor Ferrari, Hauptrivale ist aber der englische Nachbar McLaren. Die beiden Teams haben in den 80er und 90er Jahren die Königsklasse so unter sich aufgeteilt, daß alle anderen wie Punching-Bälle wirkten. McLarens Erfolge liegen zwar schon etwas zurück, doch dieses Jahr weiß der seit einem Autounfall gelähmte Frank Williams, daß er gegen seinen Erzrivalen kaum gewinnen kann.

Erstens ist es Ron Dennis gelungen, mit einem dicken Scheck Williams den Top-Designer Adrian Newey abzuwerben. Der FW 20 ist der erste Williams seit vielen Jahren, an dem diese anerkannte Spitzenkraft keinen Federstrich gezeichnet hat. Zweitens hat die Truppe aus Grove rund 45 Millionen Mark weniger zur Verfügung als McLaren. Und drittens: Zu allem Überfluß kriegt McLaren die besten Motoren der Szene von Mercedes kostenlos hinterhergeschmissen, während Williams bei Mecachrome mit vorjährigen Renault-Motoren vorlieb nehmen und jede Leistungssteigerung mit einer Extra-Zahlung ankurbeln muß.

Williams wirkt wie ein Boxer, dem man eine Faust auf den Rükken gebunden hat. Doch immer dann, wenn man den zähen Briten abgeschrieben hatte, war er am stärksten. Besonders beeindruckend, wie Williams sich zusammen mit seinem Partner Patrick Head vom Honda-Verrat erholte. Die Japaner hatten nach Williams' Autounfall schnellstmöglich zu McLaren gewechselt, in der Gewißheit, daß der gelähmte Frank Williams als Teamchef erledigt sei. Der knallharte Hobby-Kriegsforscher akzeptierte den Weggang der Japaner, biß die Zähne zusammen und fädelte den Deal mit Renault ein. Eine beispiellose Erfolgsstory sollte damit beginnen. Jetzt, nach dem Rückzug der Franzosen, spannt Williams mit BMW zusammen. Gerüchte wollen wissen, daß Patrick Head seine 40 Prozent Williams-Anteile bereits an die Münchner verkauft hat.

Chancen 1998

Das Williams-Jahr wird sich in zwei Hälften teilen lassen. Das Team muß versuchen, in der ersten Hälfte maximal zu punkten, wenn es in der zweiten im Kampf um den Titel noch ein Wörtchen mitreden will.

Kommen wir zur ersten Hälfte. Losgelöst von der Reifenfrage kann eines gesagt werden: Williams ist das Spitzenteam mit den geringsten Änderungen. Einmal mehr gilt Evolution statt Revolution bei Fahrwerk und Aerodynamik. Aber auch der Motor ist der gleiche wie im Vorjahr, beim Getriebe hat sich ebenfalls nichts geändert, nichts bei der Elektronik. Beide Fahrer sind die des Vorjahres, auch wenn sich hier die einzig erwähnenswerte Änderung abspielt: Villeneuve beginnt die 98er Saison mit blauen Streifen im wasserstoffgebleichten Resthaar. Ansonsten gilt: Die Kombination Villeneuve/Frentzen war die stärkste des Vorjahres und wird es dieses Jahr erst recht sein. Konstanz also über alles und beste Vorraussetzung, direkt in den ersten Rennen aufs Podest zu fahren.

In der zweiten Saisonhälfte kann sich die Lage jedoch schon ändern. Dann wird sich bemerkbar machen, daß Williams keinen Werksmotor mehr hat. Das Leistungsdefizit des Mecachrome gegenüber Mercedes und Ferrari wird dann deutlicher. Auch wird die McLaren- und Ferrari-Konkurrenz mit ihren doch wesentlich umfassenderen Neuerungen besser zurechtkommen – und dann letztendlich das modernere Konzept haben. Kurzum: Williams bleibt auch in dieser Saison ein Titelanwärter. Und trotzdem würde dem nicht widersprechen, wenn sich 1998 eine Trendwende zugunsten McLaren oder Ferrari einstellt.

Angaben zur Teamstatistik auf Seite 80.

Teamchef Frank Williams

Geboren am 16.4.42 in South Shields/England, geschieden, zwei Kinder
Frank Williams ist ein Vollblut-Racer und Fitneß-Fanatiker. Er selbst fuhr von 1961 bis 66 Rennen in verschiedenen Serien und lief nebenbei Marathon. 1967 gründete er seinen eigenen Rennstall, 1973 folgte das Formel-1-Debüt. Im Jahr 1986 starb er beinahe bei einem Autounfall in Le Castellet, seither ist Frank Williams vom Hals abwärts gelähmt.

Technischer Direktor Patrick Head

Geboren am 5.6.46 in Farnborough/England, verheiratet mit Betise.
Head studierte Maschinenbau in Birmingham. Er fuhr Karts und Rallies, aber ohne große Erfolge. Ab 1970 arbeitete er an der Seite von John Barnard bei Lola und entwarf Indy-Cars, Can-Am-Autos und Zwei-Liter-Sportwagen. 1975 begann die Partnerschaft mit Frank Williams, 1977 wurde Williams Grand Prix Engineering gegründet.

Marlboro
Asprey
4
MAGNETI MARELLI
GOODYEAR

TELECOM

Ferrari

4 Eddie Irvine

Ferrari F300

Motor: Ferrari 047, V10, ca. 770 PS (siehe Seite 85)
Motorelektronik: Magneti Marelli
Getriebe: längs eingebaut, halbautomatisch, 7 Gänge
Fahrzeugmaße (L/B/H): 4.340/1.795/961 mm
Radstand: 2.953 mm; Spur (v/h): 1.490/1.405 mm
Dämpfungssystem: Ferrari
Bremsen: Brembo
Reifen: Goodyear
Benzin: Shell

Sponsoren

Marlboro (Zigaretten), Fiat (Autohersteller), Asprey (Schmuck), Shell (Schmier- und Treibstoffe), Telecom Italia (Telekommunikation), Goodyear (Reifen), Tommy Hilfiger (Bekleidung)

Etat

ca. 220 Millionen US-Dollar inklusive Motoren

Adresse

Ferrari Spa
Casella Postale 589
I - 41100 Modena
Tel. 0039-536-949111, Fax 0039-536-949501
Internet: http://www.ferrari.it/comsport/formula1.html

3 Michael Schumacher

3 Michael Schumacher

ZUM SIEGEN VERDAMMT

Diese Saison befindet sich Michael erstmals in einer neuen Rolle. Bislang war er der fehlerlose Überflieger, dem Ferrari dankbar zu sein hat, daß er für sie fährt. Dann kam Jerez, und nun weiß man, daß selbst Michael nur ein Mensch ist. Jetzt stehen beide gleichberechtigt auf einer Stufe.

Ferrari war 1997 längst nicht so schlecht, wie manche dachten. Und Michael nach seiner Rambo-Aktion und dem völlig verunglückten Medienauftritt im Anschluß daran nicht so fehlerfrei, wie vom Management behauptet. Ferrari und Michael müssen dieses Jahr gleichermaßen für sich selbst gewinnen.

Für Schumacher kommt aber noch Druck von einer ganz anderen Seite. Unbestritten war er die beherrschende Figur nach Senna. Seine oftmals nach außen hin glatte Art, sein Hang zur political correctness, seine verbissene Fitneßattitüde wurden von vielen als der Preis akzeptiert, den man zu zahlen hat, wenn man der Beste sein will.

Und dann kam Villeneuve. Der schlägt über alles ein Ei, hat eine große Klappe, denkt nicht mehr an die Formel 1, sobald er das Fahrerlager verläßt. Villeneuve ist das genaue Gegenteil zu Schumacher – und Weltmeister. Die Formel 1 realisiert, daß man nicht wie Schumacher sein muß, um erfolgreich zu sein. Will Michael seinen Marktwert halten, muß er Villeneuve unbedingt in die Schranken verweisen.

4 Eddie Irvine

ITALIENS PRÜGELKNABE

Spaßvogel, Hofnarr oder Pausenclown – die Halbwertzeit des zweiten Ferrari-Fahrers läßt sich im Saisonrhythmus definieren.

Je klarer seine Rolle als völlig unwichtiger Ferrari-Appendix offenkundig wird, desto großmäuliger versucht er aufzutünchen. So haut er in einem Sport-Bild-Interview dermaßen großkotzig auf die Kacke, daß die Redakteure lange überlegen, ob man ihn nicht vor sich selbst schützen sollte: „Jacques Villeneuve ist doch nur ein Amateur."

Und für dessen Teamkollegen gibt es an anderer Stelle gleich noch einen mit: „Ich bin eigentlich immer davon ausgegangen, schneller als Frentzen oder Villeneuve zu sein."

Lassen wir mal Frentzen beiseite und vergleichen wir Irvine und Villeneuve. Der „Amateur" Villeneuve fuhr 32 Rennen, stand 13 mal auf der Pole, gewann elf Läufe, holte insgesamt 159 Punkte und den WM-Titel. Jetzt der „Vollprofi" Irvine: 65 Rennen, keine Pole, kein Sieg, 52 Punkte, na ja, und der Titel ist ganz weit weg. Noch Fragen?

Irvine ist auf dem besten Weg, Schumachers Pressesprecher zu werden: „Normalerweise macht ein Auto 80 Prozent am Sieg aus, der Fahrer 20. Bei Schumacher ist das umgekehrt." Michael bedankte sich artig: „Eddie ist einer der stärksten Teamkollegen, die ich je hatte." Das sagt Michael immer, wenn er seinen Stallgefährten klar im Sack hat...

Persönliches
Deutscher, geboren am 3.1.69 in Hürth-Hermühlheim
Wohnort: Vufflens/Schweiz
Größe/Gewicht: 1,74 m/75 kg
Verheiratet mit Corinna, Tochter Gina Maria
Erlernter Beruf: Kfz-Mechaniker
Hobbies: Kart-Fahren, Tauchen, Laufen, Mountain-Bike fahren
Einkommen 98 (geschätzt): 35 Millionen US-Dollar

Weg in die Formel 1
84 - 87 Kart
88 F-König, Dt. Meister; F-Ford
89 Formel 3 DM, 3. Rang
90 Formel 3 Dt. Meister; Sportwagen-WM/Sauber-Mercedes, 1 Sieg, 5. Rang
91 Sportwagen-WM/Sauber

Formel-1-Chronik

Jahr	Team	Siege	Punkte	Rang
91	Jordan-Hart	-	-	-
	Benetton-Ford	-	4	12
92	Benetton-Ford	1	53	3
93	Benetton-Ford	1	52	4
94	Benetton-Ford	8	92	1
95	Benetton-Renault	9	102	1
96	Ferrari	3	59	3
97	Ferrari	5	-	-*

* Punkte und WM-Plazierung wurden nachträglich aberkannt

Formel-1-Bilanz

Starts	Poles	Siege	Punkte	WM-Titel
102	17	27	362	2

Persönliches
Brite, geboren am 10.11.65 in Newtownards/Nordirland
Wohnort: Conlig/Nordirland
Größe/Gewicht: 1,78 m/76,5 kg
Ledig
Hobbies: Fischen, Golf, Schwimmen
Einkommen 98 (geschätzt): 4 Millionen US-Dollar

Weg in die Formel 1
83 - 84 Irische Formel-Ford
85 - 87 Brit. Formel-Ford
88 Britische Formel 3
89 - 90 Formel-3000-EM
91 - 93 Formel 3000 in Japan

Formel-1-Chronik

Jahr	Team	Siege	Punkte	Rang
93	Jordan-Hart	-	1	20
94	Jordan-Hart	-	6	16
95	Jordan-Peugeot	-	10	12
96	Ferrari	-	11	10
97	Ferrari	-	24	7

Formel-1-Bilanz

Starts	Poles	Siege	Punkte	WM-Titel
65	-	-	52	-

Man kennt die Schwafelei von den Präsentationen der Spitzenteams: Man sei besser denn je. Einerseits. Andererseits, Favoriten sind immer die anderen. Man selbst sei zufrieden, wenn man „im Kampf um den Titel mitreden könne".

Teamchef Jean Todt

Geboren am 25.2.46 in Pierrefort/Frankreich, verheiratet, ein Sohn. Todt begann 1966 als Co-Pilot im Rallye-Sport und fuhr mit allen Größen der 60er und 70er Jahre. Nach der Karriere übernahm er 1981 bei Peugeot die Verantwortung für den Bereich Motorsport. Unter seine Führung fallen zahlreiche Erfolge, u.a. zwei Rallye-WM-Titel, Siege in Le Mans und der Gruppe C. Seit 93 arbeitet Todt bei Ferrari an der Operation „Weltmeisterschaft".

Ganz anders diesmal Ferrari: Da wurde in einer Form auf den Pudding gehauen, daß der noch heute wackelt: „Dieses Jahr muß es der Titel sein. Ein Punkt darunter bedeutet Scheitern."

Das ist ja mal eine Ansage. Die letztendlich aber nur halb so mutig ist, wie sie auf den ersten Blick erscheint. Denn der Anspruch auf den Titel ist ja nicht unbedingt das Bewußtsein eigener Entschlossenheit und Überlegenheit. Es ist vielmehr die bittere Erkenntnis, daß man gar nicht weniger in Aussicht stellen darf, ohne sich lächerlich zu machen.

Ferrari wird nun Opfer der eigenen Übertreibung. Wer von allem nur das Beste hat, wer mit Jahres-Budgets operiert, mit dessen Sparbuch-Verzinsung ein Team wie Minardi bis tief ins nächste Jahrtausend hinein Formel 1 machen könnte, wer einem Fahrer abstruse 35 Millionen Dollar nachwirft und ihm dann noch das halbe Benetton-Team schenkt – wer all dies für normal hält, der muß dann auch mal und endlich zu Potte kommen. Der Fahrplan dieses „Café Größenwahn" war auf drei Jahre angelegt. Nun sind wir im Jahre drei und nun muß sich zeigen, ob der Frosch Haare hat.

Auf der Habenseite drängeln sich der kleine, preußische Jean Todt, die Ex-Benetton-Konstrukteure Ross Brawn und Rory Byrne, der frühere Benetton-Elektronikspezialist Tad Czapski, eine brillante Teamtaktik, ein selbst für Formel-1-Verhältnisse gigantischer, nagelneuer 1:1 Windkanal und und und.

Und dann gibt es Michael Schumacher, immer noch das Maß der Dinge in der Formel 1. Seine Präsenz hat erst dafür gesorgt, daß die übrigen Spezialisten zu Ferrari kamen. Frei nach dem Motto: Mit Schumacher fahren, heißt, nach vorne fahren. Er gilt den eingefleischten Ferraristi nach wie vor als Erfolgsgarant.

Da gibt es aber noch einen weiteren, nicht zu unterschätzenden großen Vorteil für die Roten: Ecclestone, und in seinem Windschatten ebenfalls die FIA, können alles gebrauchen, bloß keine erneute Williams-Weltmeisterschaft. Deswegen wissen die Leute aus Maranello, daß sie das Reglement bis in die grauesten Grauzonen auslegen können. Vergangenes Jahr geschah dies mit einer elektronischen Drehmoment-Beeinflussung, für Fachleute eine „verkappte Traktionskontrolle". Dies ist für 1998 verboten. Doch Motorenbauer Mario Illien von der Mercedes-Konkurrenz argwöhnt: „Wir können nur hoffen, daß sich alle daran halten. Zu kontrollieren ist der Einsatz dieser Elektronik so gut wie nicht."

Technischer Direktor Ross Brawn

Geboren am 23.11.54 in Manchester, verheiratet mit Jean, zwei Töchter. Brawn arbeitete fünf Jahre im englischen Atomforschungszentrum Harwell, ehe er 1976 zu Williams stieß. 1987 wurde er Chef-Designer bei Arrows. 1989 holte ihn Tom Walkinshaw zu TWR, und Brawn arbeitete für zwei Jahre erfolgreich im Bereich Tourenwagen. 1991 wechselte er zurück in die Formel 1 zu Benetton, bis Michael Schumacher ihn 1997 zu Ferrari holte.

Chancen 1998

Wie schnulzte Elvis Presley doch so schön: „It's now or never..." Richtig: Noch nie in der Geschichte der Roten standen die Zeichen so deutlich auf Sieg. Mit Sicherheit wird Ferrari viele Rennen gewinnen und im Kampf um den Titel der stärkste Gegner sein.

Doch was passiert, wenn beim Überrunden plötzlich ein Takagi im Weg steht? Oder schlimmer noch: Wenn im Kampf um Zehntel und Hundertstel plötzlich die Bridgestone-Reifen der McLaren- und Benetton-Konkurrenz ganze Sekunden schenken?

Noch nie in der Geschichte von Ferrari stand die Mythos-Truppe aus Maranello so mit dem Rükken zur Wand. Ein Team, daß von sich selbst den Titel verlangt, kann fast nur verlieren. Was passieren kann, wenn die Nerven blank liegen, hat das Finalrennen der vergangenen Saison gezeigt. In Jerez machte selbst Michael Schumacher einen Fehler, als der Druck zu groß wurde. Was aber geschieht, wenn am Ende der Saison Ferrari wieder mit leeren Händen dasteht, möchten selbst die verrücktesten Fans von Williams nicht wissen...

Angaben zur Teamstatistik auf Seite 80.

5 Giancarlo Fisichella

Benetton-Playlife

Benetton B198

Motor: Mecachrome V10 GC37-01, ca. 760 PS (siehe Seite 85)
Motorelektronik: Magneti Marelli
Getriebe: halbautomatisch, 6 Gänge
Fahrzeugmaße (L/B/H):
Radstand/Spur (v/h):
Dämpfungssystem:
Bremsen:
Reifen: Bridgestone
Benzin: Agip

Leider macht Benetton hierzu keinerlei Angaben!

Sponsoren

Mild Seven (Zigaretten), Benetton (Bekleidung, Sportartikel u.a.), FedEx (Paketservice), Akai (Unterhaltungselektronik), Korean Air (Fluggesellschaft), Bridgestone (Reifen), Agip (Schmier- und Treibstoffe)

Etat

ca. 65 Millionen US-Dollar, davon 15 für Motoren

Adresse

Benetton Formula
Whiteways Technical Centre
Enstone, Chipping Norton
Oxfordshire OX7 4EE
Tel. 0044-1608-678000, Fax 0044-1608-678800
Internet: http//www.jtnet.ad.jp/MILDSEVENF1team/

6 Alexander Wurz

Alle statistischen Angaben entsprechen dem Stand vor der Formel-1-WM 1998

5 Giancarlo Fisichella

ITALIENS GROSSE HOFFNUNG

Die wichtigste Frage vorab: Wie werden sich Giancarlos Englischkenntnisse entwikkeln? Im vergangenen Jahr reichte es nach viel Überwindung nur zu einem „Now, he is not my friend." Mit „he" war Jordan-Teamkollege Ralf Schumacher gemeint, von dem Fisichella behauptet, er sei der einzige Teampartner in seiner Karriere „mit dem ich nicht ausgekommen bin".

Der 25jährige Römer gehört zu den großen Hoffnungsträgern der Formel 1 im Allgemeinen und Italiens im Speziellen. Nicht auszudenken, wie sich die Spaghetti-Presse auf den Ferrari-Irvine stürzen wird, sollte Fisichella mit Benetton tatsächlich einen Formel-1-Lauf gewinnen. Fisichella hat aber auch alles, was ein Tifosi-Herz höher schlagen läßt: Römer, wie gesagt, mediterran gut aussehend und perfekt im Umgang mit Handy und Sonnenbrille.

Ganz unitalienisch ist seine besonnene Art, akribisch sein Auto abzustimmen. Wobei er vergangene Saison allerdings viel Zeit gebraucht hat herauszufinden, was Sinn macht und was nicht. Man merkte Fisico an, daß er die Formel 3000 übersprungen hatte und stattdessen die abstimmungsmäßig für die Formel 1 wertlosen Tourenwagenrennen gefahren war. Hat er das in den Griff bekommen, gibt es noch etwas, was auf dem Weg nach ganz oben beiseite geräumt werden muß: Fisichellas Fitneß gilt in Insider-Kreisen „als mittlere Katastrophe".

6 Alexander Wurz

DER TÜFTLER

Alexander Wurz stand in seinem zweiten Rennen in der Startaufstellung vor seinem Benetton-Teamkollegen Jean Alesi. Und das in Frankreich, einem Land, wo bekanntlich ein französischer Pilot wie es Alesi nun mal ist, ganz besonders gut aussehen will. Von daher: Wurz scheint was zu können.

Auf der anderen Seite gibt es kaum einen im Fahrerlager, der ihn für einen richtig Schnellen hält. Für einen, der so „big balls" hat, daß alle anderen den Kürzeren ziehen. Wurz' Vorzüge scheinen woanders zu liegen, und mit diesen Vorzügen hat er sich sofort in die Herzen der Benetton-Techniker katapultiert. Der Österreicher ist nämlich ein ungemein gewissenhafter Tüftler, Analytiker und Abstimmer. Ständig dabei ist sein Laptop mit allen Abstimmungsdetails seiner Karriere. Selbst wenn er nur Boxengast ist, hört er ständig den teaminternen Sprechfunk ab. Abends teilt er dann mit Faxen seine Eindrücke mit und unterbreitet Vorschläge. Mit dieser Art balanciert man natürlich sehr gewagt zwischen Cleverle und Streber.

Drei Formel-1-Rennen ist Wurz bislang gefahren, kein Pilot eines Top-Teams hat so wenig Erfahrung. Trotzdem kann Wurz, der als Testpilot den erkrankten Berger ersetzte, bereits einen Podestplatz vermelden. Mal sehen, was sich im Benetton-Team durchsetzen wird: Schwerer rechter Gasfuß a la Fisichella oder Computer-Intelligenz a la Wurz.

Persönliches
Italiener, geboren am 14.1.73 in Rom
Wohnort: Monte Carlo
Größe/Gewicht: 1,72 m/68 kg
Ledig
Hobbies: Skifahren, Tennis, Fußball, Angeln
Einkommen 98 (geschätzt): 1,5 Millionen US-Dollar

Weg in die Formel 1
84 - 91 Kart
92 - 94 Italienische Formel 3
95 - 96 DTM/ITC für Alfa Romeo

Formel-1-Chronik

Jahr	Team	Siege	Punkte	Rang
96	Minardi-Ford	-	-	-
97	Jordan-Peugeot	-	20	8

Formel-1-Bilanz

Starts	Poles	Siege	Punkte	WM-Titel
25	-	-	20	-

Persönliches
Österreicher, geboren am 14.2.74 in Waithofen
Wohnort: Perchtoldsdorf/Österreich
Größe/Gewicht: 1,86 m/74 kg
Verlobt mit Karin Michal
Hobbies: Ski-, Snowbord- und Mountain-Bikefahren, Squash
Einkommen 98 (geschätzt): 0,75 Millionen US-Dollar

Weg in die Formel 1
86 - 88 BMX, Weltmeister 1986
89 - 90 Kart
91 Formel Ford 1600
92 Formel Ford 1600; Formel Opel
93 - 95 Formel 3
96 ITC für Opel; Le-Mans-Sieger

Formel-1-Chronik

Jahr	Team	Siege	Punkte	Rang
97	Benetton-Renault	-	4	14

Formel-1-Bilanz

Starts	Poles	Siege	Punkte	WM-Titel
3	-	-	4	-

Seit Michael Schumacher Benetton verlassen hat, also vor genau zwei Saisons, konnte das italienische Team mit dem eleganten Firmensitz im englischen Enstone exakt ein Rennen gewinnen. Krasser kann man die Bedeutung eines Fahrers für ein Rennteam nicht beschreiben. Nach dem Doppel-Titel für Fahrer und Konstrukteure im Jahre 1995 kam der zweijährige Absturz in die Mittelmäßigkeit.

Weil dies der erfolgsgewohnten Familie Benetton stinkt, muß das nun anders werden. Nachdem der mehrlichtige Flavio Briatore – bei allen Erfolgen bekam er nie den Stallgeruch eines echten Racers, sondern blieb stets der eitle Selbstdarsteller – von der Benetton-Familie ausgetauscht wurde, ist nun mit David Richards ein Mann an der Team-Spitze, der unter Motorsport deutlich mehr versteht, als sich nur mit Michael Schumacher beim gemeinsamen Sieges-Jubeln fotografieren zu lassen.

Richards, einst aktiver Rallye-Sportler und später Eigentümer von Prodrive, einer Firma, die höchst erfolgreich Rallye- und Tourenwageneinsätze für große Werke durchführte, steht wirklich vor keiner leichten Aufgabe.

Bei der Konstruktion des B198 muß Benetton erstmals vollständig auf die beiden Konstrukteure Ross Brawn und Rory Byrne verzichten – beide hatte ja der abtrünnige Michael Schumacher Richtung Ferrari gelockt. Für Insider entwickelt sich hier ein Leckerbissen: Denn ob Pat Symonds – Michaels früherer Renningenieur und als solcher einer der besten – sowie Nick Wirth – ehemals Simtek-Chef – dieses geniale Duo ersetzen können, gehört zu den spannendsten Fragen hinter den Kulissen.

Teamchef David Richards

Geboren am 3.6.52, verheiratet mit Karen, drei Kinder.
Der vereidigte Buchprüfer begann seine Motorsportkarriere als Rallye Co-Pilot. Mit Ari Vatanen wurde er 1981 Rallye-Weltmeister auf Ford. 1984 gründete Richards sein eigenes Rallye-Team, 1986 das heutige Prodrive-Team, mit dem er zahlreiche Meisterschaften gewann. Seit Herbst 1997 Nachfolger von Flavio Briatore bei Benetton.

Technischer Direktor Pat Symonds

Geboren am 11.6.53, verheiratet mit Jo, fünf Kinder.
Symonds studierte Maschinenbau in London und arbeitete dann für Ford, Hawke and Royale und Toleman. In dieser Zeit sammelte er Erfahrung auf den Gebieten Design, Produktion und Elektronik. Nach seinem Wechsel zu Benetton war er fünf Jahre Renningenieur von Michael Schumacher. Pat Symonds' große Leidenschaft ist Kochen.

Damit sind aber längst nicht alle Sorgen aufgezählt, die Richards quälen. Noch mehr als ohnehin notwendig muß er ein Auge auf das Budget halten. Denn genau wie Konkurrent Williams fährt Benetton dieses Jahr mit Mecachrome-Motoren. Dabei handelt es sich zwar um ehemalige Renault-Triebwerke, jetzt allerdings ohne die unbegrenzten Ressourcen eines Werkseinsatzes im Rücken. Jede Entwicklungsstufe muß von beiden Teams bei Mecachrome selbst finanziert werden. Besonders in der zweiten Jahreshälfte wird sich das bemerkbar machen, wenn die Konkurrenten der Motorenschmiede ihre aktuellsten Evolutionen auf den Markt werfen. Wenn Benetton dann nicht noch ausreichend Geld in der Portokasse hat, sieht es duster aus. Und es wird nur ein schwacher Trost sein, daß Williams dann vor den gleichen Problemen stehen wird.

Benetton muß, will es weiterhin einen abgesicherten Platz an den prallgefüllten Sponsorentöpfen haben, im dritten Jahr nach Schumacher endlich wieder den Anschluß an die vorderste Spize schaffen. Tragisch ist bei diesem Unterfangen, daß diese absolute Spitze mit Williams, Ferrari und vor allem Mclaren selten so erstklassig und gleichwertig besetzt sein dürfte wie in dieser Saison. Trotz der großen Erfolge der Vergangenheit ist nur sehr schwer vorzustellen, daß Benetton das Trio sprengen kann. Es sei denn, es gelänge, einen gewissen Michael Schumacher wieder zurückzuholen...

Chancen 1998

Um den ganz großen Erfolg zu haben, wird bei Benetton für diese Saison einfach zu viel verändert. Nicht nur, daß gleich beide Fahrer ausgewechselt wurden, man hat das Routinier-Duo Gerhard Berger und Jean Alesi geopfert und sich stattdessen auf die absolute Newcomer-Truppe Giancarlo Fisichella und Alexander Wurz eingelassen. So talentiert die beiden auch sein mögen, Lehrgeld müssen sie allemal noch zahlen.

Dazu kommt noch die Umstrukturierung an der Teamspitze und der äußerst kurzfristige Wechsel von Goodyear zu Bridgestone. Beides dürfte für jede Menge Anpassungsschwierigkeiten sorgen.

Auf der anderen Seite: Kein Team war so früh mit dem neuen Auto fertig, und kein Wagen hat so viele Testkilometer auf dem Buckel wie der B198. Geradezu beängstigend, wie zuverlässig der Benetton lief. Allein dieser Umstand müßte für den einen oder anderen Sieg reichen. Wenn, ja wenn die jungen Fisichella und Wurz hierbei mitspielen.

vereinzelte Siege möglich

Angaben zur Teamstatistik auf Seite 81.

McLaren-Mercedes

McLaren MP4-13

Motor: Mercedes-Benz FO 110G V10, ca. 780 PS (siehe Seite 84)
Motorelektronik: TAG 2000 Electronic
Getriebe: längs eingebaut, halbautomatisch, 6 Gänge
Fahrzeugmaße (L/B/H): 4.550/1.800/950 mm
Radstand/Spur (v/h): *keine Angaben vom Team*
Dämpfungssystem: Penske
Bremsen: AP
Reifen: Bridgestone
Benzin: Mobil

Sponsoren

West (Zigaretten), Hugo Boss (Herrenmode), TAG Heuer (Uhren), Schweppes (Softdrinks), Finlandia (Wodka), Warsteiner (Brauerei), Camozzi (Pneumatische Systeme für die Fabrik-Automatisierung), Bridgestone (Reifen), Loctite (Kleb- und Dichtstoffe), SAP (Client/Server-Software), Kenwood (Unterhaltungselektronik)

Etat

ca. 100 Millionen US-Dollar (ohne Motoren)

Adresse

McLaren International
Woking Business Park
Albert Drive
Woking
Surrey GU21 5JY
Tel. 0044-1483-728211, Fax 0044-1483-711312
Internet: http//www.mclaren.co.uk/mclaren

8 Mika Häkkinen

7 David Coulthard

7 David Coulthard

DER ENTSCHLOSSENE

Einerlei, wie gut die McLaren-Mercedes-Bridgestone-Kombination sein wird, eines ist jetzt schon sicher: Der schottische Lowlander David Coulthard wird für ein Sahnehäubchen der Saison sorgen. Wenn auch nicht ganz allein, denn ohne seinen Teamkollegen Häkkinen wird die ganze Angelegenheit nicht klappen.

Die Ausgangslage läßt Formel-1-Fans genüßlich mit der Zunge schnalzen. Erstens: Die beiden McLaren-Fahrer mögen sich herzlich wenig leiden. Zweitens: Damit keiner von beiden einschläft, haben beide nur einen Einjahresvertrag, den man am leichtesten dadurch verlängert bekommt, indem man seinen Teamkollegen in die Tonne stampft. So, und jetzt kommt, drittens, Freund David ins Spiel. Der steht nämlich, was den Ruf eines richtig Schnellen angeht, deutlich im Schatten seines finnischen Teamkollegen. Zwar hat Coulthard mit drei Grand-Prix-Siegen die leicht bessere Bilanz, auch sind die Fotomodelle an seiner Seite eine Spur auffallender, aber trotzdem, wenn es darum geht, wem man die schnelleren Zeiten zutraut, wird Coulthard überwiegend nach Häkkinen genannt. Das will Coulthard nun ändern: Der Sohn eines Spediteurs hat den Winter über gnadenlos an seiner Fitneß gefeilt und kann vor Kraft kaum laufen. Und jedem, der zuhört, diktiert Coulthard, was er 1998 werden will: endlich Weltmeister.

8 Mika Häkkinen

FRAUENSCHWARM

Eines Tages wird auch diese Geschichte mal geschrieben: Warum ist der Finne der Schwarm aller Frauen? Bis hin ins ferne Japan werden nämlich die weiblichen Fans ganz hibbelig, wenn vom flachsblonden McLaren-Star die Rede ist. Was eigentlich nur bedeuten kann, daß die meisten Mädels kurzsichtig sind. Zumindest dann, wenn Mika nach dem Rennen aus dem Auto steigt. Kein anderer Fahrer sieht so fertig aus. Klatschnasses, strähniges Haar, hochroter Kopf, eine Mimik, die den 29jährigen um Jahre älter aussehen läßt.

So, genug gelästert, kommen wir zum Wesentlichen: Der Finne Mika Häkkinen ist einer der Allerschnellsten in der Formel 1. Nicht ein Kollege in der Königsklasse, der ihn nicht zur Spitze zählen würde. Was um so mehr bedeutet, als dieser Finne immerhin schon seit 1991 in der Formel 1 ist und gerade mal zwei Grand Prix gewonnen hat. Aber Mika ist immer einer, den es zu schlagen gilt. Wenn er bislang nicht mehr Siege auf seinem Konto hat, dann nur, weil sein Stammteam McLaren in den vergangenen Jahren keinen Winner auf die Räder stellen konnte. Was eine weitere positive Seite bei Häkkinen unterstreicht: Nicht einmal hat er sich über sein Team beschwert. Stattdessen hat er nur nach vorne geschaut. Schon deswegen hat Mika es verdient, daß ihn sein Team in Australien auf den ersten Platz gewinkt hat.

Persönliches
Brite, geboren am 27.3.71 in Twynholm/Schottland
Wohnort: Monte Carlo
Größe/Gewicht: 1,82 m/75,5 kg
Ledig, Freundin Heidi Wichlinski
Hobbies: Golf, Laufen, Schwimmen, Freunde treffen
Einkommen 98 (geschätzt): 3,5 Millionen US-Dollar

Weg in die Formel 1
82 - 88 Kart
89 Britische Formel Ford 1600
90 Britische Opel-Lotus-Serie
91 Britsche Formel 3
92 - 93 Formel 3000

Formel-1-Chronik

Jahr	Team	Siege	Punkte	Rang
94	Williams-Renault	-	14	8
95	Williams-Renault	1	49	3
96	McLaren-Mercedes	-	18	7
97	McLaren-Mercedes	2	36	3

Formel-1-Bilanz

Starts	Poles	Siege	Punkte	WM-Titel
58	5	3	117	-

Persönliches
Finne, geboren am 28.9.68 in Helsinki
Wohnort: Monte Carlo
Größe/Gewicht: 1,79 m/70,5 kg
Ledig, Freundin Erja Honkanen
Hobbies: Skifahren, Schwimmen, Tennis, Jetski
Einkommen 98 (geschätzt): 3,5 Millionen US-Dollar

Weg in die Formel 1
74 - 86 Kart
87 Formel Ford 1600, 1. Rang
88 Opel Lotus Euroserie, 1. Rang
89 - 90 Britische Formel 3

Formel-1-Chronik

Jahr	Team	Siege	Punkte	Rang
91	Lotus-Judd	-	2	15
92	Lotus-Ford	-	11	8
93	McLaren-Ford	-	4	15
94	McLaren-Peugeot	-	26	4
95	McLaren-Mercedes	-	17	7
96	McLaren-Mercedes	-	31	5
97	McLaren-Mercedes	1	27	5

Formel-1-Bilanz

Starts	Poles	Siege	Punkte	WM-Titel
96	1	1	98	-

Gut möglich, daß die Formel-1-Saison 1998 für Ron-Dennis-Gegner keine ganz leichte wird. Was waren die vergangenen Jahre für diese im Fahrerlager nicht allzu kleine Gruppe aber auch für eine schöne Zeit: Seit Ayrton-Senna-seligen Zeiten brachte das Spitzenteam aus Woking nämlich so gar nichts mehr auf die Piste.

Schnell war man bei McLaren ab 1992 eigentlich nur noch beim Wechsel der Motorenlieferanten. Nachdem sich Langzeitpartner Honda verabschiedet hatte, versuchte man es 1993 zuerst mit Ford, dann wurde 1994 innerhalb nur einer Saison ein ganzer Fünfjahresvertrag mit Peugeot abgehakt, um für 1995 endlich mit Mercedes zusammengehen zu können. Damals verkündete ein vollmundiger Mercedes-Vorständler Jürgen Hubbert, daß nun endlich „die Besten zusammengefunden hätten". Von nun an sollte das Siegen zum Normalzustand werden.

Wurde er aber nicht. Ganz im Gegenteil. Leise lächelnd nahm die Szene zur Kenntnis, wie die „Besten" von einer Niederlage zur nächsten stolperten. In den ersten beiden Jahren gab es nicht einen klitzekleinen Sieg zu feiern. Und das bei einem Teamchef, dessen selbstformuliertes Ziel es stets war, alle Rennen einer Formel-1-Saison als erster zu beenden. Und der das nicht nur so daherbrabbelte, sondern dies auch beinahe mal geschafft hätte. 1988 gewann McLaren 15 von 16 Rennen. Aber da gab es ja auch noch Senna und Prost als Fahrer und der Motorenlieferant hieß Honda.

Kurzum, Ende 1996 hatte Dauersponsor Marlboro die Faxen dicke und zog die Daumenschrauben an. In Zukunft sollten die Werbemillionen erfolgsabhängig ausgeschüttet werden. Für Ron Dennis ein Tiefschlag. Konnte er sich doch nur zu gut daran erinnern, wie er Chef von McLaren wurde. Anfang der 80er Jahre hatte nämlich der ehemalige Brabham-Mechaniker die damals marode McLaren-Truppe übernommen. Mit der Hilfe von Marlboro. Und diese Hilfe wurde mit einer beispiellosen Siegesserie belohnt: 1984, 85, 88, 89, 90 und 91 gewannen seine McLaren den Konstrukteurstitel.

Teamchef Ron Dennis

Geboren am 1.6.48, verheiratet mit Liza, drei Kinder.
Dennis' Motorsportkarriere begann 1966 als Mechaniker bei Cooper. 1971 Gründung eines eigenen Formel-2-Teams. 1981 werden sein Formel-2-Team und das Team McLaren zusammengeführt, 1982 wird Dennis Managing Director von McLaren International.

Ron Dennis (l.) und Norbert Haug.

Nicht auszudenken, was im Kopf des vom Ehrgeiz zerfressenen Dennis vorgegangen sein mußte, als sich die Gerüchte verdichteten, sein Partner Mansour Ojjeh wolle sich von seinem 60-Prozent-Anteil trennen, die dann ein gewisser Alain Prost als Marlboro-Statthalter erwerben möge.

Doch Ron Dennis versteht zu kämpfen. In einer Nacht- und Nebelaktion gelang es ihm, beim Marlboro-Konkurrenten West einen 300-Millionen-Mark-Etat lokker zu machen.

Mit dem neuen Sponsor scheint nun endlich auch das Glück wieder zu Ron Dennis zurückzukehren. Die traumhaft schön lackierten Silberpfeile konnten den ersten gemeinsamen Einsatz, das Auftaktrennen 1997 in Melbourne, gewinnen und insgesamt durfte man drei Rennen als Siege verbuchen.

Und noch einen Erfolg gab es zu feiern, vielleicht sogar den wichtigsten für die Zukunft: Dennis schaffte es, seinen alten Widersacher Frank Williams an der empfindlichsten Stelle zu packen. Mit viel Geld spannte Dennis dem notorisch geizigen Williams dessen Stardesigner Adrian Newey aus. Genau so liebt das Ron Dennis: Mit einer Aktion sich selbst stärken und den Hauptkonkurrenten schwächen. Jetzt ist Dennis fest davon überzeugt, endlich vor der besten Saison seit vielen Jahren zu stehen.

Technischer Direktor Adrian Newey

Geboren am 26.12.58
In Southampton studierte er Luft- und Raumfahrttechnik und schloß mit Auszeichnung ab. 1980 kam er in die Formel 1 zu Designer Harvey Postlethwaite. Von 1983 bis 87 arbeitete Newey in den USA an IMSA-GTP-Autos und IndyCars. Ende 87 wechselte er zu Leyton House in die Formel 1, später zu Williams. Seit Sommer 1997 arbeitet er für McLaren.

Chancen 1998

Motoren von Mercedes, Adrian Newey als neuen Starkonstrukteur, geniale Tricks wie die einseitig wirkende Hinterradbremse zur besseren Beschleunigung und eine Vorzugsbehandlung von Bridgestone – McLaren hat jetzt von allem das Beste. Und die beiden Fahrer Mika Häkkinen und David Coulthard machen genau so weiter, wie sie Ende vergangener Saison in Jerez aufgehört haben. Nämlich mit einem Doppelsieg.

Wenn die Mercedes-Motoren so zuverlässig sind, wie man es normalerweise von dieser Marke erwarten kann, und wenn sich der Wechsel zu Bridgestone auch weiterhin nicht als Fehlgriff erweist, dann ist McLaren für 1998 ***der*** Titelaspirant überhaupt.

Angaben zur Teamstatistik auf Seite 80.

MARIO ILLIEN – DANIEL DÜSENTRIEB DER FORMEL 1

Die wenigsten reden davon, alle wissen es: Mario Illien ist die endgültige motorsportliche Reinkarnation von Daniel Düsentrieb. Stets verschmitzt dreinschauend, immer ein leicht freundlich-überlegenes Lächeln auf den Lippen, nie um eine gute Idee verlegen – genau so haben wir uns alle den Erfinder-Erpel aus Entenhausen vorgestellt.

Der Schweizer Mario Illien gilt in der Branche als das Motorengenie Nummer eins. Nicht schlecht für einen, dessen Motoren in der Königsklasse bis zum Ende der Saison 1997 drei Rennen gewonnen haben. Drei Rennen in einer Zeit, in der die französischen Kollegen von Renault Grand-Prix-Siege in Dutzenden einheimsten.

Ist also Mario Illien ein Blender? Mit Sicherheit nicht. Sein Ruf besteht zurecht.

Aus einheimischer Perspektive geriet der Schweizer 1993 ins Rampenlicht. Da meinte der deutsche Vorzeigekonzern Mercedes-Benz, sein angestrebtes Formel-1-Engagement mit einer kleinen, aber feinen Beteiligung absichern zu müssen. Statt selbst einen Formel-1-Motor zu bauen – der Werksmotor des Gruppe-C-Renners 291 hatte gezeigt, daß selbst Mercedes nur mit Wasser kocht – entschied man sich dafür, Knowhow einzukaufen.

Da traf es sich günstig, daß Illien auf der Suche nach einem neuen Teilhaber war. Zusammen mit seinem Partner Paul Morgan, sowie dem stillen 25-Prozent-Teilhaber Roger Penske, suchte man einen adäquaten Ersatz für den amerikanischen Autogiganten GM, der seine 25 Prozent an dem gemeinsamen Unternehmen Ilmor verkaufen wollte.

Ilmor hatte seit der Firmengründung im Jahre 1984 in der amerikanischen IndyCar-Serie gewonnen, was es zu gewinnen gab. Doch Ende der 80er Jahre wollten die beiden Firmengründer Mario **IL**lien und Paul **MOR**gan sich aus dieser Monokultur befreien und sich auch anderen Motorsportserien widmen. Die beiden ehemaligen Cosworth-Mitarbeiter entschieden sich für die Formel 1 – ein Feld, daß auf die Dauer uninteressant für den amerikanischen Partner blieb.

Leyton House, March, Tyrrell, Sauber hießen die Ilmor-Stationen in der Königsklasse – bis Mercedes auf den Plan trat.

Flugs kauften die Stuttgarter den freigewordenen GM-Anteil, und seitdem heißen die Ilmor-Motoren sowohl in den USA als auch in in der Formel 1 Mercedes. Der für die wirtschaftlichen Belange zuständige Paul Morgan wie auch Technik-Chef Illien können mit dem starken Partner leben. Illien cool: „Solange Mercedes mich in Ruhe läßt, kann ich arbeiten. Ich brauche meine Freiheit."

Und Mercedes läßt dem Motorengenie gerne die lange Leine. In den vergangenen Jahren galten Illiens Motorenschöpfungen als die stärksten der Szene. Mit 316 Mitarbeitern, untergebracht in einem Gewirr von schmucklosen Hallen, eilig aufgestellten Wohncontainern und zugekauften Gebäuden in der Nähe von Northampton, ist Illien ein kongenialer Partner des Perfektionisten Ron Dennis. Nur viel sympathischer.

Altmodisch setzt sich der Schweizer lieber an den Zeichenblock als vor den Computer: „Ich brauche das weiße Blatt Papier. Und ich muß alles im Verhältnis 1:1 sehen, um es nachvollziehen zu können." Referenz an einen Vater, von Beruf Gärtner, der sich weigerte, den Führerschein zu machen und der bis heute nicht die Firma seines Sohnes besucht hat. „Noch heute schickt mir mein Vater regelmäßig den Stellenmarkt der neuen Zürcher Zeitung. Er versteht nicht im entferntesten, was ich tue."

Über 100 IndyCar-Siege haben Ilmor-Motoren eingefahren, sieben Meisterschaftstitel stehen zu Buche. Was fehlt, ist der Titel in der Formel 1. Doch die Szene ist sich klar: Das wird nicht mehr lange der Fall sein. „Ich liebe den Wettkampf, das Messen untereinander. Und ich arbeite am besten, wenn ich unter Druck stehe. Das ist das Ideale."

Das alles erzählt Illien in einem Büro, wie es nur Erfinder einrichten können. Kaltes Kunstlicht scheint auf graue, unpersönliche Möbel, an den weiß getünchten Wänden ein paar Motorsportfotos und ungerahmte Poster. Illien will es genau so haben. Für ihn zählt anderes. Zum Beispiel, daß selbst im strengsten Winter die Heizölkosten für die gesamte Firma nicht höher sind als bei einem Vier-Personen-Haushalt: „Ich habe mir ein Heizsystem einfallen lassen, daß die Abwärme unserer fünf Motorenprüfstände nutzt." Halt genau so, wie es Daniel Düsentrieb gemacht hätte...

Mario Illien ist der Mann hinter den Erfolgen von Mercedes-Benz.

Mario Illien

Geboren am 2.8.49

Illien studierte Maschinenbau im schweizerischen Biel. 1971 begann seine motorsportliche Karriere, als er für Jo Bonnier als Mechaniker arbeitete. Danach konzentrierte er sich auf den Bau von Motoren.

1977 machte er sein Ingenieursdiplom und entwarf danach Dieselmotoren für die Firma Mowag in Kreuzlingen. 1979 wechselte er zu Cosworth, wo er am Formel-1-Motor mitarbeitete.

Mit Paul Morgan gründete Illien 1984 die Firma Ilmor mit dem erklärten Ziel, den Chevrolet V8 für die IndyCars zu entwerfen und zu bauen.

Mario Illiens Hobbies sind Skifahren, Windsurfen, Tennis und Autorennen.

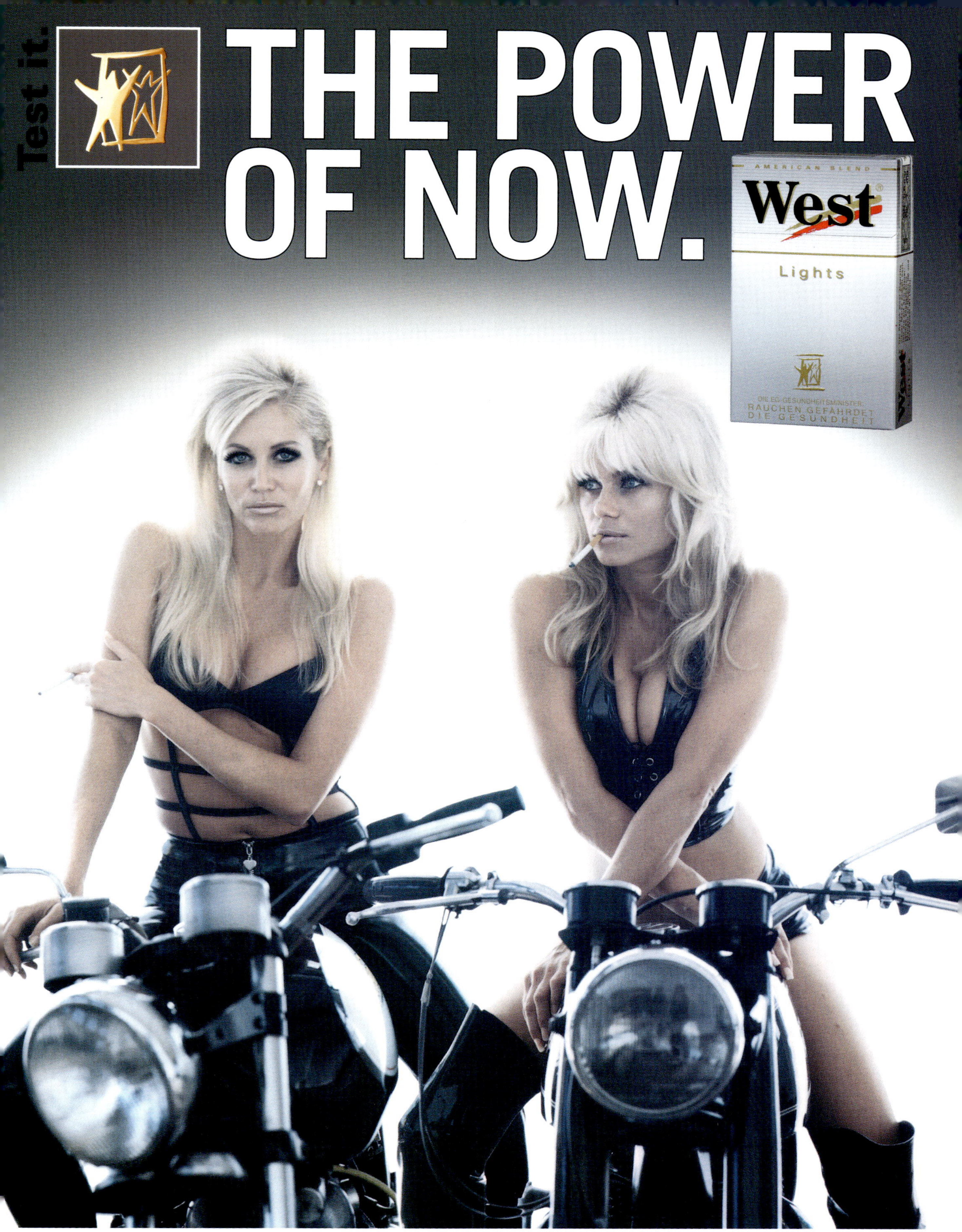
Test it.
THE POWER OF NOW.
AMERICAN BLEND
West
Lights
RAUCHEN GEFÄHRDET
DIE GESUNDHEIT

10 Ralf Schumacher

Jordan-Mugen-Honda

9 Damon Hill

Jordan 198

Motor: Mugen Honda MF301HC, V10, ca. 760 PS (siehe Seite 86)
Motorelektronik: Honda
Getriebe: längs eingebaut, halbautomatisch, 6 Gänge
Fahrzeugmaße (L/B/H): 4.400/1.800/950 mm
Radstand: 2.900 mm; Spur (v/h): 1.500/1.418 mm
Dämpfungssystem: Showa
Bremsen: Brembo
Reifen: Goodyear
Benzin: Repsol

Sponsoren

Benson & Hedges (Zigaretten), MasterCard (Kreditkarten), s. Oliver (Bekleidung), Pearl Assurance (Versicherung), Delphi Automotive Systems (Automobiltechnologie), Hewlett Packard (Computer), Scania (LKW)

Etat

ca. 55 Millionen US-Dollar, davon 8 für Motoren

Adresse

Jordan Grand Prix
Silverstone Circuit
Towcester
Northamptonshire NN2 8TJ
Tel. 0044-1327-857153, Fax 0044-1327-858120
Internet: http//www.jordangp.com

JORDAN-MUGEN-HONDA

Alle statistischen Angaben entsprechen dem Stand vor der Formel-1-WM 1998

9 Damon Hill

OLDIE UNTER DRUCK

Der Auftritt von Eddie Jordan war oskarreif. Befragt, ob er sich Hill als Fahrer für 1998 vorstellen könne, schlug EJ mit der Faust auf den Tisch, daß die Teetassen schepperten: „Er hätte für mich 97 fahren können. Er wollte lieber bei Arrows reich werden, als mit Jordan gewinnen. Das Thema Hill ist für mich erledigt."

Doch dann saß man zufällig zusammen in Eddies Privatflieger, und plötzlich wurde Damon doch noch ein Jordan-Mann. Die Zigarettendreher Benson & Hedges haben natürlich enorm an diesem Deal mitgefingert – auf Dauer war die englische Tabakmarke mit einer Fahrer-Paarung Fisichella/Schumi II nicht zufriedenzustellen.

Höchst unzufrieden mit dem Jordan-Vertrag war Alain Prost. Der hatte bereits ein Handschlagabkommen mit dem Ex-Weltmeister. Ein bißchen Schwund ist halt immer.

Jetzt muß Damon aufpassen, daß er nicht selbst zum Schwund der Saison 1998 gehört. Wenn es ihm nicht ganz überzeugend gelingt, dank seiner Testerfahrung das Jordan-Team den letzten Schritt an die Spitze machen zu lassen, wäre das schon schlecht. Eine Katastrophe jedoch wäre es, wenn er den Jungspund Ralf Schumacher dabei nicht locker in die Tonne stampfen könnte. Hill wird nämlich 38 Jahre alt – mit dem Geburtsjahrgang 1960 ist einem in der Formel 1 das Verfalldatum schon in die Stirn gestanzt.

10 Ralf Schumacher

MANN DER EXTREME

Wo viel Licht ist, ist auch viel Schatten. Bei diesem weisen Spruch muß es sich um ein Kerpener Motorsport-Orakel handeln. Japans Formel-3000-Meister von 1996 hat in seinem ersten Jahr in der Königsklasse alles gezeigt, um zu kühnen Hoffnungen Anlaß zu geben. Und wie es seine extreme Art ist, hat er gleich noch ein paar Aktionen mitgeliefert, die der nach wie vor großen Schar seiner Gegner die Zornesröte ins Gesicht trieb. Der WM-Lauf von Argentinien 1997 ist ein Paradebeispiel für Ralf: Platz drei im erst dritten Rennen – sensationell. Noch schöner wäre es gewesen, wenn er auf dem Weg zum Podest nicht aus Versehen mit seinem Teamkollegen gecrasht hätte.

Wenn Ralf der Defekthexe trotzte, beendete er das Rennen regelmäßig in den Punkten. Wenn weder technischer Ausfall noch WM-Punkte anstanden, konnte es schon mal passieren, daß ein zu niedrig fliegender Jordan Bruder Michael aus dem Rennen und dem Kampf um den WM-Titel riß. Doch wer fair ist, weiß: An diesem Jahrhundert-Crash hatte Ralf noch die geringste Schuld.

Ralf hat jetzt die einmalige Chance, sich im Vergleich zu Damon Hill zu profilieren. Doch eine Frage darf nicht unterschätzt werden: Gelingt es dem erst 23 Jahre alt werdenden Wahlmonegassen, sich in einem typisch englischen Team gegen einen englischen Ex-Weltmeister durchzusetzen?

Persönliches
Brite, geboren am 17.9.60 in London
Wohnort: Dublin/Irland
Größe/Gewicht: 1,82 m/78 kg
Verheiratet mit Georgie, Söhne Oliver und Joshua, Tochter Tabitha
Erlernter Beruf: Kaufmann
Hobbies: Golf, Tennis, Motorrad fahren, Gitarre spielen
Einkommen 98 (geschätzt): 8 Millionen US-Dollar

Weg in die Formel 1
83 - 84 Motorradrennen
84 - 85 Britische Formel Ford 1600
86 - 88 Britische Formel 3
88 - 91 Formel-3000-EM

Formel-1-Chronik

Jahr	Team	Siege	Punkte	Rang
92	Brabham Judd	-	-	-
93	Williams-Renault	3	69	3
94	Williams-Renault	6	91	2
95	Williams-Renault	4	69	2
96	Williams-Renault	8	97	1
97	Arrows-Yamaha	-	7	12

Formel-1-Bilanz

Starts	Poles	Siege	Punkte	WM-Titel
84	20	21	333	1

Persönliches
Deutscher, geboren am 30.6.75 in Hürth-Hermühlheim
Wohnort: Monte Carlo
Größe/Gewicht: 1,78 m/77,5 kg
Ledig
Hobbies: Kart, Tennis Skat, Radfahren
Einkommen 98 (geschätzt): 1,5 Millionen US-Dollar

Weg in die Formel 1
78 - 92 Kart
93 ADAC Formel Junior, 2. Rang
94 - 95 Deutsche Formel 3
96 Japan. Formel 3000, 1. Rang; Japan. GT-Serie, 2. Rang

Formel-1-Chronik

Jahr	Team	Siege	Punkte	Rang
97	Jordan-Peugeot	-	13	11

Formel-1-Bilanz

Starts	Poles	Siege	Punkte	WM-Titel
17	-	-	13	-

Über zwei zweite Plätze ist das Team des Iren Eddie Jordan seit seinem Eintritt in die Formel 1 1991 nicht hinausgekommen. Jedes Jahr versichert Eddie mit unübertrefflichem Dackelblick, daß jetzt endlich der große Durchbruch kommt und jedes Jahr bleibt dieser aus.

Aber es versteht sich von selbst: Dieses Jahr kommt endgültig der große Durchbruch. Jordan hat einiges geändert. Vor allem sein personalsparendes Konzept, möglichst viel außerhalb des eigenen Hauses produzieren zu lassen. Mittlerweile hat er seine Mannschaft auf 150 Köpfe aufgestockt, und die Fertigungstiefe entspricht jetzt eher derjenigen von anderen ernstzunehmenden Teams. Es wurden im vergangenen Jahr neue Werkshallen bezogen und endlich hat sich der sparsame Ire auch einen eigenen Windkanal geleistet.

Der Toupetträger mit dem Faible für schicke Brillen muß immer wieder seinen Hang zur schnellen Mark einbremsen. So wechselte er für 1992 von Ford zu Yamaha, nur weil diese Motoren kostenlos waren. Die japanischen Luftpumpen hätten beinahe sein Team gekillt.

Nicht viel anders der Wechsel der Elektronik Ende vergangenen Jahres. TAG war gut, Pi aber billiger. Auch kann er es nicht lassen, bei Fahrer-Transfers zu dealen. Mit Alesis Wechsel zu Ferrari hat er sich als damaliger Alesi-Manager eine goldene Nase verdient. Ein paar Jahre später wiederholte er das gleiche noch einmal mit Eddie Irvines Wechsel von Jordan zu den Roten. Und daß sein letztjähriger Fahrer Giancarlo Fisichella nach einem Rechtsstreit jetzt doch noch bei Benetton fährt, wird den Iren garantiert nicht ärmer gemacht haben.

Das bringt zwar alles Geld in die Kassen des gelernten Bankkaufmannes, birgt in sich aber auch die Gefahr der Verzettelung. Und die richtig große Knete – nämlich die von reichen Sponsoren – kann selbst ein Jordan erst nach seinem ersten Sieg abgreifen. Aber der ist so gut wie sicher, denn dieses Jahr kommt ja der große Durchbruch. Sagt Eddie Jordan.

Teamchef Eddie Jordan

Geboren am 30.3.48 in Dublin, verheiratet mit Marie, vier Kinder. Eddie ist gelernter Bankkaufmann, entdeckte aber 1970 seine Liebe für den Motorsport. Er fuhr im Kart sowie den Formeln Ford und Atlantik (Irischer Meister 1978). Gründete 78 Formel 3 Team Irland mit Stefan Johannson, 1979 folgte Eddie Jordan Racing. 1980 Rückzug vom aktiven Rennsport.

Technischer Direktor Gary Anderson

Geboren am 9.3.51in Coleraine/Nordirland, verheiratet mit Jennie, eine Tochter. Andersons Formel-1-Karriere begann 1972 bei Brabham als Ingenieur. 1981 machte er sich selbständig, entwickelte bis 1990 Teile für Formel-1-Teams und baute Formel-3- und Sportwagen. Seit 1990 arbeitet er als Designer bei Jordan und entwickelte auch den ersten F1-Wagen für das Debüt 1991.

Chancen 1998

Von der Papierform her könnte die 98er Saison endlich den ersehnten Erfolg für das Team des lustigen Iren bringen. Ausreichende Finanzierung, Werksmotoren von Mugen-Honda und die Fahrerkombination Hill/Schumacher – also weltmeisterliche Erfahrung gepaart mit Sturm und Drang. Das alles liest sich wie eine Reihe starker Pluspunkte. Aber kommt da wirklich noch viel mehr auf die Haben-Seite? Lassen wir mal die Zwistigkeiten weg, die sich durch Damon Hill einstellen könnten – einen Fahrer, der schon vor den ersten Testkilometern ohne jegliche vertragliche Grundlage einen Nummer-Eins-Status reklamiert hat.

Hauptschwierigkeiten sind im Bereich Motor zu erwarten – weniger im technischen, als im zwischenmenschlichen Bereich. Nach der Trennung von Peugeot war Eddie Jordan erleichtert, mit Mugen-Honda endlich einen neuen Werkspartner gefunden zu haben. Jetzt muß er mit Argusaugen beobachten, wie die Japaner heftig mit dem neuen BAR-Team unter der Führung des Japan-Kenners Craig Pollock flirten. Diese Verunsicherung ist das allerwenigste, was eine Team-Motoren-Konstellation braucht, die sich ohnehin erst einmal aneinander gewöhnen muß.

Die eher bescheidenen Ergebnisse der Wintertests darf man auch nicht vergessen. Der Wagen litt von den ersten Metern an unter starkem Untersteuern, und Ralf Schumacher hielt es für möglich, daß dies nicht nur an den Profilreifen läge. Ein Konstruktionsproblem sei nicht auszuschließen.

Ganz sicher ist jedoch, daß durch die vergebliche Umstellung der Elektronik von TAG auf Pi und den reumütigen Wechsel zurück zu TAG soviel wichtige Testzeit verbaselt wurde, daß dieses Manko keinesfalls vor Anbruch der europäischen Saison aufgeholt werden kann. Eddie Jordan ist überzeugt, daß dieses Jahr „der erste Sieg fällig" ist. Es muß wohl in einem Rennen sein, in dem alle Williams, McLaren, Ferrari und Benetton ausgefallen sind.

Statt mit Siegen wird Jordan aber mit einem Super-Duell Damon Hill contra Schumi II zu glänzen wissen.

Angaben zur Teamstatistik auf Seite 81.

AGFA
CANAL+
GAULOISES

Sodexho
GAULOISES
PEUGEOT
PlayStation
AGFA
BiC
ALCATEL

11 Olivier Panis

Prost-Peugeot

Prost Peugeot AP 01

Motor: Peugeot A16, V10, ca. 760 PS (siehe Seite 86)
Motorelektronik: TAG Electronic
Getriebe: quer eingebaut, halbautomatisch, 6 Gänge
Fahrzeugmaße (L/B/H): 4.135/1.795/948 mm
Radstand: 2.795 mm; Spur (v/h): 1.600/1.600 mm
Dämpfungssystem: keine Angaben
Bremsen: Brembo/AP
Reifen: Bridgestone
Benzin: Total

Sponsoren

Gauloises Blondes (Zigaretten), Alcatel (Telekommunikation), Canal+ (Pay TV), PlayStation (Video-Spiel-Konsolen), Bic (u.a. Feuerzeuge, Kugelschreiber), Agfa (Fotozubehör), Bridgestone (Reifen), Total (Schmier- und Treibstoffe)

Etat

ca. 55 Millionen US-Dollar, Motoren frei

Adresse

Prost Grand Prix
7, avenue Eugène Freyssinet
F - 78286 Guyancourt Cedex
Tel. 0033-1-39301100, Fax 0033-1-39301101

12 Jarno Trulli

11 Olivier Panis

BESSER DENN JE

Es mag zynisch klingen, aber so ist es nun mal: Rennfahrer sind nach einem schweren Unfall nicht mehr die alten. Entweder – und das ist leider meistens der Fall – man kann sie vergessen oder sie sind nach dem Crash stärker denn je. Panis gehört ohne Wenn und Aber zur zweiten Kategorie.

Beim Großen Preis von Kanada beide Beine kompliziert gebrochen, hat der stets ein wenig muffelig wirkende Franzose alles daran gesetzt, noch in der laufenden Saison wieder ins Cockpit zu kommen. Panis wußte genau: Zum Zeitpunkt seines Unfalls lag er in der Weltmeisterschaft an dritter Stelle und stand unmittelbar vor dem endgültigen Durchbruch. Eine allzu lange Rekonvaleszenz ist in der kurzatmigen Formel 1 nicht drin.

Dieses „so schnell wie möglich wieder fahren wollen" ist ein Rennfahrer-Reflex. Etwas anderes ist es dann aber, wenn sie wieder ins Cockpit steigen. Panis war auf Anhieb mindestens so schnell wie zuvor, vielleicht sogar einen Tick schneller, entschlossener, bewußter. Drei Monate lang ackerte der Monaco-Sieger von 1996 jeden Tag fünf Stunden mit seinem Physiotherapeuten. Viel Zeit, um sich darüber klar zu werden, was man will. Panis weiß, daß er an der Seite von Alain Prost die Chance seines Lebens hat. Und den ersten Sieg hat er nach seinem Unfall schon errungen: Prost hat nicht gezögert, ihn für ein weiteres Jahr zu verpflichten.

12 Jarno Trulli

KARRIERE IM ZEITRAFFER

Der Italiener mit dem finnischen Vornamen kann es immer noch nicht fassen. Und in der Tat, es ist ja auch unfaßbar. 1995 fuhr er noch Kart, 1996 Formel 3, 1997 war seine erste Formel-1-Saison, und beim Großen Preis von Österreich hinderte ihn nur ein fulminanter Platzer seines Motors am ersten Sieg. Zu übertreffen wäre eine solche Zeitraffer-Karriere nur noch durch prenatale Bestzeiten.

Das stille, bescheidene Talent aus dem italienischen Francavilla erinnert viele an den jungen Senna. Was nachzuvollziehen ist: Trulli wirkt ebenso selbstkritisch wie entschlossen und kompromißlos willig, alles in seiner Macht stehende zu tun, ganz nach oben zu kommen. Allein sein täglich fünfstündiges Fitneßprogramm spricht Bände.

Daß Trulli dabei kein emotionsloser Roboter ist, zeigte ein Leistungsknick Mitte der vergangenen Saison. Alain Prost weiß, daß er an diesem Tief nicht unschuldig war: „Jarno wurde durch unsere Verhandlungen mit Damon Hill stark verunsichert. Als klar war, daß Hill nicht kommt, hat er prompt in Österreich geführt." Trulli weiß, daß ihm als absolutem Frischling nichts besseres passieren kann, als von einem vierfachen Weltmeister unter die Fittiche genommen zu werden. Und er weiß, wie man einen solchen Profi beeindruckt: Trulli fing unmittelbar nach Vertragsunterzeichnung an, Französisch zu lernen...

Persönliches

Franzose, geboren am 2.9.66 in Lyon
Wohnort: Grenoble/Frankreich
Größe/Gewicht: 1,73 m/76,5 kg
Verheiratet mit Anne, Sohn Aurélien
Erlernter Beruf: Mechaniker
Hobbies: Skifahren, Radfahren, Kart, Gewichtheben, Fußball
Einkommen 98 (geschätzt): 2 Millionen US-Dollar

Weg in die Formel 1

81 - 87 Kart
88 Paul-Ricard-Volant-Elf, 1. Rang
89 Formel Renault, 1. Rang
90 - 91 Franz. Formel 3
92 - 93 Formel-3000-EM

Formel-1-Chronik

Jahr	Team	Siege	Punkte	Rang
94	Ligier-Renault	-	9	11
95	Ligier-Mugen	-	16	8
96	Ligier-Mugen	1	13	9
97	Prost-Mugen	-	16	9

Formel-1-Bilanz

Starts	Poles	Siege	Punkte	WM-Titel
59	-	1	54	-

Persönliches

Italiener, geboren am 13.7.74 in Pescara
Wohnort: Francavilla/Italien
Größe/Gewicht: 1,73 m/60 kg
Ledig
Hobbies: Musik, Kart, Fitneß-training
Einkommen 98 (geschätzt): ! Million US-Dollar

Weg in die Formel 1

83 - 95 Kart
95 - 96 Deutsche Formel 3, 4. Rang (95), 1. Rang (96)

Formel-1-Chronik

Jahr	Team	Siege	Punkte	Rang
97	Minardi-Hart	-	-	
	Prost-Mugen	-	3	15

Formel-1-Bilanz

Starts	Poles	Siege	Punkte	WM-Titel
14	-	-	3	-

In den vergangenen zehn Jahren hat es exakt vier Formel-1-Teams gegeben, die sämtliche Rennen gewonnen haben: Williams, McLaren, Ferrari und Benetton. Was natürlich nicht stimmt, gibt es doch noch einen fünften Rennstall, der sich in die Siegerliste eintragen konnte, wenn auch nur ein einziges Mal: 1996 siegte Olivier Panis beim Großen Preis von Monaco auf einem Ligier.

Dieses Ligier-Team heißt jetzt Prost Gand Prix. Anders als bei Tyrrell, dessen ehrwürdiger Name durch eine Zigarettenschachtel ersetzt wird, kommt hier statt des Ligier-Schriftzuges ein motorsportlich noch bedeutenderer Name zum Einsatz. Der ehrgeizige Alain Prost weiß, wie wichtig sein Ruf ist, wenn es darum geht, seine Truppe ganz nach vorne zu bringen.

Nun ist es also endlich soweit. Nach dem zwitterhaften Übergangsjahr 1997 steht jetzt der erste reguläre Prost Peugeot AP 01 auf den Gummiwalzen. Und schon wären wir bei den ersten Unwägbarkeiten des Geschäfts, das kaum einer besser kennt, als der vierfache Weltmeister, und das trotzdem selbst ihn immer wieder überraschen kann. Und es war garantiert eine Überraschung, als Reifenlieferant Bridgestone plötzlich verkündete, daß man 1998 auch mit McLaren zusammenarbeiten würde. „Auch" bedeutet in diesem Fall nämlich „in erster Linie". Denn das dürfte klar sein: Wenn sich ein solches Spitzenteam aus einem bestehenden Goodyear-Vertrag verabschiedet, dann doch nur, wenn der neue Partner absolute Vorzugsbehandlung verspricht. Nicht vorstellbar, daß sich ein Ron Dennis brav in die Schlange stellt, um zu sehen, welches Gummi denn nun an Prost, Stewart, Arrows, Minardi und schließlich an ihn so verteilt wird. Die Vorzugsbehandlung aber hatte sich Alain Prost mit Sicherheit für sein Team erhofft. So ganz nach dem Motto, daß man als Einäugiger König unter den Blinden ist.

Alain Prost hat um sich herum eine Truppe von alten Weggefährten zusammengestellt. Sportlicher Direktor ist sein Genosse aus gemeinsamen Ferrari-Zeiten, Caesare Fiorio. Schwer zu durch-

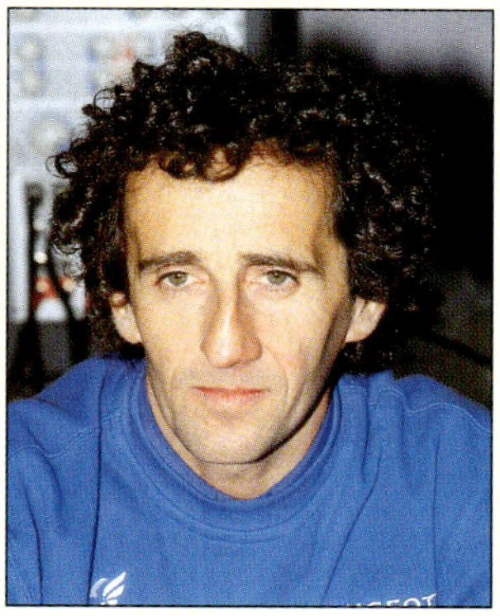

schauen, wozu dieser Mann eigentlich gut ist. Jedoch schon der Umstand, daß ein Erfolgsmensch wie Prost an ihm festhält, spricht für den eitlen Italiener mit dem Spitznamen Hollywood.

Ganz anders der bescheidene Technische Direktor Bernard Dudot. Der ehemalige Renault-Mann kennt Prost seit den späten 70er Jahren, und seitdem kreuzten sich immer wieder ihre Wege. Der führende Kopf hinter den gewaltigen Renault-Erfolgen gilt in Fachkreisen als immense Verstärkung des Prost-Teams.

Viel schwerer einzuschätzen ist der erst 37jährige Konstrukteur Loïc Bigois. Der Mann mit den si-

gnifikanten Doppelpunkten auf dem Loïc-i ist zwar schon seine neunte Saison im Geschäft, trotzdem überrascht es, daß Prost voll und ganz auf ihn setzt und gar nicht erst versuchte, einen erfahreneren Mann zu finden.

Bleibt natürlich noch eine ganz wesentliche Frage: Ist Prost denn nun endlich das lang ersehnte rein französische Team? Ja und Nein. Ja, weil Haupt- und Nebensponsor, Motorenlieferant, die engste Führungscrew und der erste Fahrer Franzosen sind. Nein, weil Alain Prost ganz eindeutig sagt: „Ich will von allem das Beste, einerlei aus welchem Land er, sie oder es kommt."

Teamchef Alain Prost

**Geboren am 24.2.55 in Saint Chamond, verheiratet
Klassischer Einstieg in den Rennsport in der Formel Renault 1976. 1980 gab er sein Formel-1-Debüt bei McLaren. Bereits im folgenden Jahr gewann er drei Rennen für Renault. Bis 1993 siegte er in 51 von 199 Grand Prix, holte 798,5 Punkte und vier WM-Titel (1985, 86, 89, 93). Im Frühjahr 1997 übernahm er die Regie des früheren Ligier-Teams.**

Chancen 1998

Die Wintertests des AP 01 waren alles andere als ermutigend: Jede Menge Getriebeprobleme, dann in der Anfangsphase sofort Änderungen der Seitenkästen, immer wieder Rückzug nach Magny-Cours zum Testen, statt sich zum Beispiel in Barcelona dem Vergleich mit der Konkurrenz zu stellen - das alles läßt nichts Gutes erwarten.

Gleichzeitig kämpft Alain Prost in dieser Saison einen Zwei-Fronten-Krieg: Nicht nur, daß er sein Team unter die ersten vier bringen will, der Umzug seiner 150 Kopf starken Mannschaft nach Guyancourt bei Paris läuft parallel zu den ersten Rennen auf vollen Touren.

Ein weiterer Problemfall: Prost Grand Prix und der neue Motorenpartner Peugeot müssen erst noch zueinanderfinden. Zwar handelt es sich bei dieser Verbindung um eine ausgesprochene Liebesheirat, aber trotzdem: Auch bei der größten Liebe dauert es eine gewisse Zeit, bis alle Details perfekt zueinander passen.

Angaben zur Teamstatistik auf Seite 81.

Technischer Direktor Bernard Dudot

**Geboren am 30.1.39 in Nancy
Studierte Maschinenbau an der renommierten Ingenieursschmiede CESTI in Paris und ging danach zu Renault. 1967 übernahm er die Leitung der Motorenabteilung für Alpine Renault. 1973 entwickelte er Saug- und Turbomotoren, 1980 wurde Dudot Technischer Direktor von Renault Sport, seit Ende 97 bei Prost.**

Sauber-Petronas

Sauber C17

Motor: Sauber Petronas SPE 01D, V10, ca. 750 PS (siehe Seite 87)
Motorelektronik: Magneti Marelli
Getriebe: längs eingebaut, halbautomatisch, 6 Gänge
Fahrzeugmaße (L/B/H): 4.410/1.800/1.000 mm
Radstand: 2.920 mm; Spur (v/h): 1.470/1.410 mm
Dämpfungssystem: Sachs
Bremsen: Brembo
Reifen: Goodyear
Benzin: Shell

Sponsoren

Red Bull (Energy-Drink), Petronas (Nationale Ölgesellschaft Malaysias), Fritz Kaiser Gruppe (Untermehmensberatung), Bäumler (Herrenmode), Compaq (Computer), Kenwood (Unterhaltungselektronik), Goodyear (Reifen)

Etat

ca. 60 Millionen US-Dollar, davon 12 für Motoren

Adresse

Team Sauber Formula One
Wildbachstraße 9
CH - 8340 Hinwil
Tel. 0041-1-9381400, Fax 0041-1-9381670
Internet: http://www.redbull-sauber.ch

14 Jean Alesi

15 Johnny Herbert

Red Bull
Bull
PETRONAS
14
CATIA
EAGLE
GOODYEAR
Fritz Kaiser Group

PETRONAS
BAUMLER
Red Bull

Alle statistischen Angaben entsprechen dem Stand vor der Formel-1-WM 1998

14 Jean Alesi

DER LUSTFAHRER

Gemeinsames Leid ist halbes Leid. Was Johnny Herbert bereits hinter sich hat, ist bei Teamkollege Jean Alesi eine frisch blutende Wunde. Der Franzose hat immer noch leichten Schaum vorm Mund, wenn er von Benetton im allgemeinen und seinem Freund Flavio Briatore im besonderen spricht.

Die beiden Jahre im Team des italienischen Strickwarenherstellers waren für Alesi ein Totalausfall. Zwar konnte er dort fleißig punkten, doch die Grundidee, endlich vom unzuverlässigen Ferrari-Team zur regelmäßig siegenden Benetton-Mannschaft zu wechseln und die eigene Siegesbilanz aufzupolieren, diese Grundidee ist grausam gescheitert. Alesi ist immer noch das ewige Talent mit dem einen Sieg auf seinem Konto. Und wenn man sich die Teamfolge Ferrari – Benetton – Sauber unvoreingenommen anschaut, muß man bei dem sympathischen Franzosen leider einen leichten, aber ständigen Verfall des eigenen Marktwertes konstatieren.

Ob er dieses Jahr diesen Trend auffangen kann, ist fraglich. Selbst wenn Sauber den erhofften Sprung nach vorne schafft, bleibt doch offen, ob die Profilreifen Alesis Fahrstil besonders gut tun. Sicher ist, daß besonders die Goodyear-Reifen sehr schnell abbauen werden. Im Vorteil ist der, der möglichst materialschonend optimal mit dem Gummi haushaltet. Für den spektakulären Lustfahrer Alesi eine arge Aufgabe.

15 Johnny Herbert

DER EHRGEIZIGE

Der Engländer war in der vergangenen Saison der einzige Fahrer, der alle Trainingsduelle für sich entscheiden konnte. Das ist zwar nicht schlecht, läßt aber auch auf zu langsame Teamkollegen schließen. Jetzt hat ihm sein Chef Alesi vor den Latz geknallt, was bei Johnny ganz empfindlich den Docht verkürzen dürfte.

Nach außen hin wirkt der zweifache Grand-Prix-Sieger, als sei er ununterbrochen nur an irgendwelchen Späßchen interessiert. Aber aufgepaßt: Tatsächlich ist der Vater zweier Kinder ein ausgesprochen ehrgeiziger Zeitgenosse, mit dem innerhalb eines Teams nicht unbedingt gut Kirschen essen ist. Sein Trick: So schnell wie möglich den englischsprachigen Teil des Teams – bei fast jedem Formel-1-Team ist das der größere – auf seine Seite ziehen und dort dann die eigene Hausmacht aufbauen. Spannend wird, das jetzt im Vergleich mit Alesi zu sehen. Der Franzose wird im Schweizer Team natürlich voll auf die nicht zu kleine französische Karte setzen.

Herberts Stellung ist durch den Rauswurf von Max Welti geschwächt. Beide verstanden sich gut, weil beide eine ähnliche Vorliebe für Teamintrigen hatten. Doch ganz einerlei, wie sich die Pole zwischen Alesi und Herbert verlagern werden, der Zweikampf zwischen den beiden Routiniers mit den vielen offenen Rechnungen wird die Formel-1-Fans hinreißen.

Persönliches
Franzose, geboren am 11.6.64 in Avignon
Wohnort: Nyon/Schweiz
Größe/Gewicht: 1,70 m/73 kg
Verheiratet mit Kumiko, Töchter Charlotte und Helena
Erlernter Beruf: Karosseriespengler
Hobbies: Ski, Golf, Tennis, Wasserski
Einkommen 98 (geschätzt): 4 Millionen US-Dollar

Weg in die Formel 1
83 Renault 5 Turbo Cup
84 - 85 Formel Renault
86 - 87 Französische Formel 3
88 - 89 Formel-3000-EM, 1. Rang (89)

Formel-1-Chronik

Jahr	Team	Siege	Punkte	Rang
89	Tyrrell-Ford	-	8	9
90	Tyrrell-Ford	-	13	9
91	Ferrari	-	21	7
92	Ferrari	-	18	7
93	Ferrari	-	16	6
94	Ferrari	-	24	5
95	Ferrari	1	42	5
96	Benetton-Renault	-	47	4
97	Benetton-Renault	-	36	3

Formel-1-Bilanz

Starts	Poles	Siege	Punkte	WM-Titel
135	2	1	225	-

Persönliches
Brite, geboren am 25.6.64 in Romfort, Essex
Wohnort: Monte Carlo
Größe/Gewicht: 1,67 m/68 kg
Verheiratet mit Rebecca, Töchter Amelia und Chloe
Hobbies: Golf, Fitneßtraining, ferngesteuerte Modellautos
Einkommen 98 (geschätzt): 2 Millionen US-Dollar

Weg in die Formel 1
78 - 82 Kart
83 - 85 Brit. Formel Ford 1600
86 Brit. Formel Ford 2000
87 Brit. Formel 3, 1. Rang
88 Formel-3000-EM
90 - 91 Japanische Formel 3000

Formel-1-Chronik

Jahr	Team	Siege	Punkte	Rang
89	Benetton-Ford	-	5	14
	Tyrrell-Ford	-	-	
90	Lotus-Lamborghini	-	-	-
91	Lotus-Judd	-	-	-
92	Lotus-Ford	-	2	14
93	Lotus-Ford	-	11	9
94	Lotus-Mugen	-	-	-
	Ligier-Renault	-	-	-
	Benetton-Ford	-	-	-
95	Benetton-Renault	2	45	4
96	Sauber-Ford	-	4	14
97	Sauber-Petronas	-	15	10

Formel-1-Bilanz

Starts	Poles	Siege	Punkte	WM-Titel
112	-	2	82	-

Es war eine Personalentscheidung, die der ganzen Welt signalisierte, daß bei Sauber neue Zeiten anbrechen sollen: Sang- und klanglos wurde Teamdirektor Max Welti gefeuert, seine Aufgaben wurden von Teamchef Peter Sauber übernommen.

Teamchef Peter Sauber

Technischer Direktor Leo Ress

Geboren am 13.10.43 in Zürich, verheiratet mit Christiane, zwei Söhne. Mit 27 Jahren gründete der gelernte Elektromonteur sein eigenes Konstruktionsbüro und entwarf Sportwagen. Seine Autos fuhren zahlreiche Erfolge ein, u.a. in Le Mans. Ab 1988 Partnerschaft mit Mercedes. 1993 debütierte Sauber in der Formel 1.

Geboren am 16.1.51, Deutscher, ledig. Leo Ress studierte Maschinenbau an der Technischen Hochschule in Aachen. Nach Abschluß des Studiums 1979 kam er zu Mercedes, 1982 wechselte er zu BMW. Seit 1985 arbeitet Leo Ress bei Sauber, zunächst als Chefdesigner, seit 1998 ist er Technischer Direktor.

Saubers kurze Kommentierung der überraschenden Kündigung seines alten Freundes und Weggefährten zeigt, daß auch in der Schweizer Truppe die Zeiten kühler und härter werden: „Wir stagnieren. Das hat mich gezwungen, etwas zu ändern. Um dafür die Verantwortung zu tragen, muß ich die operative Führung übernehmen."

Peter Sauber hat ja recht: Sein Team stagniert wirklich. Innerhalb von drei Jahren wollte man einst zu den fünf besten Teams der Königsklasse vorstoßen. Jetzt ist man bereits im siebten Jahr dabei und immer noch nicht über einen sechsten Platz in der Konstrukteurs-WM – ausgerechnet im Premierenjahr – hinausgekommen.

Hauptsponsor und Miteigner Dietrich Mateschitz – der Erfolgsmensch verkauft jährlich rund 200 Millionen Dosen seines klebrig-süßen Energy-Drinks Red Bull – grantelt bereits leise aber deutlich: „Meine Begeisterung für die Formel 1 hält sich in Grenzen." Und dann gibt der Österreicher die Schlagzahl für die Saison 1998 vor: „30 bis 40 Punkte sollten unser Ziel sein. Wir müssen zu den besten vier Teams aufschließen."

Um dieses Ziel zu erreichen hat sich die Sauber-Mannschaft, der immer so ein Hauch Schweizer Bünzlitum anhaftet, kräftig internationalisiert. Die 150 Beschäftigten kommen jetzt aus zwölf Nationen, unter den Neuzugängen ist besonders Frentzens Renningenieur bei Williams, Tim Preston, zu nennen, der nach dem ersten Saisondrittel die Verantwortung für das Testteam übernehmen wird.

Eine weitere Verstärkung verspricht man sich durch die ständige Präsenz von Konstrukteur Leo Ress bei den Rennen. Daran hatte es in den vergangenen Jahren gemangelt. Zurückgezogen brütete er in Hinwil über neuen Konstruktionen. Es hat bei Sauber halt ein wenig Zeit gebraucht, bis man kapiert hat, daß nichts so sehr die Sinne schärft wie Pulverqualm.

Gespannt darf man sein, ob Grand-Prix-Veteran Gerhard Berger im Laufe der Saison eine Aufgabe bei Sauber übernehmen wird. Der Freund von Alesi – erst durch den Hinweis des Österreichers kam Jean auf die Idee, mal ein Auge auf das Sauber-Team zu werfen – wird managementmäßig von Sauber-Mitbesitzer Fritz Kaiser betreut. Kaum vorstellbar, daß der Bergers geballte Formel-1-Kompetenz – sei es als (Test-)Fahrer, sei es als Drahtzieher hinter den Kulissen – lange ungenutzt läßt.

Chancen 1998

Zumindest die angestrebte Punktezahl – mindestens eine Verdoppelung des 97er Ergebnisses – erscheint gar nicht so überzogen. Denn in der vergangenen Saison war Sauber ein reines Ein-Mann-Team. Die Fahrer neben Johnny Herbert – Nicola Larini, Gianni Morbidelli und Norberto Fontana – waren aus den unterschiedlichsten Gründen Totalausfälle und haben zusammen gerade mal einen einzigen Punkt zur Sauber-Bilanz beigetragen.

Das wird dieses Jahr mit der Fahrerpaarung Jean Alesi und Johnny Herbert ganz anders sein. Beide Fahrer haben bewiesen, daß sie Rennen gewinnen können, beide sind äußerst zuverlässige Punktefänger, und beide Fahrer sind immer noch hungrig genug, um sich gegenseitig nichts zu schenken. Sauber dürfte mit diesen zwei Piloten eine der stärksten Fahrer-Kombinationen der Formel 1 gelungen sein.

Wenn man dann noch den zuverlässigen Petronas-Motor hinzuzieht, der auf dem 96er Ferrari basiert und über den Winter von Motorenchef Osamu Goto weiterentwickelt wurde, ist das Paket durchaus ernstzunehmen. Dazu kommt, daß Sauber, wenn auch nicht überschwenglich, so doch zumindest seriös finanziert ist. Die Schweizer Truppe dürfte regelmäßig auf den Punkterängen anzutreffen sein. Ob es zum ersten Sieg für das Team reichen wird, hängt aber wohl eher von Ausfällen der Topteams ab.

Regelmäßig ganz vorne wird das Team auf jeden Fall auf einem ganz anderem Sektor zu finden sein: Nach wie vor ungeschlagen im ganzen Fahrerlager ist Saubers Hospitality-Küche. Vielleicht sollte man Koch Arnold „Noldi" Graf und seiner Mannschaft in Zukunft einfach die Gesamtleitung des Teams überlassen...

Angaben zur Teamstatistik auf Seite 81.

BRASTEMP
EAGLE
STAR
IXION
DANKA
zepter
BRIDGESTONE
CRICKET & CO

DANKA
zepter
16
parmalat
elf
ITS
Diversey Lever

17 Mika Salo

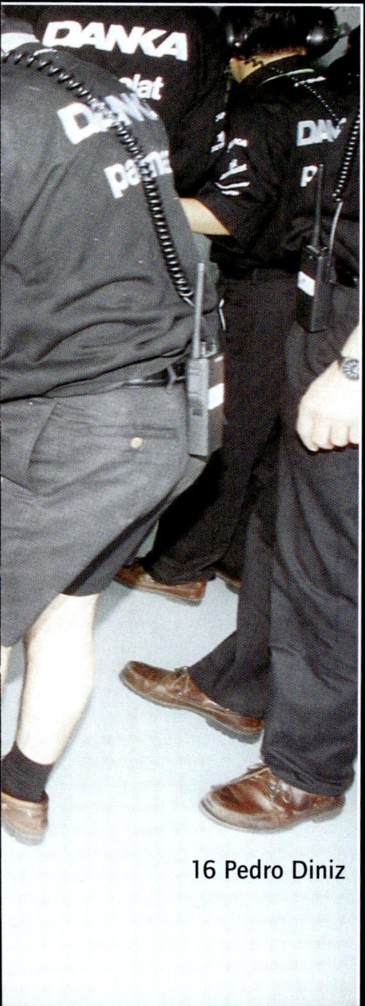

16 Pedro Diniz

Arrows

Arrows A19

Motor: Arrows F1 V10, ca. 730 PS (siehe Seite 86)
Motorelektronik: TAG 2000 Electronic
Getriebe: halbautomatisch, 6 Gänge
Fahrzeugmaße (L/B/H): 4.410/1.800/950 mm
Radstand: 3.000 mm; Spur (v/h): 1.650/1.600 mm
Dämpfungssystem: Dynamics
Bremsen: AP
Reifen: Bridgestone
Benzin: elf

Sponsoren

Danka (Bürogeräte), Zepter (Kosmetik), Parmalat (Lebensmittel), Bridgestone (Reifen), Quest International (Duft- und Aromastoffe), Powerhorse (Energy Drink), DiverseyLever (Reinigungsunternehmen), Eagle Star (Versicherung)

Etat

ca. 45 Millionen US-Dollar, inklusive Motoren

Adresse

TWR Arrows F1
Leafield Technical Centre
Leafield, Witney
Oxon OX8 5PF
Tel. 0044-1993-871000, Fax 0044-1993-871100

16 Pedro Paulo Diniz

BESSER ALS SEIN RUF

Der Brasilianer hat Ende des vergangenen Jahres bei Arrows einen Zweijahresvertrag unterschrieben. Damit gehört er zu den wenigen Fahrern, die auch nach dieser Saison wissen, wie es weitergehen wird. Wer hätte das gedacht: Pedro Paulo Diniz, eine der festen Säulen der Formel 1.

Keine schlechte Entwicklung für jemanden, der sich selbst nicht allzu hoch einschätzt. Als er vor gar nicht so langer Zeit gefragt wurde, was seine schönste motorsportliche Erinnerung sei, antwortete der Sohn reicher Eltern entwaffnend naiv: „Die vorläufige Pole-Position 1994 in Barcelona in der Formel 3000."

Die Bescheidenheit ist angebracht. Diniz hat in seiner Rennfahrer-Laufbahn in der Tat nicht allzu dicke Bäume ausgerissen. Mal ein dritter Platz in einem Formel-3-Rennen (1992 in Thruxton und Brands Hatch), mal ein zweiter Platz in einem Formel-3000-Lauf (Magny-Cours 1993) und in der Formel 1 waren zwei fünfte Plätze das Höchste der Gefühle. Was eigentlich, wenn man fair bleiben will, nicht ganz stimmt: Denn der Mann, der mit zwölf Millionen Mark so ziemlich genau den Betrag von Parmalat zum Arrows-Team trägt, den in der vergangenen Saison Damon Hill dort als Fahrergage einsackte, hat den Weltmeister an drei Rennwochenenden im Training ausbeschleunigt – unter anderem auf der Fahrerstrecke Spa-Francorchamps...

17 Mika Salo

DER TREUE FINNE

Drei Jahre lang hat der lustige Finne mit der Vorliebe für dicke Comic-Bücher treu und brav seinen Vertrag im Tyrrell-Team abgedient. Drei Jahre, in denen der Szene klar war, daß nach Ablauf dieses Kontraktes einem Wechsel in ein Spitzenteam nichts mehr im Wege stehen würde. Mika Salos Qualitäten sind nämlich unbestritten: Sehr schnell, ein guter Tester, symphatisch im Auftritt und – siehe die drei Jahre bei Tyrrell – ausgesprochen loyal. Doch es gibt in der Formel 1 nichts, worauf man bauen kann. Während Salo – er wuchs in derselben Straße Helsinkis auf wie Konkurrent Häkkinen – bei Tyrrell älter wurde, kam frisches Blut in die Königsklasse. Und ehe sich Salo versah, tummelten sich Giancarlo Fisichella, Ralf Schumacher, Alexander Wurz oder Jarno Trulli auf eben diesen Plätzen, auf die der Finne gerne gewechselt wäre.

Dabei kann der ehemalige Formel-Nippon-Pilot und britische Formel-3-Vizemeister von 1990 noch von Glück sagen, daß er überhaupt in der Königsklasse bleiben konnte. Es hätte ihm auch wie seinem Teamkollegen bei Tyrrell, Jos Verstappen, gehen können. Der fiel bei den anstehenden Transferverhandlungen zwischen alle Stühle und erfuhr drei Wochen vor Saisonbeginn, daß der Formel-1-Zug für ihn erst einmal abgefahren ist. So gesehen ist ein fester Platz bei Arrows gar nicht so schlecht.

Persönliches
Brasilianer, geboren am 22.5.70 in São Paulo
Wohnort: Monte Carlo
Größe/Gewicht: 1,74 m/72,5 kg
Ledig
Hobbies: Jogging, Squash, Reisen, Radfahren, Skifahren, Lesen
Einkommen 98 (geschätzt): 0,8 Millionen US-Dollar

Weg in die Formel 1
87 - 88 Kart
89 Brasilianische Formel Ford
90 Südamerikanische Formel 3
91 - 92 Britische Formel 3
93 - 94 Formel-3000-EM

Formel-1-Chronik

Jahr	Team	Siege	Punkte	Rang
95	Forti-Ford	-	-	-
96	Ligier-Mugen	-	2	15
97	Arrows-Yamaha	-	2	16

Formel-1-Bilanz

Starts	Poles	Siege	Punkte	WM-Titel
50	-	-	4	-

Persönliches
Finne, geboren am 30.11.66 in Helsinki
Wohnort: London
Größe/Gewicht: 1,75 m/72 kg
Ledig, Freundin Noriko
Hobbies: Snowbord- und Snowmobilfahren
Einkommen 98 (geschätzt): 2 Millionen US-Dollar

Weg in die Formel 1
73 - 85 Kart
87 - 88 Skand. Formel Ford 1600, 2. Rang (87), 1. Rang (88)
89 - 90 Brit. Formel 3, 2. Rang (90)
91 - 94 Japanische Formel 3000

Formel-1-Chronik

Jahr	Team	Siege	Punkte	Rang
94	Lotus-Mugen	-	-	-
95	Tyrrell-Yamaha	-	5	15
96	Tyrrell-Yamaha	-	5	13
97	Tyrrell-Ford	-	2	16

Formel-1-Bilanz

Starts	Poles	Siege	Punkte	WM-Titel
52	-	-	12	-

Was für ein Unterschied zum Vorjahr, deutlicher kann man eine Niederlage nicht eingestehen. Tom Walkinshaw – als Tiger gesprungen, als Bettvorleger gelandet. Erinnern wir uns: Vor der 97er Saison schlug Major Tom heftig auf die Pauke: „Zwei Siege sind möglich." Für teuer Geld ließ er die internationale Journaille einfliegen und präsentierte mit stolzgeschwellter Brust seinen für noch mehr Geld eingekauften Superstar Damon Hill. Auftragsgemäß versprühte der frischgebackene Weltmeister den gleichen Optimismus wie sein neuer Chef, und für Außenstehende war es faszinierend zuzuschauen, wie da zwei gestandene Männer laut pfeifend durch den dunklen Wald liefen.

So traurig das ist, aber in diesem dunklen Wald haben sich die beiden böse verlaufen: Insgesamt neun Punkte schaffte das Arrows-Team. Für den aufmerksamen Beobachter wird rasch klar, daß da wohl nicht mehr von zwei Siegen die Rede sein kann, hätte doch schon ein Sieg allein zehn Punkte als Ergebnis.

Dumm gelaufen. Neun Punkte in 17 Rennen, das entspricht so ziemlich genau dem bisherigen Arrows/Footwork-Schnitt. Das Team hat seit 1978 in 288 Rennen exakt 141 Punkte errungen. Mit dieser Strecke kann Arrows sich höchst erfolgreich um den Titel des erfolglosesten Teams der Formel-1-Geschichte bewerben. Über 20 Jahre dabei und nicht ein Sieg.

Erst wenn man sich die Erwartungen des Erfolgsmenschen Tom Walkinshaw vor Augen hält und sie mit den tatsächlichen Ergebnissen vergleicht, kann man ermessen, wie groß die Enttäuschung gewesen sein muß, als Damon Hill beim Ungarn-Grand-Prix bis zur letzten Runde führte, nur um dann wegen eines Hydraulikschadens auf den zweiten Platz zurückzufallen. Es wäre der erste Sieg für Arrows gewesen, der erste für Motorenpartner Yamaha, der erste für Bridgestone – ein Sieg, der Motorsportgeschichte geschrieben hätte.

Hätte, wäre, wenn – sicher ist dagegen, daß Walkinshaw beinahe das endgültige Karriereaus für den vierten deutschen Formel-1-Piloten, Jörg Müller, gewesen wäre. Der Schotte hat den sympathischen Formel-3000-Meister von 1996 mit vielen Versprechungen als Testfahrer angelockt. Testen durfte Müller bei Arrows so gut wie nichts, bei Sauber als Morbidelli-Ersatz einspringen allerdings auch nicht.

Major Tom mit Sohn.

Tom Walkinshaw ist ein ausgesprochener Selfmade-Man. Der Sohn eines Bauern hat in 20 Jahren einen Konzern mit über 1.400 Mitarbeitern und rund 800 Millionen Mark Umsatz aufgebaut. Vor seinem Arrows-Abenteuer war der ehemals erfolgreiche Tourenwagenfahrer Teilhaber bei Benetton und Ligier. Grundsätzlich kann man also davon ausgehen,

daß ein Typ wie Walkinshaw weiß, wo es lang geht. Nur eines ist auch sicher: Der Weg ist um einiges länger, als es der Schotte mit seinem Hoppla-jetzt-komme-ich-Auftritt vermuten ließ.

Chancen 1998

Der mit allen Wassern gewaschene Tom Walkinshaw ist wirtschaftlich clever genug, ein halbwegs gesundes Budget auf die Beine stellen zu können. Und seine Fahrerpaarung Salo und Diniz ist bestimmt nicht die schlechteste. Trotzdem: Diese Saison wird die schwerste in seiner Motorsportkarriere. Bis kurz vor Saisonbeginn war offen, mit welchem Motorenkonzept an den Start gegangen werden soll. So kann man natürlich kein Auto richtig konstruieren.

Ein weiteres Fragezeichen muß hinter John Barnard gesetzt werden. Der ehemalige Ferrari-Mann hatte bei den Roten alle Möglichkeiten dieser Welt und konnte sie trotzdem nicht nutzen. Es gibt eigentlich keinen Grund, warum er ausgerechnet jetzt mit viel weniger Geld und einer deutlich kleineren Techniker-Truppe den großen Wurf landen sollte.

Nach dem denkbar knapp verfehlten Sieg in Ungarn weigerte sich Tom Walkinshaw beharrlich, Damon Hills zweiten Platz zu honorieren: „Ich sehe keinen Grund, warum ich mich über einen zweiten Platz freuen sollte." Die 98er Saison wird ihm diese Gründe schonungslos beibringen. Major Tom wird sich noch alle zehn Finger nach einer solchen Spitzenplazierung schlekken.

Teamchef Tom Walkinshaw

Geboren am 19.8.46 in Mauldslie/Schottland, verheiratet, zwei Kinder. Der Sohn eines Farmers begann 1968 erfolgreich mit dem Rennsport, zunächst in Monoposti. 1973 wechselte er zum Tourenwagensport, wo er unter anderem für Ford zahlreiche Siege einfuhr. 1986 folgte der Rückzug vom aktiven Motorsport. Seither widmet sich der Rugbyfan – nebenbei kaufte er 1997 den Gloucester Rugby Club – ganz seinem Unternehmen TWR und der Formel 1.

Technischer Direktor John Barnard

Geboren am 4.5.46
Mit 23 kam der Maschinenbauingenieur zu Lola Cars und erarbeitete Entwürfe für alle Fahrzeuge. 1972 Wechsel zu McLaren, ab 1975 arbeitete Barnard für drei Jahre sehr erfolgreich in den USA. 1979 Rückkehr zu McLaren, von 1986 bis 89 Technischer Direktor bei Ferrari, danach bis 1991 bei Benetton. Erneutes Ferrari-Engagement von 1992 bis 97.

Angaben zur Teamstatistik auf Seite 81.

19
Havoline
TEXACO

19 Jan Magnussen

18 Rubens Barrichello

Stewart-Ford

Stewart SF-2

Motor: Ford Zetec-R V10, ca. 720 PS (siehe Seite 87)
Motorelektronik: Visteon
Getriebe: längs eingebaut, 6 Gänge
Fahrzeugmaße (L/B/H): *keine Angaben*
Radstand/Spur (v/h): *keine Angaben*
Dämpfungssystem: Stewart/Penske
Bremsen: AP Racing
Reifen: Bridgestone
Benzin: Texaco

Sponsoren

HSBC Holdings (Bank- und Finanz-Dienstleister), MCI Communications (Kommunikationstechnologie), EDS Unigraphics (Software), Highland Spring (Mineralwasser), Hewlett Packard (Computer), Bridgestone (Reifen)

Etat

ca. 45 Millionen US-Dollar, Motoren frei

Adresse

Stewart Grand Prix Ltd.
16 Tanners Drive
Blakelands
Milton Keynes MK14 5BW
Tel. 0044-1908-215100, Fax 0044-1908-216892

Alle statistischen Angaben entsprechen dem Stand vor der Formel-1-WM 1998

18 Rubens Barrichello

MIT ERFAHRUNG

Die Saison 1997 war wohl mehr als bescheiden für den Brasilianer - dreimal nur im Ziel, da denken selbst abgestumpfte Naturen daran, ein hübsches Zuggleis zum Niederlegen zu suchen. Dennoch: Dem Mann aus São Paulo hat die Saison gut getan. Weil er endlich mal wieder das Gefühl hatte, im Team erwünscht zu sein. Bis zum Stewart-Vertrag hatte Rubens seine vierjährige Formel-1-Zeit ausschließlich bei Jordan zugebracht. Mit dem Ergebnis, daß er fast zum Inventar gehörte und dann immer stärker in der Teamhierarchie nach hinten gereicht wurde. Am Ende fehlte der Respekt voreinander, und es war höchste Zeit für Barrichello, sich was Neues zu suchen.

Da kam Stewarts Angebot gerade richtig. Jackies erklärtes Ziel: „Einen Fahrer mit Erfahrung und einen jungen, heißen, den man zusammen mit dem Team aufbauen kann." Der mit der Erfahrung wurde Barrichello. Der stellte den jungen, heißen namens Jan Magnussen dermaßen in den Senkel, daß der kurz vor dem Rausschmiß stand. So etwas tut gut. Ebenso der zweite Platz, ausgerechnet beim Prestigerennen in Monaco.

Rubens hätte aus lauter Vaterlandsliebe für seine Landsleute so gerne einen Senna-Nachfolger dargestellt. Er weiß mittlerweile, daß er diese Rolle nie ausfüllen könnte. Aber er weiß durch sein Jahr bei Stewart auch, daß er ein sehr guter Rennfahrer sein kann.

19 Jan Magnussen

JETZT ODER NIE

Das war knapp: Ein, zwei schlechte Rennen mehr und Magnussens Formel-1-Karriere wäre schon im ersten Jahr zu Ende gewesen. Faktum ist, daß der lebenslustige Däne mit Hang zu Fastfood, Bier und Zigaretten zu den großen Fragezeichen der 97er Saison gehörte. Als Jackie Stewart den Jan einstellte, verkündete der Schotte noch lauthals, daß sein Neuerwerb in seiner Formel-3-Zeit „besser als Senna" gewesen sei.

In der Tat, 1994 errang der ledige Vater eines Sohnes in der englischen Meisterschaft 14 Siege. Da war er 21 Jahre alt und wurde noch im selben Jahr McLaren-Testfahrer. Das blieb er dann im folgenden Jahr, richtige Rennen durfte er nur für Mercedes in der DTM bestreiten. Ausnahme war das Formel-1-Rennen im japanischen Aida, wo es Häkkinen zu ersetzen galt.

1996 war ein absolutes Misch-Masch-Jahr. Unmotiviert - Tourenwagen sind nicht sein Ding - in der ITC unterwegs, durfte er ab und an für McLaren testen und vier IndyCar-Rennen für Penske-Mercedes bestreiten. Dann endlich kam die Stewart-Erlösung. Und das böse Erwachen. Nicht den Hauch einer Chance hatte er gegen Teamkollege Barrichello. Das Trainingsduell endete mit einem desaströsen 15:2. Erst gegen Ende der Saison wurde seine Performance besser. Gerade noch rechtzeitig, um dieses Jahr zeigen zu dürfen (müssen), daß er es doch kann.

Persönliches

Brasilianer, geboren am 23.5.72 in São Paulo
Wohnort: São Paulo
Größe/Gewicht: 1,72 m/77 kg
Verheiratet mit Sylvana
Hobbies: Jetski, Laufen
Einkommen 98 (geschätzt): 2 Millionen US-Dollar

Weg in die Formel 1

81 - 88 Kart
89 Brasil. Formel Ford, 4. Rang
90 Opel Lotus Euroserie, 1. Rang
91 Britische Formel 3, 1. Rang
92 Formel-3000-EM, 3. Rang

Formel-1-Chronik

Jahr	Team	Siege	Punkte	Rang
93	Jordan-Hart	-	2	17
94	Jordan-Hart	-	19	6
95	Jordan-Peugeot	-	11	11
96	Jordan-Peugeot	-	14	8
97	Stewart-Ford	-	6	13

Formel-1-Bilanz

Starts	Poles	Siege	Punkte	WM-Titel
81	1	-	70	-

Persönliches

Däne, geboren am 4.6.73 in Roskilde
Wohnort: Silverstone/England
Größe/Gewicht: 1,70 m/65 kg
Ledig, Sohn Kevin
Hobbies: Kart, Segeln, Golf, Fitneßtraining, Modellflugzeuge
Einkommen 98 (geschätzt): 1 Million US-Dollar

Weg in die Formel 1

85 - 91 Kart
92 Brit. Formel Ford 1600, 3. Rang
93 Opel Lotus Euroserie, 4. Rang
94 Britische Formel 3, 1. Rang
95 DTM/Mercedes
96 ITC/Mercedes, IndyCar

Formel-1-Chronik

Jahr	Team	Siege	Punkte	Rang
97	Stewart-Ford	-	-	-

Formel-1-Bilanz

Starts	Poles	Siege	Punkte	WM-Titel
17	-	-	-	-

Jackie Stewart war als Fahrer ein Perfektionist, er war es als Sicherheitsapostel, als Werbemensch, als Ford-Galionsfigur, als Rennkommentator und als Motorsport-Botschafter. Und ohne jegliche Abstriche: Jakkie Stewart ist auch als Teamchef einer, der immer alles hundertprozentig haben will. Wer 1997 den langen Weg in der Boxengasse bis ganz nach hinten machte, dorthin, wo die erfolglosen Teams und noch dahinter die Neueinsteiger untergebracht sind, der sah bei Stewart eine Boxeneinrichtung, die den großen, arrivierten Teams völlig ebenbürtig war. Und da Stewart zu den wenigen im Rennzirkus gehört, die wissen, daß Sponsorship eine zweiseitige Partnerschaft darstellt, hatte das Team als einziges eine kleine Bühne in der Box installiert, von der aus geladene Gäste einen freien Rundblick hatten, ohne im Wege zu stehen.

Paul (l.) und Jackie Stewart.

Wie sehr muß es einen solchen Perfektionisten schmerzen, wenn er den Blick zurück auf sein erstes Jahr als Chef eines eigenen Formel-1-Teams fallen läßt. Demütigungen, Dauerdefekte, Desaster aller Art – dem Mann blieb nichts erspart.

Dabei fing alles so gut an. Irgendwann fragten die obersten Ford-Bosse in Detroit den dreifachen Weltmeister, wie man denn am besten die Motorsport-Bilanz ein wenig aufhellen könne. Stewarts Antwort war knapp und ehrlich: „Entweder richtig oder gar nicht." Das fanden die Bosse gut und fragten gleich, ob denn Stewart bereit sei, es für sie richtig zu machen. Der Schotte war, und flugs wurde ein Fünfjahresvertrag unterzeichnet, der das noch zu gründende Stewart-Team zur reinen Ford-Werkstruppe machen sollte.

So weit, so gut, doch jetzt beginnt das Problem mit den Dauerdefekten: Das Werksteam von Ford zu sein, ist ja eine schöne Sache. Der Nachteil ist allerdings, daß man dann auch Ford-Motoren einsetzen muß. Mit dem Ergebnis, daß allein Leistungsträger Rubens Barrichello in 17 Rennen sechs Motorschäden zu beklagen hatte.

Teamchef Jackie Stewart

Geboren am 11.6.39 in Dumbarton/Schottland, verheiratet, zwei Söhne.
John Young Stewart, so der eigentliche Name, gewann von 99 Grand Prix 27, wurde dreimal Weltmeister. Als Repräsentant für Ford und Co-Kommentator fürs Fernsehen war er dem Motorsport auch nach der aktiven Zeit verbunden. Stewart ist Träger des Order of British Empire (OBE), der von der Queen für besondere Verdienste verliehen wird.

Dann gesellten sich drei Getriebeschäden sowie fehlender Benzindruck (meist eine Ausrede, wenn man einen Motorschaden nicht zugeben will) hinzu. Drei Rennen konnte der Brasilianer beenden.

Doch damit nicht genug. Da verbannte der nickelige Bernie Ecclestone den Neueinsteiger beim Großen Preis von Monaco in die Tiefgarage, statt ihn am prestigeträchtigen Hafenquai sein Lager aufschlagen zu lassen. Und die FIA verlangte demonstrativ zum Jahreswechsel die Offenlegung der Teamfinanzen: Man wisse ja gar nicht, ob Stewart überhaupt ausreichend finanziert sei, um in den Club der Concorde-Mitglieder aufgenommen zu werden.

Die FIA-Forderung war natürlich ein Tritt in die Weichteile – zu laut hatte sich Stewart über den allmächtigen Ecclestone mokiert. Aber der Tritt war nicht ungezielt. Nicht nur, daß 1997 wie 98 die Autos mit auffällig viel weißer Farbe unterwegs sind. Zu allem Überfluß hat sich der umtriebige Stewart zur Finanzierung des Teams bevorzugt im pazifischen Raum umgetan. Und damit traumwandlerisch sicher eines der aktuellen wirtschaftlichen Krisengebiete ausgewählt. „Visit Malaysia" stand 1997 auf dem Heckflügel – solche Botschaften wird man in dieser Saison lange suchen müssen.

Chancen 1998

Ein um rund 15 Millionen Mark erhöhtes Budget, eine Mannschaft, die im Laufe der Saison von 135 auf 170 Mitglieder aufgestockt wird, der Umzug in eine größere Fabrik steht kurz bevor – Stewart geht weiter in die Vollen.

Trotzdem: In Jackie Stewart muß ein gewisser Masochismus schlummern. Nur so erklärt sich, daß der Schotte seinen Konstrukteur Alan Jenkins neben dem defektanfälligen Ford V10 im SF-2 auch noch ein Getriebe mit Kohlefasergehäuse einsetzen läßt. Das ist zwar leicht und handlich, aber die zu erwartenden Entwicklungsprobleme bezüglich Haltbarkeit lassen selbst Spitzenteams von dem Teil Abstand nehmen. Ein Konkurrent: „Für diese Technik benötigt man ein dreijähriges Entwicklungsprogramm." Sieht so aus, als würde Stewart dieses Programm auf die Rennstrecke verlegen. Mal sehen, was seine Geldgeber dazu sagen.

Technischer Direktor Alan Jenkins

Geboren am 24.7.47 in Liverpool. „Ich wurde Designer, weil ich zeichnen konnte", sagt der ehemalige Kunst- und Industrie-Design-Student Alan Jenkins heute. 1978 kam er zu Lotus, später wechselte er zu McLaren als Assistent von John Barnard. Nach zwei IndyCar-Jahren kam Alan 1987 zurück zur Formel 1. Die weiteren Stationen: Onyx, Arrows und nun Stewart.

Angaben zur Teamstatistik auf Seite 81.

Tyrrell-Ford

Tyrrell 026

Motor: Ford Zetec-R V10, ca. 700 PS (siehe Seite 87)
Motorelektronik: Cosworth
Getriebe: längs eingebaut, halbautomatisch, 6 Gänge
Fahrzeugmaße (L/B/H): 4.430/1.800, 950 mm
Radstand: 2.990 mm; Spur (v/h): *keine Angaben!*
Dämpfungssystem: Koni
Bremsen: AP Racing
Reifen: Goodyear
Benzin: *keine Angaben!*

Sponsoren

PIAA (Autozubehör) Mild Seven (Zigaretten), Morse (Computer), YKK (Hersteller von Reißverschlüssen und Knöpfen), Brother (Büromaschinen), Tamiya (Modellspielzeug), European Aviation (Fluggesellschaft)

Etat

ca. 40 Millionen US-Dollar, davon 8 für Motoren

Adresse

Tyrrell Racing Organisation
Long Reach
Ockham, Woking
Surrey GU23 6PE
Tel. 0044-1483-284955, Fax 0044-1483-284892
Internet: http://www.tyrrellf1.com

20 Ricardo Rosset

21 Taranosuke Takagi

20 Ricardo Rosset

DER GOLDESEL

Als Ricardo Rosset überraschend als zweiter Tyrrell-Pilot verpflichtet wurde, war es bezeichnenderweise Rick Gorne von der neuen BAR-Gruppe, der lobende Worte für den Brasilianer fand. Bezeichnenderweise deswegen, weil Gorne beim zukünftigen BAR-Chassislieferanten Reynard für die kaufmännischen Belange zuständig ist. Und das sagte Gorne: „Wir wissen, daß Rosset es schaffen kann, man braucht sich nur seine Formel-3000-Ergebnisse anzuschauen. Rosset braucht Fahrpraxis, ein wenig Unterstützung und jemanden, der an ihn glaubt."

Und jemanden, der ihm die rund neun Millionen Mark abnimmt, die Rosset für die Saison mitbringt. Mit dieser Summe hat sich Rosset, der 1996 schon für Arrows ins Lenkrad gegriffen hat, gegen Norberto Fontana und Jos Verstappen durchgesetzt. Bei Tyrrell war man eigentlich für Verstappen, weil man wenigstens einen Piloten mit Erfahrung haben wollte. Die Kombination Takagi/Rosset wird den Technikern kaum Impulse geben können.

In einem hat Gorne allerdings recht: In der Formel 3000 hat Rosset wirklich beeindrucken können. Auf Anhieb das erste Rennen zu gewinnen, schaffen die wenigsten. Trotzdem ist zu bezweifeln, daß Rosset, neben Barrichello und Diniz der dritte Brasilianer in der Formel 1, die Erfolgsstory seiner Landsleute Fittipaldi, Piquet oder Senna fortsetzt.

21 Toranosuke Takagi

MANN OHNE WORTE

Irgendwie schaffen sie es immer wieder in die Formel 1. Gemeint sind japanische Piloten, die kein Mensch kennt, und von denen keiner so recht weiß, ob er sie überhaupt kennenlernen möchte. Inoue war so ein Kandidat, Nakano ebenfalls. Und nun Toranosuke Takagi.

Fangen wir mit dem Positiven an: Auf den Tyrrell-Rennoveralls prangen große Aufnäher des japanischen Zigarettenherstellers Mild Seven. Und wie sagte ein geldorientiertes Tyrrell-Teammitglied so schön: „Lieber Mild Seven als wild sex..." Ansonsten ist über Takagi wenig zu sagen. Er ist ein Protegé des ehemaligen Tyrrell-Piloten Satoru Nakajima, der seinem alten Team ein wenig mit Sponsoren-Vermittlung unter die Arme greift. Der Autozubehörhersteller PIAA ist eine Nakajima-Connection, und somit ist eine Empfehlung aus dem Munde des alten Grand-Prix-Piloten Gold wert.

Takagi hatte in der japanischen Formel 3000 eine Reihe von wirklich guten Auftritten und auch Tyrrell-Leute meinen, daß er in seinen rund 2000 Testkilometern für das Team durchaus mit Mika Salo oder Jos Verstappen mithalten konnte. Zumindest vom Speed her. Was dem 24jährigen Japaner fehlt, ist eine gewisse Regelmäßigkeit beim Fahren und Erfahrung, wenn es ums Abstimmen eines Formel 1 geht. Daß Takagi kaum Englisch spricht, ist dagegen kein Nachteil – Takagi spricht ohnehin kaum ein Wort.

Persönliches
Brasilianer, geboren am 27.7.68 in São Paulo
Wohnort: São Paulo
Größe/Gewicht: 1,74 m/67 kg
Ledig
Hobbies: Laufen, Schwimmen, Radfahren, Musik
Einkommen 98 (geschätzt): 0,5 Millionen US-Dollar

Weg in die Formel 1
89 - 90 Kart
91 Brasil. Formel Ford 1600
92 Opel Lotus Euroserie
93 - 94 Britische Formel 3
95 Formel 3000, 2. Rang

Formel-1-Chronik

Jahr	Team	Siege	Punkte	Rang
96	Arrows-Hart	-	0	-
97	Lola-Ford *	-	-	-

Formel-1-Bilanz

Starts	Poles	Siege	Punkte	WM-Titel
16	-	-	0	-

* Team zog sich nach GP Australien zurück

Persönliches
Japaner, geboren am 12.2.74 in Shizuoka
Wohnort: Shizuoka
Größe/Gewicht: 1,80 m/68 kg
Ledig
Erlernter Beruf: Mechaniker
Hobbies: Kart- und Snowboardfahren
Einkommen 98 (geschätzt): 0,5 Millionen US-Dollar

Weg in die Formel 1
87 - 91 Kart
92 Japanische Formel Toyota
93 - 95 Japanische Formel 3
96 - 97 Formel Nippon

Welcome to the Club!

Es war bloß ein Video und trotzdem: Da saß ein alter Mann vor der Kamera, rang sichtlich um Fassung und erzählte der geladenen Menge, daß es nun an der Zeit sei abzutreten und das eigene Lebenswerk zu verkaufen.

Wer nicht vom Zeitgeist völlig abgestumpft war, schluckte schwer. Es war nur zu deutlich, daß ein weiteres Stück der guten alten Formel-1-Zeit unwiederbringlich verloren ging. Und daß eine weitere, vielleicht eine der letzten Festungen auf dem Weg zum völligen Kommerz im Sturm genommen worden war.

Ken Tyrrell, das 73jährige Formel-1-Fossil, der Mann, der vor exakt 30 Jahren mit seinem Rennstall die Königsklasse betrat, warf im November des vergangenen Jahres das Handtuch.

Die neuen Eigner stehen für die neuen Zeiten, wie es krasser nicht sein könnte: British American Racing soll das neue Team heißen, basierend auf den Geldern des Zigaretten-Multis British American Tobacco und der Vision des kühl kalkulierenden Business-Man Craig Pollock.

Hier der Villeneuve-Manager Pollock, dort der Racer Ken Tyrrell. Hier die Nadelstreifenträger, dort die schwieligen Hände eines alten Mannes, dem der Griff zum ölgetränkten Schmierlappen näher lag, als das lässige Herüberlangen zum zartledernen MCM-Koffer mit den vielen Vertragsentwürfen.

Tapfer formulierte Ken Tyrrell, was doch nichts anderes als das Hissen der weißen Flagge vor den neue Verhältnissen bedeutete: „Der Verkauf meines Rennstall war die schwerste Entscheidung meines Lebens. Die Kosten für die Formel 1 haben sich dramatisch erhöht, und für Tyrrell Racing war es absolut unbefriedigend, zuschauen zu müssen, wie es immer stärker in die letzten Reihen des Startfeldes zurückgereicht wurde. Dafür sind wir zu siegeshungrig. Diese Fusion wird uns wieder an die Spitze bringen."

Es handelt sich hier natürlich nicht um eine Fusion, sondern um die Übernahme eines Firmenmantels. Man kann schon jetzt darauf wetten, daß vom Tyrrell-Team kaum etwas übrigbleiben wird. Ein Umzug in größere Räumlichkeiten ist bereits beschlossene Sache. Der ein oder andere Techniker wird möglicherweise übernommen. Der Rest wird „abgewickelt".

Hoffentlich haben die neuen Eigner wenigstens ein bißchen Sinn für die glorreiche Geschichte des alten Rennstalls. In 30 Saisons bestritt Tyrrell 434 Grand Prix, konnte 33 davon gewinnen und stand neunmal auf der Pole. Zusammen mit Jackie Stewart errang Tyrrell-Racing in fünf Jahren drei Fahrer-Weltmeister-Titel (1969, 71 und 73) sowie zwei Konstrukteurs-Titel (1969 und 1971). In Tyrrells Konstruktionsbüros entstand die heute überall übliche, hochgezogene Fahrzeugfront, aber auch ein sechsrädriges Formel-1-Ungetüm, in dem der Schwede Ronnie Peterson 1976 sogar ein Rennen gewinnen konnte. Für Tyrrell fuhren neben Stewart und Peterson Heroen wie Jody Scheckter oder Michele Alboreto und so aufstrebende Talente wie Stefan Bellof oder Jean Alesi.

Ken Tyrrell galt immer als Talent-Scout, was aber nichts anderes war, als aus der Not eine Tugend zu machen: „Lieber hätte ich Senna oder Schumacher verpflichtet. Doch leider fehlten mir dazu die Millionen. Mir blieb also gar nichts anderes übrig, als unentdeckte Rennfahrer zu nehmen."

Das alles ist Ende 1998 Vergangenheit. Für unsere Kinder wird der Name Tyrrell ähnlich historisch entrückt klingen, wie es für die heutige Fan-Generation die Namen Vanwell, BRM oder Cooper tun.

Teamchef und Technischer Direktor Harvey Postlethwaite

Geboren am 4.3.44
Über sein Privatleben gibt der Brite grundsätzlich keine Auskunft. Das Leben in der Formel 1 ist dem promovierten Maschinenbau-Ingenieur schon öffentlich genug. Von 1981 bis 87 arbeitete er bei March, Hesketh, Wolf und Ferrari. 1988 schloß er sich erstmals dem Tyrrell-Team an. Von 91 bis 93 wurde Postlethwaite erneut von Ferrari als Chef-Ingenieur verpflichtet. Seit 1994 ist er Technischer Direktor bei Tyrrell. Nach dem Verkauf des Rennstalls durch Ken Tyrrell zog sich dieser überraschend kurz vor der Saison zurück und Harvey Postlethwaite übernahm kommissarisch die Teamleitung.

Chancen 1998

Toranosuke Takagi und Ricardo Rosset bilden nicht unbedingt eine Fahrerpaarung, die Erinnerungen an alte Jackie-Stewart-Zeiten aufkommen läßt. Der Japaner hat außer den Wintertests keinerlei Formel-1-Erfahrung, der Brasilianer fuhr gerade mal 16 Rennen. Wenn man dann noch bedenkt, daß Tyrrells 026 von einem Ford-V10-Kundenmotor angetrieben wird, das alles mit notorischer Geldknappheit garniert, dann weiß man, daß die Saison 98 nicht die einfachste für die Tyrrell-Truppe werden wird.

Nicht zu vergessen, daß jedes Teammitglied schleunigst seine Chancen wahren muß, einen neuen Arbeitgeber zu finden. Ob unter diesen Voraussetzungen jeder hundertprozentig bei der Sache sein wird, darf stark bezweifelt werden.

Das Team kann froh sein, wenn es in irgendeinem Rennen durch die Gunst der Stunde zu einem sechsten Platz reichen wird. Der Teamname würde somit dank eines Punktes für ein letztes mal in der Konstrukteurs-Weltmeisterschaftstabelle aufgeführt werden. Ken Tyrrell hätte es verdient.

kaum konkurrenzfähig

Angaben zur Teamstatistik auf Seite 80.

Bitte lesen Sie auch die große Tyrrell-Story ab Seite 188.

22 Shinji Nakano

Minardi-Ford

Minardi M198

Motor: Ford Zetec-R V10, ca. 700 PS (siehe Seite 87)
Motorelektronik: Magneti Marelli
Getriebe: halbautomatisch, 6 Gänge
Fahrzeugmaße (L/B/H): 4.450/1.800/950 mm
Radstand: 2.900 mm; Spur (v/h): 1.452/1.421 mm
Dämpfungssystem: Dynamics
Bremsen: Brembo
Reifen: Bridgestone
Benzin: *keine Angaben!*

Sponsoren

Fondmetal (Felgen), Roces (Inline Skates), Avex (Plattenfirma), Bridgestone (Reifen), Visa (Kreditkartenunternehmen), Doimo (Möbelhersteller), Barilla (Lebensmittelhersteller)

Etat

ca. 35 Millionen US-Dollar, davon 8 für Motoren

Adresse

Minardi Team S.p.a.
Via Spallanzani 21 (z.i.)
I - 48018 Faenza (RA)
Tel. 0039-546-620480, Fax 0039-546-620998
Internet: http://www.minardi.it

23 Esteban Tuero

TUERO
23 E.TUERO
FIRE
FONDMETAL
TELECOM
ventura
FONDMETAL
MILPASS
FONDMETAL
23
VISA
Nº 1 EN EL MUNDO
MAGNETI MARELLI
RBM
RBM
CAR
CAR
BRIDGESTONE
BRIDGESTONE

Alle statistischen Angaben entsprechen dem Stand vor der Formel-1-WM 1998

22 Shinji Nakano

VERKANNTES TALENT?

Alain Prost schätzte den Japaner wie einen rostigen Nagel im Hintern. Zu gerne wäre er seinen zweiten Fahrer los geworden. Besonders, als der Vertrag mit Peugeot in trockenen Tüchern und man nicht mehr auf Mugen-Honda angewiesen war. Und nur wegen der japanischen Motoren gab es Nakano in seinem Team.

In Monaco platzte dem vierfachen Weltmeister der Kragen: „Daß jemand die Strecke nicht kennt, hat nichts zu sagen. Ralf Schumacher und Giancarlo Fisichella kannten sie auch nicht und waren sofort bei der Musik. Nakano ist nicht nur meilenweit entfernt von den Zeiten, was viel schlimmer ist: Er hat kein Gefühl und kann nichts vom Fahrverhalten des Wagens vermitteln. Im Prinzip arbeiten die Ingenieure mit einem stummen Auto." Und da heißt es doch immer, vor lauter political correctness wird in der Formel 1 kein Klartext mehr gesprochen...

Dachten die meisten, daß ein solcher Wortschwall für einen drittklassigen Fahrer zumindest eine Beerdigung erster Klasse sein würde, und sich das Thema Nakano erledigt haben dürfte, sah man sich eines Besseren belehrt. Wie Kai aus der Kiste taucht Nakano bei Minardi auf. Auf Empfehlung von Ukyo Katayama und mit Geldern von Mild Seven. Chef Minardi ist bekannt dafür, jungen Talenten eine Chance zu geben. Vielleicht haben wir uns ja alle in Nakano geirrt...

23 Esteban Tuero

JUNGER HÜPFER

Keiner kennt ihn, dafür ist der junge Mann aber schon ein Politikum. Kaum war der 19jährige als Minardi-Pilot genannt, gab es auch schon Ärger. Wegen mangelnder Erfahrung sollte die Superlizenz nicht ausgestellt werden. Dabei gibt es einen Passus, der auch bei fehlenden Erfolgen in Aufbauformeln das Erteilen der Superlizenz erlaubt, wenn ausreichend Testkilometer in einem Formel 1 nachgewiesen werden können. Das sah man zumindest bei Minardi als erledigt an. Die Superlizenz-Kommission der FIA allerdings nicht. Sie verlangte einen Nachschlag von insgesamt rund 2000 Kilometern.

Auf jeden Fall ist es dem Argentinier mit Geburtsort Buenos Aires gelungen, seinen Landsmann Norberto Fontana auszubooten. Während die Szene darauf achtete, ob es der langjährige Ralf-Schumacher-Konkurrent doch noch schafft, sich als Nachfolger von Fangio und Reutemann zu profilieren, mogelte sich Tuero still und heimlich in die Formel 1. 1995 wurde er südamerikanischer Formel-2000-Meister, in den beiden Folgejahren ging er sowohl in Europa als auch in Japan in der Formel 3000 an den Start.

Giancarlo Minardi hat den jungen Tuero auf Jahre hinaus unter Vertrag genommen. Bei seinem Debüt in Melbourne wird er als drittjüngster Formel-1-Pilot (hinter Mike Thackwell und Ricardo Rodriguez) in die Geschichte eingehen.

Persönliches
Japaner, geboren am 1.4.71 in Osaka
Wohnort: Osaka
Größe/Gewicht: 1,74 m/64 kg
Ledig
Hobbies: Karts, Laufen, Tennis, Radfahren, Skifahren, Squash
Einkommen 98 (geschätzt): 0,9 Millionen US-Dollar

Weg in die Formel 1
84 - 88 Kart
89 Japanische Formel 3
90 - 91 Opel Lotus Euroserie
92 Jap. Formel 3, Jap. Formel 3000
93 - 95 Jap. Formel 3, 2. Rang 93
96 Japanische Formel 3000

Formel-1-Chronik

Jahr	Team	Siege	Punkte	Rang
97	Prost-Mugen	-	2	16

Formel-1-Bilanz

Starts	Poles	Siege	Punkte	WM-Titel
17	-	-	2	-

Persönliches
Argentinier, geboren am 22.4.78 in Buenos Aires
Wohnort: Buenos Aires
Größe/Gewicht: 1,70 m/65 kg
Ledig
Hobbies: Karts, Fußball
Einkommen 98 (geschätzt): 0,9 Millionen US-Dollar

Weg in die Formel 1
85 - 92 Kart
93 Argentinische Formel Renault
94 Arg. Formel Honda, 1. Rang; Südamerikanische Formel 3
95 Ital. Formel 2000, 1. Rang; Italienische Formel 3
96 Ital. F3; Formel-3000-EM
97 Japanische Formel 3000

Welcome to the Club!

Sein Weggang kann uns den Titel kosten." Ferrari-Rennleiter Jean Todt stöhnte, als er den Wechsel seines Konstrukteurs und Chefs der Weiterentwicklung, Gustav Brunner, zu Minardi kommentierte. So übertrieben diese Feststellung sein dürfte, so sicher ist auch, daß durch das Kommen von Brunner Minardi nicht den Titel gewinnen wird. Aber es ist zumindest ein kleiner Silberstreif am Horizont für das nicht gerade von Erfolgen verwöhnte Rennteam aus Faenza, ganz in der Nähe von Imola.

Der Brunner-Wechsel, 1993 arbeitete der Österreicher schon einmal für Minardi, hatte aber auch unangenehme Folgen für die kleine Truppe. Gerüchte wollten wissen, daß daraufhin für Jean Todt das Feindbild klar umrissen war.

Wer den bissigen Franzosen kennt, zweifelt nicht daran, daß es so sein könnte. Plötzlich durfte Minardi nicht mehr auf der Ferrari-Hausstrecke in Mugello testen. Auch sollte der zweite Minardi-Pilot, Esteban Tuero, aus Mangel an Erfahrung plötzlich doch nicht die beantragte Superlizenz erhalten. Reiner Zufall ist natürlich, daß Jean Todt in eben jener Kommission sitzt, deren Aufgabe es unter anderem ist, über die Vergabe von Superlizenzen zu entscheiden. Wie gesagt, alles nur böse Gerüchte. Genau wie die Überlegungen seitens Ferrari, ob man Herrn Brunner die Aufnahme seiner Arbeit bei Minardi nicht zumindest für das Jahr 1998 untersagen könne.

Es ist schon witzig, wenn sich das Giganten-Team über den italienischen Zwergen-Nachbarn aufregt. Gerade mal 85 Mann arbeiten unter der Leitung von Giancarlo Minardi, dem rennverrückten Garagenbesitzer, der seit 1985 in der Formel 1 mitmacht. Mit dieser Personaldecke kann Ferrari bestenfalls die Werkskantine am Köcheln halten.

In der vergangenen Saison sah es so aus, als würde durch energische Umstrukturierungen besonders der Besitzverhältnisse eine neue Ära in dem kleinen Team eingeleitet. Minardi hatte sich auf eine Minderheitsbeteiligung von weniger als 15 Prozent zurückgezogen, den Rest teilten eine Reihe potenter italienischer Wirtschaftler unter sich auf.

Teamchef Giancarlo Minardi

Minardi und Team-Mitbesitzer Gabriele Rumi (r.).

Geboren am 18.9.47 in Faenza/Italien, verheiratet, ein Kind. Der gelernte Buchhalter wuchs zwischen Autos auf: der Vater hatte eine Fiat- und Iveco-Niederlassung. Giancarlo betrieb in kleineren Serien selbst erfolgreich Motorsport, bis er 1975 ein Formel-2-Team gründete. 1984 reifte der Plan, in die Formel 1 aufzusteigen, ein Jahr später wurde die Idee in die Tat umgesetzt.

Geändert hatte sich allerdings nichts. Jetzt ist einer der Anteilseigner, der Felgenhersteller Gabriele Rumi, dabei, die Anteile auf seine Person zu konzentrieren. Dabei hat er die Prozente von einem gewissen Flavio Briatore übernommen. Vielleicht bringt das ja endlich den so sehnlich erhofften Durchbruch.

Chancen 1998

Du hast keine Chance, also nutze sie. Man kann das drehen und wenden wie man will, aber Minardi wird einmal mehr bloß der Fußabtreter der Formel 1 sein – gerade gut genug, das magere Starterfeld ein wenig aufzublähen. Keine Siege, keine Podestplätze, ja noch nicht einmal Punkte stehen ins Haus, wenn man die Ressourcen der Truppe realistisch betrachtet. Einziges Erfolgserlebnis wird das Knacken der 107-Prozent-Qualifikationsregel sein. Wobei nicht sicher ist, daß sich dieser Erfolg bei beiden Fahrern und an jedem Rennwochenende einstellen wird. Die Wintertests lassen Übelstes befürchten.

Da sagte der frischgebackene Minardi-Pilot Shinji Nakano nach seinen ersten Tests in Barcelona, der neue M198 fühle sich „sehr merkwürdig" an. Konkret: „Der Wagen ist unfahrbar, völlig außerhalb jeglicher Balance, aber ich weiß beim besten Willen nicht, was genau das Problem ist. Ich befürchte, wir haben eine ganze Menge auszusortieren."

Wenn so etwas schon ein Mann wie Nakano sagt, kann man sich im Team auf einiges gefaßt machen. Gustav Brunner, ein Meister, wenn es darum geht, bereits fertiggestellte Konstruktionen aufzupäppeln, wird wohl alle Hände voll zu tun haben. Da ist es nur ein schwacher Trost, daß Minardi für diese Saison von Hart auf den vorjährigen Ford V10 des Stewart-Teams umgestiegen ist und auf dem Reifensektor mit Bridgestone ganz gut bedient sein dürfte.

Technischer Direktor Gustav Brunner

Geboren am 12.9.50 in Graz/Österreich, verheiratet mit Jenny, zwei Kinder.
Der gelernte Ingenieur gab sein Formel-1-Debüt 1978 beim deutschen ATS-Team. Über Arrows und Alfa Romeo kam Brunner 85 zu Ferrari. Von 88 bis 92 arbeitete er bei Rial, Zakspeed, Leyton House und Minardi, 93 wechselte Brunner erneut zu Ferrari.

Denn eines wird sich mit Sicherheit auch 1998 nicht ändern: Ausgerechnet im weltweit professionellsten HighTech-Sport gibt es eine kleine Truppe aus Norditalien, für die der Olympiagedanke alle Mühen wert ist: Dabei sein ist alles. Sogar alles, was man letztendlich erreichen kann.

Angaben zur Teamstatistik auf Seite 81.

CHRONIK DER FORMEL-1-

Ferrari

Gefahrene Grand Prix: 587
Pole-Positions: 121
Grand-Prix-Siege: 113
Gesamt-Punkte: 2.093,5
Titel (9): 1952, 53 (Ascari), 56 (Fangio), 58 (Hawthorn), 61 (Hill), 64 (Surtees), 75, 77 (Lauda), 79 (Scheckter)
Konstr.-WM (8): 1961, 64, 75, 76, 77, 79, 82, 83

Jahr	Motor	Platz	Punkte
1958	Ferrari	2	57
1959	Ferrari	2	38
1960	Ferrari	3	27
1961	Ferrari	1	52
1962	Ferrari	5	18
1963	Ferrari	4	26
1964	Ferrari	1	49
1965	Ferrari	4	27
1966	Ferrari	2	32
1967	Ferrari	4	20
1968	Ferrari	4	32
1969	Ferrari	5	7
1970	Ferrari	2	55
1971	Ferrari	4	33
1972	Ferrari	4	33
1973	Ferrari	6	12
1974	Ferrari	2	65
1975	Ferrari	1	72,5
1976	Ferrari	1	83
1977	Ferrari	1	95
1978	Ferrari	2	58
1979	Ferrari	1	113
1980	Ferrari	10	8
1981	Ferrari	5	34
1982	Ferrari	1	74
1983	Ferrari Turbo	1	89
1984	Ferrari Turbo	2	57,5
1985	Ferrari Turbo	2	82
1986	Ferrari Turbo	4	37
1987	Ferrari Turbo	4	53
1988	Ferrari Turbo	2	65
1989	Ferrari	3	59
1990	Ferrari	2	110
1991	Ferrari	3	55,5
1992	Ferrari	4	21
1993	Ferrari	4	28
1994	Ferrari	3	71
1995	Ferrari	3	73
1996	Ferrari	2	70
1997	Ferrari	2	102

McLaren

Gefahrene Grand Prix: 444
Pole-Positions: 80
Grand-Prix-Siege: 107
Gesamt-Punkte: 2.051,5
Titel (9): 1974 (Fittipaldi), 76 (Hunt), 84 (Lauda), 85, 86, 89 (Prost), 88, 90, 91 (Senna)
Konstr.-WM (7): 1974, 84, 85, 88, 89, 90, 91

Jahr	Motor	Platz	Punkte
1966	Ford	7	3
1967	Ford	8	3
1968	Ford	2	51
1969	Ford	4	40
1970	Ford	4	35
1971	Ford	6	10
1972	Ford	3	47
1973	Ford	3	58
1974	Ford	1	73
1975	Ford	3	53
1976	Ford	2	74
1977	Ford	3	60
1978	Ford	8	15
1979	Ford	7	15
1980	Ford	7	11
1981	Ford	6	28
1982	Ford	2	69
1983	Ford/Porsche	5	34
1984	Porsche Turbo	1	143,5
1985	Porsche Turbo	1	90
1986	Porsche Turbo	2	96
1987	Porsche Turbo	2	76
1988	Honda Turbo	1	199
1989	Honda	1	141
1990	Honda	1	121
1991	Honda	1	139
1992	Honda	2	99
1993	Ford	2	84
1994	Peugeot	4	42
1995	Mercedes	4	30
1996	Mercedes	4	49
1997	Mercedes	4	63

Tyrrell

Gefahrene Grand Prix: 402
Pole-Positions: 14
Grand-Prix-Siege: 23
Gesamt-Punkte: 617
Titel: 1971, 73 (Stewart)
Konstr.-WM: 1971

Jahr	Motor	Platz	Punkte
1970	Ford	–	–
1971	Ford	1	73
1972	Ford	2	51
1973	Ford	2	82
1974	Ford	3	52
1975	Ford	5	25
1976	Ford	3	71
1977	Ford	5	27
1978	Ford	4	38
1979	Ford	5	28
1980	Ford	6	12
1981	Ford	8	10
1982	Ford	7	25
1983	Ford	7	12
1984	Ford	–	–
1985	Ford/Renault	9	7
1986	Ford	7	11
1987	Ford	6	11
1988	Ford	8	5
1989	Ford	5	16
1990	Ford	5	16
1991	Honda	6	12
1992	Ilmor	6	8
1993	Yamaha	–	–
1994	Yamaha	6	13
1995	Yamaha	8	5
1996	Yamaha	8	5
1997	Ford	10	2

Williams

(1973 und 1974 ISO)
Gefahrene Grand Prix: 379
Pole-Positions: 108
Grand-Prix-Siege: 103
Gesamt-Punkte: 1.922,5
Titel (7): 1980 (Jones), 82 (Rosberg), 87 (Piquet), 92 (Mansell), 93 (Prost), 96 (Hill), 97 (Villeneuve
Konstr.-WM (9): 1980, 81, 86, 87, 92, 93, 94, 96, 97

Jahr	Motor	Platz	Punkte
1973	ISO	10	2
1974	ISO	10	4
1975	Ford	9	6
1976	Ford	–	–
1977	– Kein Williams-Team –		
1978	Ford	9	11
1979	Ford	2	75
1980	Ford	1	120
1981	Ford	1	95
1982	Ford	4	58
1983	Ford*	4	38
1984	Honda Turbo	6	25,5
1985	Honda Turbo	3	71
1986	Honda Turbo	1	141
1987	Honda Turbo	1	137
1988	Judd	7	20
1989	Renault	2	77
1990	Renault	4	57
1991	Renault	2	125
1992	Renault	1	164
1993	Renault	1	168
1994	Renault	1	118
1995	Renault	2	112
1996	Renault	1	175
1997	Renault	1	123

* Letzter Lauf 1983 mit Honda Turbo

TEAMS

Prost

(Bis Anfang 1997 Ligier)
Gefahrene Grand Prix: 343
Pole-Positions: 9
Grand-Prix-Siege: 9
Gesamt-Punkte: 409

Jahr	Motor	Platz	Punkte
1976	Matra	5	20
1977	Matra	8	18
1978	Matra	6	19
1979	Ford	3	61
1980	Ford	2	66
1981	Matra	4	44
1982	Matra	8	20
1983	Ford	–	–
1984	Renault Turbo	11	3
1985	Renault Turbo	6	23
1986	Renault Turbo	5	29
1987	Megatron Turbo	11	1
1988	Judd	–	–
1989	Ford	13	3
1990	Ford	–	–
1991	Lamborghini	–	–
1992	Renault	7	6
1993	Renault	5	23
1994	Renault	6	13
1995	Mugen-Honda	5	24
1996	Mugen-Honda	6	15
1997	Mugen-Honda	6	21

Arrows

(Von 1991 - 1994: Footwork)
Gefahrene Grand Prix: 305
Pole-Positions: 1
Grand-Prix-Siege: 0
Gesamt-Punkte: 150

Jahr	Motor	Platz	Punkte
1978	Ford	9	11
1979	Ford	9	5
1980	Ford	7	11
1981	Ford	8	10
1982	Ford	10	5
1983	Ford	10	4
1984	Ford/BMW	9	6
1985	BMW	8	14
1986	BMW	10	1
1987	Megatron	6	11
1988	Megatron	4	23
1989	Ford	7	13
1990	Ford	9	2
1991	Porsche/Ford	–	–
1992	Mugen	7	6
1993	Mugen	9	4
1994	Ford	9	9
1995	Hart	8	5
1996	Hart	9	1
1997	Yamaha	8	9

Benetton

(Von 1981 - 1985: Toleman)
Gefahrene Grand Prix: 251
Pole-Positions: 15
Grand-Prix-Siege: 27
Gesamt-Punkte: 798,5
Titel: 1994, 95 (Schumacher)
Konstr.-WM: 1995

Jahr	Motor	Platz	Punkte
1981	Hart Turbo	–	–
1982	Hart Turbo	–	–
1983	Hart Turbo	9	10
1984	Hart Turbo	7	16
1985	Hart Turbo	–	–
1986	BMW Turbo	6	19
1987	Ford Turbo	5	28
1988	Ford	3	39
1989	Ford	4	39
1990	Ford	3	71
1991	Ford	4	38,5
1992	Ford	3	91
1993	Ford	3	72
1994	Ford	2	103
1995	Renault	1	137
1996	Renault	3	68
1997	Renault	3	67

Minardi

Gefahrene Grand Prix: 205
Pole-positions: 0
Grand-Prix-Siege: 0
Gesamt-Punkte: 27

Jahr	Motor	Platz	Punkte
1985	Ford/Motori	–	–
1986	Motori	–	–
1987	Motori	–	–
1988	Ford	10	1
1989	Ford	10	6
1990	Ford	–	–
1991	Ferrari	7	6
1992	Lamborghini	11	1
1993	Ford	8	7
1994	Ford	10	5
1995	Ford	10	1
1996	Ford	–	–
1997	Hart	–	–

Jordan

Gefahrene Grand Prix: 114
Pole-Positions: 1
Grand-Prix-Siege: 0
Gesamt-Punkte: 121

Jahr	Motor	Platz	Punkte
1991	Ford	5	13
1992	Yamaha	11	1
1993	Hart	10	3
1994	Hart	5	28
1995	Peugeot	6	21
1996	Peugeot	5	22
1997	Peugeot	5	33

Sauber

Gefahrene Grand Prix: 81
Pole-Positions: 0
Grand-Prix-Siege: 0
Gesamt-Punkte: 69

Jahr	Motor	Platz	Punkte
1993	Ilmor	6	12
1994	Mercedes	8	12
1995	Ford	7	18
1996	Ford	7	11
1997	Petronas	7	16

Stewart

Gefahrene Grand Prix: 17
Pole-Positions: 0
Grand-Prix-Siege: 0
Gesamt-Punkte: 6

Jahr	Motor	Platz	Punkte
1997	Ford	9	6

RESERVE-BANK

Jedes Jahr das gleiche Spiel: Es gibt viel mehr Fahrer, die ein Formel-1-Cockpit suchen, als es Teams gibt, die diese zur Verfügung stellen. Die Piloten auf der Reservebank verdingen sich derweil als Testfahrer oder legen ein Jahr in einer anderen Rennserie ein.
Prominentester Name auf der diesjährigen Reservebank ist Gerhard Berger. Der Österreicher erklärte im vergangenen Jahr zwar seinen Rücktritt, aber viele wetten, daß ihm das Rentnerleben bald auf den Wecker geht.
Ebenfalls Formel-1-Erfahrung, wenn auch nicht übermäßig viel, hat Luca Badoer.
Während des Winters tauchten zwei völlig andere Piloten in der Gerüchteküche auf: Der Kanadier Greg Moore wurde im vergangenen Jahr jüngster IndyCar-Sieger aller Zeiten und war als Fahrer für McLaren im Gespräch. Daraus wurde bekanntermaßen nichts. Der zweite ist auch in der amerikanischen Monoposto-Serie aktiv. Alessandro Zanardi ist sogar amtierender Champion der IndyCars. Er verlängerte nach seinem Triumph den Vertrag mit Ganassi Racing bis Ende 98, doch haben bereits Teams wie Ferrari oder Williams bei dem ehemaligen Formel-1-Fahrer angefragt.
Kurz vor Saisonbeginn versuchte schließlich der Manager von Jos Verstappen, noch ein Cockpit für seinen Schützling zu ergattern. Er ist bei Benetton als Testpilot im Gespräch.
Natürlich kann die Liste der Reservisten nie vollständig sein. Einen Späteinsteiger des Jahres 1991 hatte zu Saisonbeginn kein Journalist auf der Rechnung: Michael Schumacher.

Luca Badoer

Italiener, geboren am 25.1.71 in Montebelluna
Wohnort: Monte Carlo
Größe/Gewicht: 1,72 m/60 kg
Ledig

1998: Testfahrer für Ferrari

Sein Vorbild sollte Mika Häkkinen sein. Der war auch schon mal „richtiger" Formel-1-Rennfahrer bei Lotus und ließ sich dann – auf sanften Druck seines Managers Keke Rosberg – wieder zum Testfahrer, diesmal bei McLaren, zurückstufen. Kurze Zeit später hatte er einen festen Platz in diesem Top-Team.

Der Italiener Luca Badoer hat bei dem Versuch, sich in der Formel 1 zu etablieren, nichts ausgelassen. Engagements bei der Scuderia Italia, bei Minardi und Forti sind als ultimative Charakterprüfungen hervorragend geeignet. Leider haben sie aber dem Formel-3000-Meister von 1992 keinen Schritt weitergeholfen. 1997 war Badoer völlig draußen – so gesehen war es schon eine Überraschung, als er plötzlich als Ferrari-Testfahrer nominiert wurde und damit Nicola Larini ersetzte. Larini bekam als Tester bei Ferrari und Sauber immerhin Chancen auf richtige Einsätze – darauf hofft jetzt Badoer.

Gerhard Berger

Österreicher, geboren am 27.8.59 in Wörgl
Wohnort: Monte Carlo
Größe/Gewicht: 1.85 m/76 kg
Verheiratet mit Ana, drei Töchter

1998: Privatier

Einer, der im vergangenen Jahr an einem einzigen Rennwochenende die Pole, die schnellste Rennrunde und den ersten Platz herausgefahren hat, kann kein schlechter sein.

Spätestens Mitte der Saison wird Gerhard Berger bis zum Abwinken seine beiden kleinen Töchter geherzt und gebusserlt haben. Und die lebenskluge Gattin Ana weiß ohnehin, daß Ehemann Gerhard sowieso am besten zu handlen ist, wenn er regelmäßig Auslauf bekommt. Das wird dann der Zeitpunkt sein, wo selbst Minardi den alten Kämpen wieder ins Cockpit locken könnte.

Gerhard Berger hatte vergangenes Jahr eine harte Zeit: Zuerst eine langwierige Kieferinfektion, dann der Tod seines Vaters, dazu permanent Ärger mit Flavio Briatore. Verständlich, daß der Österreicher seine Ruhe wollte. Für die Formel 1 ist die Berentung der Leitfigur Berger ein starker Persönlichkeitsverlust – aber zum Glück gibt es Comebacks.

Nick Heidfeld

Deutscher, geboren am 19.5.77 in Mönchengladbach
Wohnort: Mönchengladbach
Größe/Gewicht: 1.64 m/57 kg
Ledig

1998: Formel-3000-EM/Testfahrer für McLaren

Mercedes ist nicht ganz sicher, ob es wirklich das Beste ist, unbedingt Michael Schumacher zu McLaren zu holen. Vielleicht ist ja ein junges Eigengewächs viel besser zu vermarkten. Ihr Mann für größere Aufgaben: Nick Heidfeld.

Quick Nick – wie Frentzen in Mönchengladbach geboren, wie Schumacher seine ersten Rennen in Kerpen-Manheim gefahren – ist der neue Mercedes-Junior und hat bereits einen Zwei-Jahres-Vertrag beim Stuttgarter Formel-1-Partner McLaren. Erster Erfolg nach rund 6.000 Testkilometern im Formel 1: Der Erhalt der Superlizenz und die Ernennung zum offiziellen Ersatzfahrer des McLaren-Mercedes-Teams.

Damit der Deutsche Formel-3-Meister von 1997 im Renntraining bleibt, hat McLaren-Mercedes ein Formel-3000-Team für Nick angemietet und unter die Leitung eines eigenen Renningenieurs gestellt.

Juan Pablo Montoya

Kolumbianer, geboren am 20.9.75 in Bogota
Wohnort: Bogota
Größe/Gewicht: 1.72 m/66 kg
Ledig

1998: Formel-3000-EM/Testfahrer für Williams

Kolumbien ist nicht unbedingt das Land, wo Formel-1-Stars auf Bäumen wachsen. Deswegen ist schwer einzuschätzen, welchen motorsportlichen Stellenwert zum Beispiel die Junioren-Kartmeisterschaft von Bogota hat. Die konnte Montoya 1986 gewinnen.

Montoya muß aber was drauf haben, sonst wäre er vergangene Saison nicht Vize-Meister in der europäischen Formel 3000 geworden. Und Frank Williams hätte ihn sonst auch nicht als Testfahrer geholt. Trotz einiger offenkundiger Nachteile. Als er den jungen Montoya einstellte, sah er auf den ersten Blick, was diesem fehlte. Sofort ging die Order an Teamphysiotherapeuten Erwin Göllner, Montoya ins Fitneßprogramm mit Villeneuve und Frentzen einzubauen. Als Montoya in Le Castellet eintraf, um für einen Tag Frentzen zu ersetzen, fing Göllner sensibel wie ein Metzgerhund mit der Arbeit an: „Grüß dich Juan, fett bist du geworden…"

Jörg Müller

Deutscher, geboren am 3.9.69 in Kerkrade/Niederlande
Wohnort: Hückelhoven
Größe/Gewicht: 1.79 m/74 kg
Ledig

1998: Testfahrer für Sauber

Versprochen, das ist garantiert das letzte Mal, daß Jörg Müller unter dieser Rubrik aufgeführt wird. Dieses Jahr wird Jörg 30 und irgendwann muß mal Schluß sein mit der Reservebank.

Doch noch gibt es Hoffnung für den Formel-3000-Meister von 1996. Vergangenes Jahr haben sie den sympathischen Typen aus Hückelhoven voll abgelinkt. Jörg hätte für Mercedes in der IndyCar-Serie fahren können. Da war aber Walkinshaw von Arrows schneller und hat ihn als Testfahrer engagiert. Letztendlich war die Aktion „Alles Müller" nichts weiteres als das branchenübliche „Talenteabgreifen." Frei nach dem Motto: Erst einmal einsacken, mal sehen ob wir ihn brauchen können.

Auf den letzten Drücker hat es Jörg Müller noch als Testfahrer von Sauber geschafft. Ob er da mehr zum Testen bekommt als bei Arrows, ist fraglich. Doch wie schon aufgeführt: Dieses Jahr ist Jörgs letzte Chance.

Pedro de la Rosa

Spanier, geboren am 24.2.71 in Barcelona
Wohnort: Barcelona
Größe/Gewicht: 1,78 m/75 kg
Ledig

1998: Testfahrer für Jordan

Stolz, großgewachsen, schwarzhaarig, glutäugig, und dann dieser Name – Pedro de la Rosa muß einem Werbeprospekt für Spanien entsprungen sein. Trotzdem, bei allem Stolz mußte der Spanier noch ein wenig zappeln. Ein Insider hinter vorgehaltener Hand: „Trotz anderslautender Pressestatements, aber der ist noch lange nicht als Testfahrer bei Jordan drin, da muß Repsol erst noch richtig was auf den Tisch legen." Der spanische Mineralölkonzern Repsol hat inzwischen – und nun ist Rosa richtig drin. Seine Empfehlung: Er ist amtierender Meister der japanischen Formel 3000. Also Ralf Schumachers Nachfolger. De la Rosa fuhr ein Lola-Chassis mit Bridgestone-Reifen. Für Kenner eine Erklärung, warum de la Rosa so deutlich gewinnen konnte. Waren seine Auftritte im Vorjahr doch eher moderat. Zu viele Fehler, zu viele Unfälle, und besonders in der Startphase oft zu nervös und ohne Übersicht.

DIE SCHIERE KRAFT

Was vor ein paar Jahren noch als utopisch galt, scheint bald Realität zu sein: Die Drei-Liter-Triebwerke der Formel 1 stehen kurz vor der 800-PS-Schwelle – ohne Aufladung versteht sich. Der McLaren-Mercedes wird zu Saisonbeginn mit 780 PS gehandelt und gilt als heißestes Eisen. Ferrari hat ebenfalls ein starkes Aggregat. Für die Roten spricht zudem, daß im Vorfeld festgelegte Budgets in Rekordzeit überzogen werden...

Gespannt sein darf man auf den Arrows-Zehnzylinder von Brian Hart. Der Brite hat in der Vergangenheit stets gute Motoren gebaut. Sein Problem war immer Geldmangel. Mit Tom Walkinshaw im Rücken ist ihm 1998 durchaus eine Überraschung zuzutrauen.

Ford steht nach der Katastrophensaison 1997 mit Stewart hingegen mit dem Rücken zur Wand. Der vollmundig angekündigte Zehnzylinder für das Stewart-Team erwies sich im vergangenen Jahr als Luftpumpe, spektakuläre Motorschäden waren an der Tagesordnung. Auch für 1998 steht zumindest fest, daß der Ford-Werksmotor zu den schwächsten Aggregaten gehören wird.

Honda bzw. Mugen scheint ebenfalls zum Angriff zu blasen. Damon Hill und Ralf Schumacher schwärmten bei den Wintertests in den höchsten Tönen von der Japan-Power. Auch Peugeot hat nochmals eine Schippe draufgelegt. Die Löwen wollen und müssen endlich den ersten Sieg einfahren. Das gleiche Ziel hat man sich bei Sauber gesetzt. Der Petronas auf Ferrari-Basis wurde stark weiterentwickelt und hat durchaus das Potential zum Siegen.

MERCEDES FO 110G V10

McLaren

Motorenbauer Mario Illien steht auf dem Standpunkt, „daß es keinen guten Motor gibt, der nicht gleichzeitig eine gewisse Ästhetik hat". So gesehen wird sein neuester Motor, die G-Version, ein Knaller werden. Dieses Teil muß selbst Jutta Ditfurth wunderschön finden...

Technikfreaks sind jedenfalls begeistert. Der FO 110G ist eine völlige Neukonstruktion und machte am 5. Dezember seinen ersten Brüller auf dem Prüfstand. War sein Vorgänger namens 110F schon eine Granate, so legt G noch einen drauf: Er wiegt nur noch 107 Kilogramm, also noch einmal vier Kilo weniger als der F, der ohnehin schon der leichteste Motor in der Formel 1 war. Eine weitere wichtige Verbesserung: Die Kurbelwelle liegt jetzt 7 Millimeter tiefer, was den Schwerpunkt absenkt.

Mit seinen 780 PS dürfte Illiens Schöpfung das stärkste Triebwerk der Königsklasse sein. Wenn der Motor hält, wird ihm keiner das Wasser reichen können. Genau hier gab es im Vorjahr jedoch Schwierigkeiten. Nach fünf Motorschäden 1996 war Illiens Ziel, die Fehlerhäufigkeit auf Null runterzufahren. Tatsächlich jedoch streikten 1997 in 34 Einsätzen exakt sieben mal die Motoren. Besonders herb war der Doppelausfall der beiden in Führung liegenden McLaren-Mercedes innerhalb einer Runde auf dem Nürburgring.

Illien ist sich jedoch sicher, daß er diese Saison alles im Griff hat: „Zuerst haben wir neue Teile vom G bereits in der F-Version laufen lassen. Dann testeten wir den G 8000 Kilometer lang auf unseren Prüfständen. Ohne nennenswerte Probleme." 50 Triebwerke werden 1998 gebaut, vier Evolutionen sind, so Illien „wahrscheinlich."

Was passiert, wenn die Aggregate halten, demonstrierten Mika Häkkinen und David Coulthard beim Saisonauftakt in Melbourne eindrucksvoll: Pole-Position und Startplatz zwei im Qualifying, die schnellste Rennrunde von Mika Häkkinen und ein Doppelsieg – besser kann man an einem Rennwochenende gar nicht abschneiden. Der drittplazierte Frentzen und sein Williams waren bereits überrundet. Da kann man nur hoffen, daß die Konkurrenz möglichst schnell ihre Hausaufgaben macht, sonst stehen wir vor einer ziemlich langweiligen Saison...

Portrait Mario Illien auf Seite 50.

Motortyp:	FO 110G
Zylinderzahl:	V10
Zylinderwinkel:	72°
Ventile/Zylinder:	4
Hubraum:	2.998 ccm
Leistung:	ca. 780 PS
Drehzahl/min:	über 17.000
Motorlänge:	590 mm
Motorbreite:	546,4 mm
Motorhöhe:	476 mm
Gewicht:	107 kg

FERRARI 047 V10

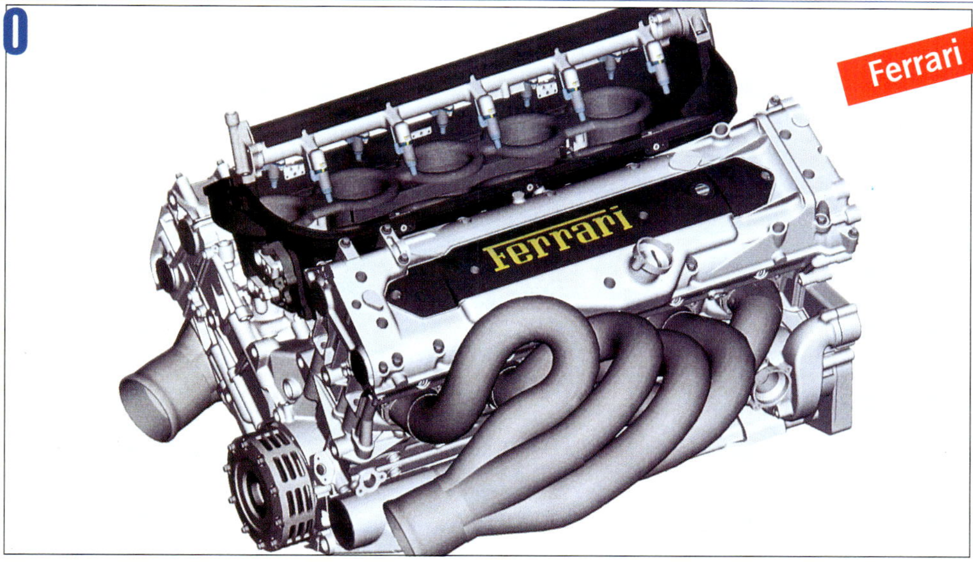

Genau wie Mercedes hat auch Ferrari einen neuen Motor ans Laufen gebracht. Hervorstechendste Änderung zum Vorgänger 046/2: Der Zylinderwinkel wurde von 75 auf 80 Grad erweitert. Sinn dieser Maßnahme war die Absenkung des Schwerpunktes des Motors. Tatsächlich gelang das um beeindruckende 15 Millimeter, mehr als doppelt so viel wie bei Mercedes.

Zweites Ziel der Neukonstruktion sollte eine noch bessere Fahrbarkeit des Triebwerkes in allen Drehzahlbereichen sein. Die Techniker wissen, daß die neuen Profilreifen durch ihr ständiges Rutschen in den Kurven ein permanentes Spielen und Korrigieren mit dem Gaspedal verlangen – das entspricht genau der Fahrweise von Michael Schumacher.

Nebenbei wurde auch die Leistung des Motors gesteigert. Über die genaue Stärke schweigen sich die Techniker zwar wie immer aus, in Fachkreisen munkelt man jedoch etwas von 770 PS. Zum Klassenbesten Mercedes fehlt dennoch ein Quentchen.

Nichts zu verbessern gibt es im Vergleich zum Vorgänger auf dem Gebiet der Zuverlässigkeit: Ferrari hatte in der vergangenen Saison nicht einen einzigen Motorschaden als Ausfallgrund in einem Rennen. Motorenchef Paolo Martinelli hofft: „Diese Zuverlässigkeit wollen wir möglichst beibehalten." Bei den Wintertests jedenfalls erwies sich der 047 als sehr zuverlässig – leider nicht beim Saisonstart.

Zu Mitte der Saison wird Ferrari die Evolutionsstufe 047/2 an die Strecke bringen. Insgesamt geht man in Maranello von einem „Verbrauch" von rund 100 Triebwerken aus. Doppelt soviel wie bei Mercedes.

Motortyp:	Ferrari 047
Zylinderzahl:	V10
Zylinderwinkel:	80°
Ventile/Zylinder:	4
Hubraum:	2.997 ccm
Leistung:	ca. 770 PS
Drehzahl/min:	über 17.000
Motorlänge:	Ferrari macht hierzu leider keine Angaben
Motorbreite:	
Motorhöhe:	
Gewicht:	

MECACHROME GC37-01 V10

Benetton setzt den gleichen Motor ein, nennt ihn jedoch „Playlife".

Man soll aufhören, wenn es am Schönsten ist. Und was kann schöner sein, als sechsmal in Reihe den Motor für den Konstrukteursweltmeister zu stellen? Diese Superleistung hat Renault in den Jahren 1992 bis 1997 geschafft. Schleppende PKW-Absatzzahlen lassen jedoch ein Formel-1-Engagement wenig ratsam erscheinen. 200 Millionen Mark Aufwand für Williams und Benetton wollen trotz der unbestreitbaren Erfolge den Aktionären erklärt werden.

Deswegen ist erst einmal Schluß. Damit aber Renault nicht alle Spitzentechniker schlagartig (zu Peugeot und BMW) weglaufen, und um Benetton und Williams nicht im Regen stehen zu lassen, hat man sich ein gepflegtes „sowohl als auch" einfallen lassen. Seit 1974 wartet Mecachrome die Motorsport-Triebwerke des großen Partners Renault, seit 1992 sogar in der Formel 1. Jetzt übernimmt der kleine Partner das gesamte Motorenprojekt von Renault. Und eine ganze Reihe von Spitzentechnikern. Damit die Aufgabe nicht zu groß wird: Neben Mecachrome arbeitet auch die Renault-Sportabteilung diskret weiter an ihrem ehemaligen RS9.

Für Konkurrent Illien hat sich kaum was geändert: „Der Name vielleicht, aber hinter den Kulissen ist Renault immer noch mit von der Partie." Auf jeden Fall wurde die letztjährige Neukonstruktion so angelegt, daß sie genug Potential hat, um dank einiger Evolutionsstufen zumindest noch 1998 mit der Werkskonkurrenz mithalten zu können. Gravierendste Änderung für Williams und Benetton: Der Mecachrome ist kein Werksmotor mehr, muß also bezahlt werden. Rund 50 Millionen Mark werden pro Team veranschlagt.

Motortyp:	V10 GC37-01
Zylinderzahl:	V10
Zylinderwinkel:	71°
Ventile/Zylinder:	4
Hubraum:	3.000 ccm
Leistung:	ca. 760 PS
Drehzahl/min:	über 17.000
Motorlänge:	623 mm
Motorbreite:	542 mm
Motorhöhe:	395 mm
Gewicht:	ca. 121 kg

PEUGEOT A16 V10

Mit dem wichtigsten Ziel des französischen Familienkonzerns Peugeot, nämlich den landsmännischen Staatskonzern Renault in der Formel 1 zu schlagen, ist man fürs erste gescheitert. Während der Konkurrent eine Weltmeisterschaft nach der anderen feierte, warten die Löwen immer noch auf ihren Premierensieg. Den soll nun das neufirmierte Prost-Team erringen.

Motorenbauer Jean Pierre Boudy hat für diese Saison nicht allzu viel geändert. Er weiß, daß seine Triebwerke, was die Leistung angeht, auf jeden Fall zu den Top vier gehören. So hat er beim A16 Zylinderzahl und deren Öffnungswinkel belassen. Änderungen gibt es allein bei der Elektronik, hier stand ein Wechsel von Magnetti Marelli zu TAG-Electronics an.

Weitere Änderungen: Das Triebwerk wurde drei Kilogramm leichter, und durch neugestaltete Brennräume hat man die Leistung um 20 PS erhöht. Gleichzeitig wurde das Drehmoment optimiert. Vielleicht liegt aber die wichtigste Neuerung woanders. Peugeot-Mann Jean Pierre Boudy: „Durch die Zusammenarbeit mit Prost stelle ich bei uns eine Art Aufbruchstimmung fest."

Motortyp:	A16
Zylinderzahl:	V10
Zylinderwinkel:	72°
Ventile/Zylinder:	4
Hubraum:	2.998 ccm
Leistung:	ca. 760 PS
Drehzahl/min:	ca. 17.000
Motorlänge:	620 mm
Motorbreite:	512 mm
Motorhöhe:	393 mm
Gewicht:	125 kg

ARROWS F1 V10

Namen sind nun wirklich Schall und Rauch. Denn der Arrows hätte ebenso gut Hart V10 oder auch Yamaha V10 heißen können. Im Laufe der Saison wird er vielleicht nach Volvo oder Nissan benannt. Teamchef Tom Walkinshaw war mit der Leistung von Yamaha nicht mehr zufrieden. Sein Vorschlag: In der Motorenabteilung von TWR (Tom Walkinshaw Racing) möge der Tüftler Brian Hart einen neuen Zehn-Zylinder entwerfen, bauen und einsetzen. Auf dessen Motorblock sollte dann der Name Yamaha prangen.

Die Japaner allerdings wollten das Heft nicht aus der Hand geben. Walkinshaw reagierte entschlossen: Hart baut nun den Motor bei und für TWR, sprich Arrows, und im Laufe der Saison hofft Walkinshaw dann, einen großen Hersteller von der Güte des Produktes so überzeugen zu können, daß der mit seinem Namen und vielen Millionen beispringt. TWR-Tourenwagenpartner Volvo könnte das sein.

Vielleicht sollte in diesem Rahmen erwähnt werden, daß bei der Präsentation des neuen Arrows auffallend viele Nissan-Vertreter anwesend waren...

Motortyp:	F1 V10
Zylinderzahl:	V10
Zylinderwinkel:	72°
Ventile/Zylinder:	4
Hubraum:	2.996 ccm
Leistung:	ca. 730 PS
Drehzahl/min:	ca. 16.000
Motorlänge:	602 mm
Motorbreite:	595 mm
Motorhöhe:	*keine Angaben*
Gewicht:	120 kg

MUGEN-HONDA MF30 1HC V10

Alles sieht nach Maximal-Attacke aus. Die Japaner, die in 186 Grand-Prix-Einsätzen 71 Rennen gewinnen konnten und zwischen 1986 und 1991 sechsmal in Serie den Konstrukteurs-Weltmeister befeuerten, rekrutierten eine knappe Hundertschaft aus vergangenen Formel-1-Zeiten. Sie wollen der Mugen-Truppe – einer Firma von Honda-Sohn Hiotoshi – unter die Arme greifen. Gar nicht mehr so fernes Fernziel: Offizieller Honda-Werkseinsatz.

Doch erst einmal gilt es, diese Saison die neue Zusammenarbeit mit Eddie Jordan zu festigen. Das Team des Iren erhält eine völlige Neukonstruktion, die auch die Verbesserungen der Konkurrenz aufweist: kompakter im Bau, geringerer Verbrauch, niedrigerer Schwerpunkt. Überraschend sind Äußerungen des Jordan-Honda-Piloten Ralf Schumacher über die Leistung seines neuen Triebwerkes: „Der Honda ist auf gar keinen Fall schwächer als der Peugeot, vielleicht sogar ein bißchen stärker, auf jeden Fall aber besser in der Fahrbarkeit." Wenn man bedenkt, wie stark der Peugeot ist, spricht das wirklich für die Japaner.

Motortyp:	MF301HC
Zylinderzahl:	V10
Zylinderwinkel:	72°
Ventile/Zylinder:	4
Hubraum:	3.000 ccm
Leistung:	ca. 760 PS
Drehzahl/min:	ca. 16.500
Motorlänge:	625 mm
Motorbreite:	525 mm
Motorhöhe:	470 mm
Gewicht:	*keine Angaben*

PETRONAS SPE 01D V10

Immer noch gilt: Wo Petronas draufsteht, steckt Ferrari drin. Aber der Trend geht in die richtige Richtung: Auf dem Weg zur eigenen Motorenherstellung akzeptieren Sauber und Teamsponsor Petronas nicht mehr alles, was die Ferrari-Leute ihnen vor die Werkstore rollen.

Laut Vertrag mit Ferrari erhält Sauber den Vorjahresmotor aus Maranello. Der 046/2 ist aber in Saubers Augen nicht unbedingt das Gelbe vom Ei. Also machte man sich an eine sachte Weiterentwicklung. Saubers Motorenmann Osamu Goto senkte vor allem den Schwerpunkt ab. Und Ferrari ist so flexibel, daß sie Gotos Änderungsvorschläge in den „Sauber-Triebwerken" umsetzen.

Auch wichtig für Sauber: Erstmals setzt das Team Motoren ein, die mit Wassertemperaturen von 120 Grad gefahren werden können. Die höheren Temperaturen erlauben kleinere Kühler und das wiederum glücklichere Aerodynamiker. Ursprünglich sollte 1999 der erste selbst hergestellte Petronas eingesetzt werden. Doch Chef Peter Sauber wiegelt ab: „Die Zusammenarbeit mit Ferrari läuft so gut, daß es da keinen Zeitdruck geben wird."

Motortyp:	SPE 01D
Zylinderzahl:	V10
Zylinderwinkel:	75°
Ventile/Zylinder:	4
Hubraum:	2.998 ccm
Leistung:	ca. 750 PS
Drehzahl/min:	ca. 17.000
Motorlänge:	590 mm
Motorbreite:	580 mm
Motorhöhe:	400 mm
Gewicht:	120 kg

FORD ZETEC R V10 (WERK)

Für ihren Humor kann man die Briten wirklich liebhaben. Zum Beispiel, wie Nick Hayes, Cosworths Formel-1-Projekt-Leiter, trotz des völlig blamablen Abschneidens seiner Triebwerke im Vorjahr trotzdem hoffnungsvoll in die Saison 98 und auf den geplanten neuen Motor blickt: „Wir haben viele Bereiche identifiziert, in denen wir uns verbessern können." Das stimmt, es gibt ungefähr so viele Bereiche, wie ein Motor Teile hat. Als der „neue" - Codename „VJ" - erstmals in Barcelona eingesetzt wurde, war der Motorschaden so fulminant, daß er gleich das ganze Auto in Brand setzte...

Ohne unken zu wollen, kann schon heute gesagt werden, daß Ford ein weiteres Mal den mit Abstand schwächsten Werksmotor haben wird. 50 PS weniger werden es auf jeden Fall sein. Peinlich, daß die Motoren noch nicht einmal zuverlässig sind. Doch Ford steckt nicht auf. Nicht nur, daß sie Stewart mit dem Autoeinrichtungshersteller Lear einen weiteren Sponsor besorgt haben, die Muttergesellschaft will auch noch mit Grundlagenforschung in Köln und in Dearborn Cosworth unterstützen.

Motortyp:	Zetec-R V10
Zylinderzahl:	V10
Zylinderwinkel:	72°
Ventile/Zylinder:	4
Hubraum:	2.998 ccm
Leistung:	ca. 720 PS
Drehzahl/min:	ca. 17.000
Motorlänge:	605 mm
Motorbreite:	520 mm
Motorhöhe:	460 mm
Gewicht:	ca. 120 kg

FORD ZETEC R V10 (KUNDEN)

Die letzten beißen die Hunde. Und in diesem ganz speziellen Fall sind sie sogar noch froh darüber, von den Hunden gebissen zu werden. Tyrrell und Minardi waren die letzten Teams, die vergangene Saison noch mit der veralteten Acht-Zylinder-Technik, sei sie von Hart, sei sie von Ford, rumfahren mußten.

Auf Intervention von Ecclestone und Zugeständnissen an Stewart, was die Verteilung von Fernsehgeldern anging, lockerte Stewart seinen Exklusiv-Vertrag mit Ford, so daß die Detroiter ohne Vertragsbruch ihre Zehnzylinder-Technik auch an andere weiterreichen dürfen. Allerdings - darauf bestand Stewart - immer nur die Vorjahrestechnik. Und da weiß er ja selbst am besten, was die Konkurrenz bekommt.

Trotzdem, für die Underdogs Tyrrell und Minardi ist es ein enormer Fortschritt. Zumal es heißt, daß die Zuverlässigkeitsprobleme, besonders das Problem des Kettenantriebssystems, mittlerweile gelöst sein sollen. Zu Beginn der europäischen Saison wird eine Evolutionsstufe in Aussicht gestellt. Wenn der Kunden-V10 auf 700 PS kommt, müssen alle zufrieden sein.

Motortyp:	Zetec-R V10
Zylinderzahl:	V10
Zylinderwinkel:	72°
Ventile/Zylinder:	4
Hubraum:	2.998 ccm
Leistung:	ca. 700 PS
Drehzahl/min:	ca. 16.500
Motorlänge:	605 mm
Motorbreite:	520 mm
Motorhöhe:	460 mm
Gewicht:	ca. 125 kg

Frauen sind an der Rennstrecke ebenso selbstverständlich wie der Geruch des Benzins. Zahllose Models und Hostessen sollen die Sponsoren ins rechte Licht rücken (r.). Häufig reisen die Freundinnen und Ehefrauen der Rennfahrer mit dem Formel-1-Troß um den Globus. Beim Saisonauftakt in Melbourne 1998 hatten besonders die Frau des McLaren-Chefs, Liza Dennis (l.) und David Coulthards Freundin Heidi Wichlinski nach dem Doppelsieg Grund zur Freude (ganz oben). Die japanische Fernsehmoderatorin Kumiko tröstete ihren Mann Jean Alesi nach dessen Ausfall.

ERING
SCRUTINEERING
SIEMENS
Formula 1
Championship Team
World Championship Team
IT LANE

EINE FRAGE DER ZEIT

Früher reichte eine Stoppuhr aus, heute wird modernste Technik für die Zeitnahme eingesetzt. Seit Jahren ist die Schweizer Uhrenfirma TAG Heuer an den Rennstrecken für das offizielle Timing verantwortlich. Und ähnlich wie die Formel-1-Teams karren die Schweizer tonnenweise Material um die Welt.

Das Pressezentrum eines Grand Prix im Jahr 1977. Das Rennen ist beendet. Monotones Hämmern der mechanischen Schreibmaschinen prägt die Atmosphäre. Niki Lauda heißt der Sieger, und jetzt wird die Erfolgsstory des Wieners in unzähligen Sprachen zu Papier gebracht. Einer der Journalisten hebt den Kopf und fragt: „In welcher Runde hat Lauda die Führung übernommen?“ „In der 14.“, antwortet ein freundlicher Kollege. „Schreib’ das bloß nicht“, sagt ein anderer, nach einem Blick in seine Notizen, „es war in der 15. Runde.“ Eine Einigung kommt nicht zustande. „Aber sicherlich kann mir jemand sagen“, fragt die „Nervensäge“ unverdrossen, „wie groß Laudas Vorsprung bei Rennmitte war…“ Natürlich, das können viele der Umsitzenden. Aber hilfreich sind deren Aussagen wieder nicht. Die Angaben schwanken – und jeder ist sich seiner Sache absolut sicher – um mehr als vier Sekunden! Das waren damals traurige Zustände, speziell wenn man bedenkt, daß zu jenem Zeitpunkt die erste bemannte Mondlandung bereits acht Jahre in der Vergangenheit lag…

Immerhin: Wer einen guten Kontakt zur Rennleitung hatte, der bekam die exakten Rundenzeiten irgendwann nach Sonnenuntergang zur Einsicht in die Hand gedrückt. Und auch das war nicht immer so: 1973 ging in Mosport jener denkwürdige Grand Prix von Kanada über die Bühne, dessen Verlauf

Ein Sender im Auto (r.), Empfänger (l.) in der Boxengasse und auf der

wohl für immer im dunkeln bleiben wird. Nach stundenlanger Diskussion wurde damals zwar Peter Revson zum Sieger erklärt, aber es gab eine Handvoll Konkurrenten, die vom eigenen Erfolg überzeugt waren.

Und in das „Mittelalter" des Grand-Prix-Sports paßte auch stilgerecht das alljährliche Monza-Ritual: In der Nacht von Samstag auf Sonntag – wenn sich kein F1-Rad drehte – wurden die Ferrari-Piloten immer schneller. Großherzige Mitarbeiter der Zeitnahme, über deren Unparteilichkeit gestritten werden darf, feilten so lange an den Ferrari-Zeiten herum, bis nützliche Platzverbesserungen in der Startaufstellung feststanden.

Glaubhaft überliefert – und das vom Sünder selbst – ist auch jener Zwischenfall: Am Ende einer schnellen Qualifying-Runde bekam ein Pilot routinemäßig die Signaltafel gezeigt – die wurde dem Fahrer jedoch derart geschickt „vor die Nase" gerissen, daß sie die Lichtschranke der Zeitnahme bluffte. Tatsächlich blieben die Uhren um jene gewünschten Zehntel zu früh stehen, die die Pole-position brachten!

Heute ist alles anders. So wie sich die Leistung der Rennwagen verbesserte, so wurde auch die Qualität der Zeitnahme optimiert. Wurde in den ersten Jahren der F1-WM noch per Hand auf die Zehntelsekunde genau gestoppt, so geschieht das in der Gegenwart „vollautomatisch" auf drei Stellen hinter dem Sekundenkomma. Und die Ergebnisse der Messungen werden zeitgleich veröffentlicht. Als Jacques Villeneuve, Michael Schumacher

Strecke sorgen für exakt gemessene Zeiten. Fotozellen (o.) stützen das System.

Das Pressezentrum: Hier verfolgt die schreibende Zunft das Rennen. Im Hintergrund (blau) beantworten die Fahrer Fragen der Presse.

und Heinz-Harald Frentzen am 25. Oktober 1997 im spanischen Jerez nacheinander die exakt gleiche Trainingszeit von 1.21,072 Minuten erreichten, konnten diese Resultate auf den Bildschirmen „live" abgelesen werden. Prompt wurde der Ruf nach der vierten Stelle hinter dem Komma, der Zehntausendstelsekunde, laut. Aber dieser Aufwand wäre nicht gerechtfertigt – das „Wunder von Jerez" wird sich so schnell ohnehin nicht wiederholen, und mit „Dubletten" (zwei zeitgleichen Piloten) kann die Formel 1 seit Jahren sehr gut leben.

Unbestechliches HighTech-System

Wenn die Zeiten ungenauer und unzuverlässiger Systeme vorüber sind, liegt das an einem unbestechlichen HighTech-System, das exakte Werte „ausspuckt" und augenblicklich Übersicht und eindeutige Verhältnisse schafft: An der Ziellinie werden fotoelektrische Zellen installiert, welche die Rundenzeiten und Geschwindigkeiten der einzelnen Konkurrenten messen. Eine weitere unabhängige Zeitmeßeinheit empfängt über eine an der Ziellinie montierte Antenne die Impulse jener Kleinsender, die in jedem Rennwagen an einer exakt vorgeschriebenen Stelle montiert sind.

Diese Kleinsender – zur Zeit 22 Stück – unterscheiden sich voneinander durch unterschiedliche Frequenzen, der von ihnen erzeugten Impulse. So lassen sich die Impulse den 22 Boliden und den jeweils registrierten Rundenzeiten zuordnen.

Damit sind zwei Computergruppen im Einsatz. Installiert wird stets noch eine dritte, um die Arbeit der beiden erstgenannten permanent zu überwachen. Die von den Computern erarbeiteten Informationen werden per Monitor in den Räumen der Rennleitung, in den Boxen, an der Boxenmauer und im Pressezentrum sichtbar gemacht und als Protokoll ausgedruckt. Zwei über Telefonleitungen an die Hauptmeßeinheit angeschlossene Meßstellen ermöglichen es, für jede Runde eines jeden Piloten zwei zusätzliche Zwischenzeiten und zwei aktuelle Tempo-Messungen – neben der Geschwindigkeit bei Start und Ziel – zu erfassen.

Drei Zwischenzeiten pro Runde

Um die Transparenz noch zu erhöhen, werden nicht nur Reihenfolgen und Differenzen errechnet, sondern darüber hinaus absolute und individuelle Bestleistungen registriert. Spezialmessungen halten außerdem bei Boxenstopps den Aufenthalt jedes einzelnen Piloten in der Boxengasse fest.

Auf diese Weise ist es möglich, jedes Rennen mit allen Positionsverschiebungen, Abständen und Top-Speeds allein aufgrund des gewaltigen Datenmaterials zu verfolgen, oder – als Ausdruck – rückblickend Revue passieren zu lassen. Das Datenmaterial ist allerdings derart umfangreich, daß es ein schnelles Auge und höchste Konzentration erfordert, dem Geschehen anhand der meist sechsstelligen Zahlen zu folgen.

Daß es nicht allein die Umstellung von Handstoppung auf elektronische Zeitnahme war, die in diesem Bereich des Formel-1-Sports

Außen kühles Silbergrau, innen heiße Meßtechnik von TAG Heuer, dem offiziellen Zeitnehmer der F1.

zur Perfektion führte, macht ein Rückblick auf den GP von Monaco 1960 deutlich. Im ersten Training tat sich schier Unglaubliches: Nach nur einer halben Stunde hatten bereits fünf der insgesamt 19 Piloten jenen Rundenrekord unterboten, den Jack Brabham im Vorjahr mit einer Zeit von 1.40,4 Minuten aufgestellt hatte!

Noch hielten sich die Steigerungen in Grenzen, aber dann knallte Stirling Moss eine Rundenzeit von 1.35,9 Minuten auf den Asphalt – damit unterbot er seine eigene Pole-Zeit von 1959 um satte 3,7 Sekunden! Das war keine herkömmliche Verbesserung – das war ein Erdrutsch! Die Streckensprecher gerieten ins Schwitzen, die Fans am Pistenrand standen Kopf, und den Experten fehlten die passenden Erklärungen. 30 Minuten nach der Trainingssitzung kam dann die schriftliche Erklärung der Funktionäre für die Fabelzeiten: „Wegen eines elektronischen Fehlers der Zeitnahme werden die Ergebnisse des ersten Trainings nicht gewertet…"

Benoit Pezzuto, Journalist der französischen Tageszeitung „Nice Matin", überlieferte diese Panne, für die er keinerlei Verständnis zeigte, hatten die 19 Piloten doch ihr Leben – es waren die gefährlichen Jahre des F1-Sports – für nichts riskiert.

Aufgrund der Double-Check-Methode könnten sich derartige Pannen zum Glück heute nicht wiederholen. Das ausgefeilte System, das in der Formel 1 auf dem Umweg über den Skisport landete, wurde seit seiner Einführung im GP-Sport mehrfach modifiziert und erweitert. Auch wenn es zur Zeit nur schwer vorstellbar ist: Die kommenden Jahre werden das Rad der Perfektion weiterdrehen und mithelfen, den ohnehin schon „gläsernen Piloten" noch durchsichtiger zu machen. So wäre die Passage einzelner Kurven ebenso ein lohnendes „Meßziel", wie auch die Beschleunigungsphase am Ausgang extrem langsamer Kurven.

Das ist TAG Heuer

1860 gründete Edouard Heuer in Saint Imier/CH eine Uhrenfabrik.
1985 wurde der saudische Investor TAG Mehrheitsaktionär, die Firma in TAG Heuer umbenannt.
Seit 1992 ist TAG Heuer offizieller Zeitnehmer der Formel 1.
Weltweit werden jährlich 800.000 Uhren verkauft, in Deutschland etwa 30.000. Jahresumsatz über eine halbe Milliarde Mark.
Heute gehört TAG Heuer zu 46,5 % Aktionären, zu 28,5 % TAG-Chef Mansour Ojjeh, zu 2,1 % McLaren-Boß Ron Dennis. Umgekehrt ist die TAG-Gruppe Mehrheitsgesellschafter bei McLaren (60 %).

Die Zeitnahme verläßt sich heutzutage ganz auf Computertechnik, überwacht von Spezialisten.

Foto: Oliver Reck

FORMEL SKANDAL

Riesenskandal zum Saisonabschluß 97: Nach seinem Rammstoß gegen Villeneuve mußte Schumacher zusehen, wie der Kanadier die WM nach

Als Michael Schumacher 1997 in Jerez Jacques Villeneuve von der Piste schießen wollte, sprachen alle von einem Skandal. Vielleicht war es einer – vielleicht war es wirklich ein „normaler Rennunfall". Die FIA urteilte gegen den Deutschen. Aber nichts ist so alt wie die letzte Saison: Die Skandale passieren, sie werden vergessen. Achim Schlang hat einmal nachgeschlagen, welche Ereignisse in fast 50 Jahren Formel 1 die Gemüter erregte. Hier ist eine kleine Auswahl.

Schon beim zweiten aller gefahrenen WM-Grand-Prix, dem Großen Preis von Monaco am 21. Mai 1950, gab es einen Riesenskandal – nur so richtig kriegte das keiner mit. In der ersten Runde stellte sich in der Tabak-Kurve die Alfetta des drittplazierten Dr. Nino Farina quer. Der Patzer des Italieners löste eine Massenkarambolage aus: Neun (!) der 19 gestarteten Boliden standen ineinander verkeilt in der Linkskurve. Mehr als 30 Fußgänger – Piloten und Funktionäre – hasteten zwischen den „geparkten" Autos umher. Derweil rasten zehn 350 PS starke Autos im Zwei-Minuten-Takt an den diskutierenden Herren vorbei. Keinem der Verantwortlichen kam es in

Hause fuhr. Die FIA bestrafte den Kerpener mit dem Abzug aller Punkte.

den Sinn, das Rennen aus Sicherheitsgründen abzubrechen. Heute wäre das ein Megaskandal – damals dachte einfach keiner drüber nach, was passieren konnte.

Kein Platz für verletzten Pilot

Auch als sich der britische Vanwall-Fahrer Stuart Lewis-Evans beim WM-Finale 1958 im marokkanischen Casablanca lebensgefährliche Verbrennungen zuzog, ereignete sich anschließend Unverzeihliches: Die medizinische Versorgung am Rand der Ain-Diab-Piste war mangelhaft. Ein Transport des Patienten nach England scheiterte zunächst an dem Umstand, daß die Flugzeuge nach Europa ausgebucht waren. Keiner der Reisenden erklärte sich bereit, seinen Platz an den schwerverletzten Rennfahrer abzutreten.

Auch ein enger Freund von Lewis-Evans, ein gewisser Bernie Ecclestone, bemühte sich zunächst vergeblich um Hilfe. Zu spät kam der Vanwall-Pilot in die Hände von Spezialisten – Stuart Lewis-Evans starb sechs Tage nach dem Crash. Der Tod des Rennfahrers wurde als Tragödie gewertet – keineswegs als Skandal.

Der Steilkurvenskandal

Im Spätsommer 1960 gerieten sich Piloten, Teamchefs und Funktionäre derart in die Haare, daß wirklich offiziell von einem Skandal gesprochen wurde. Der Automobilclub von Italien (ACI) veranstaltete das Rennen auf der „langen" Piste von Monza. Sie schloß das Hochgeschwindigkeits-Oval mit zwei stark überhöhten Kurven mit ein. Die Bosse der britischen Rennställe – und einige der Rennfahrer – wollten dieses Risiko nicht eingehen. Zu hoch, so das Argument, sei die Belastung der beiden Steilkurven für Chassis und Reifen. Ferrari trat als einziges Werksteam an. Insgesamt waren nur neun (!) Formel-1-Autos am Start. Weil der Veranstalter den Tifosi dieses Minifeld nicht zumuten wollte, wurde es durch sieben Formel-2-Wagen „aufgefüllt".

Das Rennen war eine reine Farce, was sich auch im Ergebnis widerspiegelt: Ohne Konkurrenz konnte sich noch einmal ein „Saurier" durchsetzen – der Sieg ging an einen Ferrari mit Frontmotor, obwohl diese Bauart zu jenem Zeitpunkt längst ausgespielt hatte. Gegen die britischen Mittelmotor-Konstruktionen hätte sich Phil Hill am Steuer seines Ferrari Dino 246 niemals den Siegerpokal sichern können. Vielleicht, so wurde geäußert, bestand der italienische Automobilclub gerade aus diesem Grund auf der gewagten Streckenführung…

Jim Clark an der Box verhaftet

1963 wurde in Zandvoort die Polizei gegen den Lotus-Piloten Jim Clark handgreiflich, weil der (auf dem Weg zu seinem ersten WM-Titel!) angeblich an den Boxen nichts verloren hatte. Zwei Jahre später drehten die Ordnungshüter in Holland erneut durch: Jetzt wurde Lotus-Chef Colin Chapman festgesetzt.

Skandaljahr 1976

Der Große Preis von Spanien wurde 1976 in Jarama bei Madrid ausgetragen. James Hunt gewann mit knapp 31 Sekunden Vorsprung vor Niki Lauda. Aber dann wurde der britische McLaren-Pilot disqualifiziert, weil sein Rennwagen 18 Millimeter zu breit war.

Auch der zwölftplazierte Jacques Laffite wurde aus der Wertung genommen. Der Ligier des Franzosen stolperte über die Heckflügelposition, die gleich um 30 Millimeter gegen die Paragraphen verstieß.

Zum Skandal wuchs sich die Situation allerdings erst zwei Monate später aus: Plötzlich annulierte das Berufungsgericht der FIA die zwei Disqualifikationen.

Am 18. Juli wurde in Brands Hatch das zweite Kapitel des heißen Som-

Brands Hatch 1976: Zuschauer und Teams protestierten erfolgreich gegen die Sperre von drei Piloten.

Vom Sieger zum Verlierer: James Hunt (11) verlor seinen Brands-Hatch-Sieg von 1976 an Niki Lauda.

mers '76 eingeläutet. Nach dem Start kam es in der Paddock Hill Bend – der tückischen Linkskurve nach dem Start – zu einer Kollision. Die Marshals konnten zwar innerhalb von Sekunden „aufräumen", dennoch wurde das Rennen abgebrochen. Anschließend sollten Hunt, Regazzoni und Laffite nicht zum Neustart zugelassen werden, weil sie die erste Runde nicht aus eigener Kraft beendet hatten. Die 77.000 Zuschauer protestierten. Das rhythmische Klatschen erinnerte an einen Sträflingsaufstand auf der Gefängnisinsel Alcatraz! Also: Kommando zurück. Die drei Geächteten durften doch wieder an den Start. Hunt gewann vor seinem Rivalen Lauda und freute sich.

Für zwei Monate war James Hunt der Gewinner des GP von England 1976. Aber Enzo Ferrari protestierte. Dem Großen Preis von Österreich blieb sein Team fern. Die Zwangspause wurde nicht etwa wegen Niki Laudas Unfall am Nürburgring ein Rennen vorher verordnet, sondern aus Protest gegen die Entscheidungen von Jarama und Brands Hatch. Resultat: Nach zwei Monaten wurde James Hunt als Sieger des England-GP disqualifiziert und Niki Lauda doch noch als Gewinner anerkannt.

Die Kopie

Die Saison 1978 begann mit einem Skandal und sie endete mit einem zweifachen. Das neu gegründete Team Arrows präsentierte den Typ FA1. Dieses Auto sorgte bei der Konkurrenz im Rennstall Shadow für lange Gesichter, denn es handelte sich um eine exakte Kopie des Shadow DN9! Der Hintergrund: Ex-Shadow-Konstrukteur Tony Southgate – das S seines Nachnamens findet sich im Namen Arrows als sechster Buchstabe wieder – zählte zu den Arrows-Gründungsmitgliedern. Während des winterlichen Teamwechsels hatte der Designer sämtliche Unterlagen für den neuen Shadow mitgehen lassen! Die Bestohlenen zogen vor den Londoner High Court. Die Juristen erkannten die Baugleichheit vieler Teile und entschieden am 31. Juli: Die beanstandeten Baugruppen mußten vernichtet oder an Shadow zurückgegeben werden. Arrows hatte dieses Urteil offenbar einkalkuliert, denn der FA1 wurde sofort stillgelegt und durch den – juristisch einwandfreien – A1 ersetzt.

Fotografen im OP

Der zweite Skandal des Jahres 78 trug sich unter äußerst tragischen Begleitumständen zu. Unmittelbar nach dem Start zum GP von Italien ereignete sich eine Massenkarambolage, in deren Verlauf sich der dreifache Monza-Sieger Ronnie Peterson Verletzungen zuzog. Das linke Bein wies sechs Brüche auf, der rechte Fuß war übel zugerichtet. Lebensgefahr bestand nicht. Als Dr. Grajales Robles die Niguarda-Klinik in Mailand eine Stunde vor Mitternacht verließ, beruhigte er die Umstehenden: Alles sei okay.

Dann unterlief den Ärzten ein verhängnisvoller Fehler: Bevor sie den Rennfahrer sechs Stunden lang unter dem Messer hatten, ließen sie Fernsehen und Fotografen im keimfreien OP filmen und fotografieren… In den Morgenstunden des nächsten Tages starb Ronnie Peterson an einer Fettembolie.

Der Schürzenkrieg

1980 begann ein Machtkampf zwischen der FIA auf der einen und der Formel-1-Konstrukteurs-Vereinigung FOCA auf der anderen Seite. Die Sportabteilung der FIA, die FISA, wollte die „Schürzenautos" verbieten. Seitliche Dichtleisten sorgten für Unterdruck, was die Kurvengeschwindigkeiten nach Meinung der Funktionäre und vieler Piloten in gefährliche Bereiche ansteigen ließ. Das war die offizielle Begründung für den Zwist. In Wahrheit ging es um Macht und Geld.

In Zolder und Monaco nahmen die Piloten, die den Standpunkt der FOCA vertraten, nicht am obligatorischen Briefing teil, bevor es dann in Spanien zum Eklat kam: Die FISA-treuen Teams Ferrari, Alfa Romeo und Renault verzichteten auf den Start und spielten vor der Boxengasse Fußball. Alan Jones (Williams) gewann zwar das Rennen, aber der Lauf bekam nachträglich den WM-Status aberkannt.

Der Streik der Fahrer

Als die FIA 1982 die sogenannten Superlizenzen – den F1-Führerschein – einführte, fürchteten die Piloten, mit ihrer Unterschrift wertvolle Rechte aufzugeben. In Südafrika wurde deshalb zunächst „gestreikt", Es war der dritte Streik der F1-Geschichte: 1973 protestierten die Fahrer in Zolder gegen den aufgebrochenen Pistenasphalt, 1975 in Barcelona, weil die Leitplanken mangelhaft montiert waren.

Die Fahrer sprachen nicht von Streik, sondern von unzumutbarem psychologischem Druck, dem sie durch die Superlizenz-Bestimmungen ausgesetzt waren. Sie weigerten sich, zum ersten Training anzutreten. Jetzt verlief die Front zwischen den Piloten auf der einen Seite und der Macht von FIA und FOCA auf der anderen. Die Fahrer verschanzten sich im Johannesburger

Fußball statt Formel-1-Rennen in Spanien 1980. In der Königsklasse ist ein Streit um die „Schürzenautos" zum Skandal eskaliert.

Hotel Sunnyside Park. Sie verhandelten über ihren Sprecher Didier Pironi, der an der Piste zurückblieb, um zwischen den Parteien zu pendeln. Nur Jochen Mass streikte nicht mit – er hatte angeblich den Bus ins Hotel verpaßt. Teo Fabi schlüpfte in die Rolle eines Spions. Er hielt die Funktionäre der Gegenseite per Telefon auf dem laufenden, ehe er aus dem Sunnyside Park flüchtete.

Bernie Ecclestone und FISA-Chef Balestre drohten mit Geldstrafen, lebenslangen Sperren und Verhaftungen – aber Lauda und Co. ließen sich nicht weichklopfen. Letztlich steckten FIA und FOCA zurück.

Der Kühlwassertrick

Aber es galt 1982, noch eine weitere Klippe zu umschiffen. Im Kampf gegen die immer stärker werdenden Turbo-Autos begannen die Sauger-Teams zu tricksen. Dank untergewichtiger Rennwagen versuchten sie, konkurrenzfähig zu bleiben.

Noch im Vorjahr wurde vor dem Wiegen derart viel Öl in Motor und Getriebe gegossen, daß die Boliden im „Wiegezustand“ nicht einsatzfähig waren. Jetzt kamen „Wasserkühler“ für die Bremsen in Mode. In den Seitenkästen wurden Ballasttanks montiert, von denen Leitungen zu den vier Bremsen führten. Das System war eine reine Attrappe, denn während der Rennen blieben diese Tanks trocken…

In Rio wurden Nelson Piquet (Brabham) und Keke Rosberg (Williams) – die beiden Erstplazierten – we-

Rolf Stommelen (l.) und Arrows-Mitgründer Tony Southgate 78.

Der Arrows FA1 war eine Kopie des Shadow. Southgate hatte beim Teamwechsel Pläne gestohlen.

Suzuka 79: Senna will Prost überholen. Der Franzose macht die Tür zu, beide Piloten stranden in der Auslaufzone. Prost steigt aus, ...

gen Untergewichts aufgrund des Wassertricks überführt und disqualifiziert. Jetzt setzten die FOCA-Teams mit einem Streik in Imola – nur 14 Autos gingen an den Start – die FIA unter Druck. Die Disqualifikationen sollten zurückgenommen werden. Aber die FIA blieb hart und verbot den Kühlwassertrick endgültig.

Tyrrells ungeklärte Stopps

Auch zwei Jahre später ging es um eine Gewichtsaffäre. Das Team Tyrrell, immer noch mit Saugmotoren unterwegs, legte jeweils gegen Rennende merkwürdige Boxenstopps ein, die die Funktionäre ins Grübeln brachten...

Schnell gab es den Verdacht, daß Ballastwasser und Bleikugeln „getankt" wurden, um beim Nachwiegen das Mindestgewicht zu erreichen. Nachgewiesen wurde dieser Betrug nie. Aber der FIA reichten die Indizien aus: Tyrrell und den Piloten Stefan Bellof und Martin Brundle wurden im Juli alle zuvor erzielten Plazierungen aberkannt. So verlor Brundle seinen zweiten Platz in Detroit und Bellof Rang drei, den er in Monaco erzielt hatte. Tyrrell durfte anschließend außer Konkurrenz an der WM teilnehmen.

Wegen der Wassertankaffäre wurden Tyrrell-Pilot Stefan Bellof 1984 sämtliche Punkte aberkannt.

Der angekündigte Rammstoß

Die letzten Skandale, die vor Beginn der „Neuzeit" die Formel 1 erschütterten, ereigneten sich auf der Piste von Suzuka. Damals beherrschte die Feindschaft zwischen Alain Prost und Ayrton Senna die Szene und sorgte für endlosen Gesprächsstoff.

1989 führte das Duo – damals noch gemeinsam auf McLaren unterwegs – den Großen Preis von Japan an. Beide konnten noch Champion werden, entsprechend wurde mit harten Bandagen gefightet.

Als der Brasilianer den „Professor" eingangs der Schikane ausbremsen wollte, spielte der Franzose nicht mit. Beide McLaren rutschten ins Aus. Prost, im sicheren Gefühl, erneut Weltmeister zu sein, gab spontan auf. Aber Ayrton Senna setzte überraschend das Rennen fort, übernahm die Führung und wurde als Erster abgewinkt.

Anschließend wurde der Südamerikaner disqualifiziert, weil er am Ort des Ausrutschers „abgekürzt" hatte, um wieder auf die Piste zu kommen. Senna fühlte sich betrogen, weil vergleichbare Manöver zuvor nie bestraft worden waren.

1990, nur ein Jahr später, ging es in Japan erneut zwischen Senna und Prost – der inzwischen zu Ferrari gewechselt war – um den Titel. Offen erklärte der Südamerikaner, den Gegner abschießen zu wollen.

Senna ließ es nicht bei bloßen Worten: Bereits eingangs der ersten Kurve lenkte er seinen McLaren gegen den roten Ferrari! Es war der erste und bis heute einzige Regelverstoß, der zuvor öffentlich angekündigt worden war.

... der Brasilianer wird zurück auf die Strecke geschoben und als Sieger nachträglich disqualifiziert.

Mit Mario Illien hat Mercedes-Mann Norbert Haug einen genialen Konstrukteur für den stärksten Motor im 98er Formel-1-Feld.

Sind die Reifen der Schlüssel zum Erfolg? McLaren scheint mit dem Wechsel zu Bridgestone den richtigen Schritt getan zu haben.

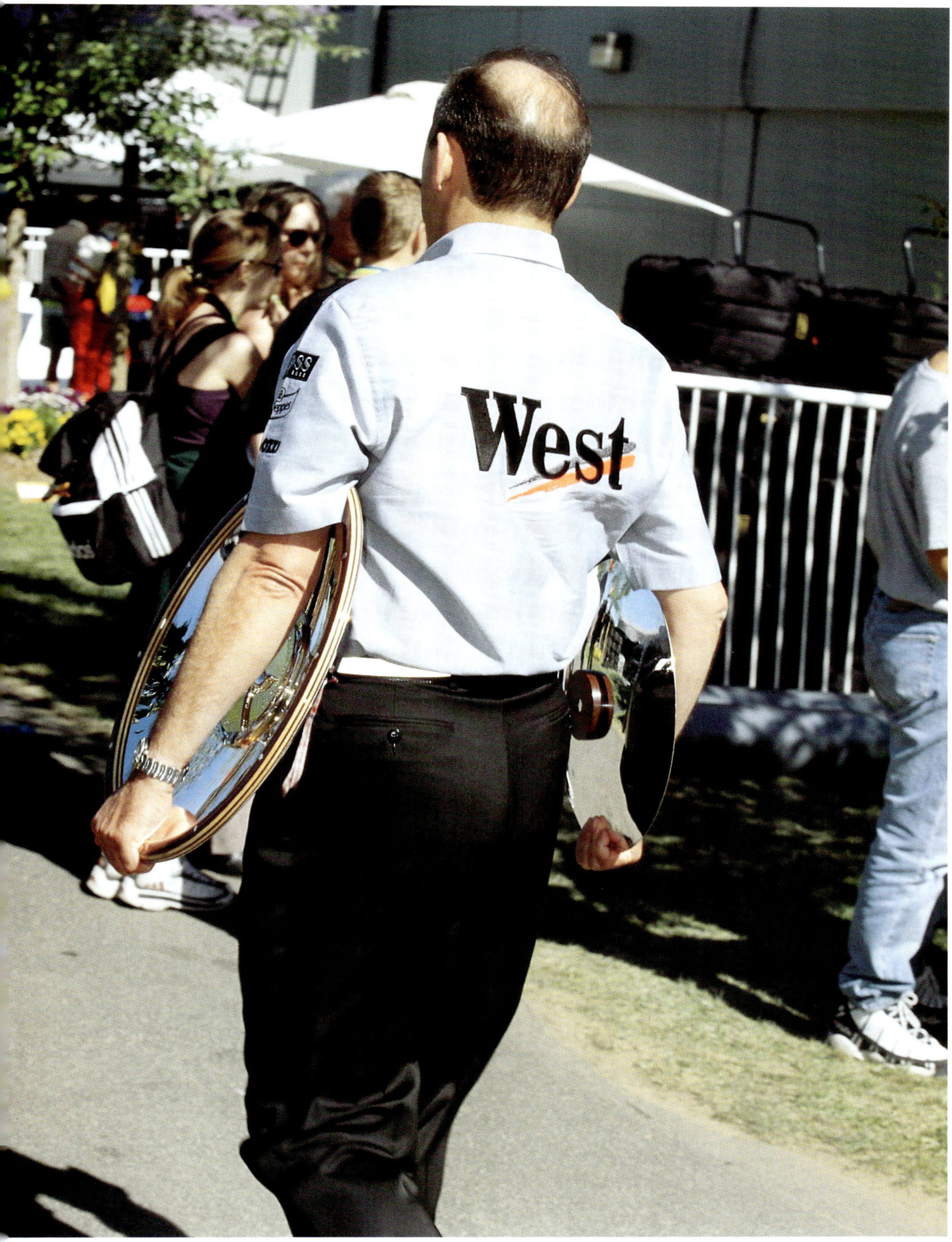

Fette Beute: Man kann es zwar nicht sehen, doch vermutlich ist Ron Dennis nach dem Doppelsieg das Grinsen im Gesicht festgewachsen.

RÜCKBLICK: DIE SAISON 97

1. Lauf – 9. März 1997
Melbourne (Australien)
Wetter: mäßig warm, bedeckt, windig

Erste Startreihe:
J. Villeneuve, H.-H. Frentzen

Schnellste Runde:
Heinz-Harald Frentzen (D)
in 1.30,585 Min. (= 210,710 km/h)

Sieger: David Coulthard (GB), McLaren-Mercedes, in 1:30.28,718 Std. (= 203,926 km/h)
2. Platz: M. Schumacher (D), Ferrari, 20,046 Sek. zurück
3. Platz: M. Häkkinen (FIN), McLaren-Mercedes, 22,177 Sek. zurück
4. Platz: G. Berger (A), Benetton-Renault, 22,841 Sek. zurück
5. Platz: O. Panis (F), Prost-Mugen-Honda, 1.00,308 Min. zurück
6. Platz: N. Larini (I), Sauber-Petronas, 1.36,040 Min. zurück

Weitere:
7. Nakano (2 Rd.), 8. Frentzen (3 Rd.), 9. Trulli (3 Rd.), 10. Diniz (4 Rd.)

Ausfälle:
Frentzen (56. Rd., Bremsen), Barrichello (50., Motor), Salo (43., Elektrik), Magnussen (37., Aufhängung), Alesi (35., Spritmangel), Katayama (33., Motor), Fisichella (15., Dreher), Verstappen (3., Dreher), R. Schumacher (2., Antriebswelle), Irvine (1., Unfall), Villeneuve (1., Unfall), Herbert (1., Unfall), Hill (Nichtstarter, Elektronik)

WM-Stand:
Coulthard (10), M. Schumacher (6), Häkkinen (4), Berger (3), Panis (2), Larini (1)

Michael Schumacher schien das Unfaßbare Wirklichkeit werden zu lassen: Der Weltmeistertitel, dem Ferrari seit 1980 vergeblich hinterherhastet, war greifbar nahe. Fast die ganze Saison über führte der Deutsche knapp vor dem kanadischen Williams-Piloten Jacques Villeneuve die Fahrerwertung an. Aber die Meisterschaft blieb spannend bis zum letzten Rennen. Im spanischen Jerez vergeigte „Schumi" den Titel und viele Sympathien durch seinen verzweifelten Rammstoß gegen den Kanadier. Die FIA erkannte ihm sämtliche Punkte und den zweiten Rang in der Meisterschaft ab.
Außer den beiden Erzrivalen gab es nur vier weitere Sieger in der Saison: David Coulthard (2 Siege), Heinz-Harald Frentzen, Gerhard Berger und Mika Häkkinen (je 1). Auch die Konstrukteurs-Meisterschaft konnte Williams-Renault für sich entscheiden.

Jacques Villeneuve wurde 1997 verdient Weltmeister. Es wird für den Kanadier jedoch 1998 schwer werden, den Titel zu verteidigen.

2. Lauf - 30. März 1997
São Paulo (Brasilien)
Wetter: mäßig warm, bedeckt

Erste Startreihe:
J. Villeneuve, M. Schumacher

Schnellste Runde:
Jacques Villeneuve (CDN)
in 1.18,397 Min. (= 197,089 km/h)

Sieger: Jacques Villeneuve (CDN), Williams-Renault, in 1:36.06,990 Std. (= 192,905 km/h)
2. Platz: G. Berger (A), Benetton-Renault, 4,190 Sek. zurück
3. Platz: O. Panis (F), Prost-Mugen-Honda, 15,870 Sek. zurück
4. Platz: M. Häkkinen (FIN), McLaren-Mercedes, 33,033 Sek. zurück
5. Platz: M. Schumacher (D), Ferrari, 33,731 Sek. zurück
6. Platz: J. Alesi (F), Benetton-Renault, 34,020 Sek. zurück

Weitere:
7. Herbert (50,912 Sek.), 8. Fisichella (1.00,639 Min.), 9. Frentzen (1.15,402 Min.), 10. Coulthard (1 Rd.), 11. Larini (1 Rd.), 12. Trulli (1 Rd.), 13. Salo (1 Rd.), 14. Nakano (1 Rd.), 15. Verstappen (2 Rd.), 16. Irvine (2 Rd.), 17. Hill (4 Rd.), 18. Katayama (5 Rd.)

Ausfälle:
Hill (69. Rd., Feuer), R. Schumacher (53., Elektronik), Barrichello (17., Aufhängung), Diniz (16., Dreher), Magnussen (Nichtstarter, Unfall bei Start 1)

WM-Stand (Top 5):
Coulthard, Villeneuve (10), Berger (9), M. Schumacher (8), Häkkinen (7)

3. Lauf - 13. April 1997
Buenos Aires (Argentinien)
Wetter: heiß, leicht bedeckt

Erste Startreihe:
J. Villeneuve, H.-H. Frentzen

Schnellste Runde:
Gerhard Berger (A)
in 1.27,981 Min. (= 174,269 km/h)

Sieger: Jacques Villeneuve (CDN), Williams-Renault, in 1:52.01,715 Std. (= 164,155 km/h)
2. Platz: E. Irvine (GB), Ferrari, 0,979 Sek. zurück
3. Platz: R. Schumacher (D), Jordan-Peugeot, 12,089 Sek. zurück
4. Platz: J. Herbert (GB), Sauber-Petronas, 29,919 Sek. zurück
5. Platz: M. Häkkinen (FIN), McLaren-Mercedes, 30,351 Sek. zurück
6. Platz: G. Berger (A), Benetton-Renault, 31,393 Sek. zurück

Weitere:
7. Alesi (46,359 Sek.), 8. Salo (1 Rd.), 9. Trulli (1 Rd.), 10. Magnussen (6 Rd.)

Ausfälle:
Magnussen (67. Rd., Öldruck), Larini (64., Dreher), Diniz (51., Getriebe), Nakano (50., Motor), Verstappen (44., Motor), Katayama (37., Dreher), Hill (34., Motor), Fisichella (25., Unfall), Barrichello (25., Motor), Panis (19., Motor), Frentzen (6., Kupplung), M. Schumacher (1., Unfall), Coulthard (1., Unfall)

WM-Stand (Top 5):
Villeneuve (20), Coulthard, Berger (10), Häkkinen (9), M. Schumacher (8)

4. Lauf - 27. April 1997
Imola (San Marino)
Wetter: kühl, bedeckt, zum Rennende leichter Regen

Erste Startreihe:
J. Villeneuve, H.-H. Frentzen

Schnellste Runde:
Heinz-Harald Frentzen (D)
in 1.25,531 Min. (= 207,503 km/h)

Sieger: Heinz-Harald Frentzen (D), Williams-Renault, in 1:31.00,673 Std. (= 201,509 km/h)
2. Platz: M. Schumacher (D), Ferrari, 1,237 Sek. zurück
3. Platz: E. Irvine (GB), Ferrari, 1.18,343 Min. zurück
4. Platz: G. Fisichella (I), Jordan-Peugeot, 1.23,388 Min. zurück
5. Platz: J. Alesi (F), Benetton-Renault, 1 Runde zurück
6. Platz: M. Häkkinen (FIN), McLaren-Mercedes, 1 Runde zurück

Weitere:
7. Larini (1 Rd.), 8. Panis (1 Rd.), 9. Salo (2 Rd.), 10. Verstappen (2 Rd.), 11. Katayama (3 Rd.)

Ausfälle:
Diniz (54. Rd., Getriebe), Villeneuve (41., Getriebe), Coulthard (39., Motor), Barrichello (33., Motor), Herbert (19., Elektrik), R. Schumacher (18., Antriebswelle), Nakano (12., Unfall), Hill (12., Unfall), Berger (5., Dreher), Magnussen (3., Dreher), Trulli (Nichtstarter, Getriebe)

WM-Stand (Top 5):
Villeneuve (20), M. Schumacher (14), Coulthard, Frentzen, Berger, Häkkinen, Irvine (10)

5. Lauf - 11. Mai 1997
Monte Carlo (Monaco)
Wetter: warm, Regen

Erste Startreihe:
H.-H. Frentzen, M. Schumacher

Schnellste Runde:
Michael Schumacher (D)
in 1.53,315 Min. (= 106,937 km/h)

Sieger: Michael Schumacher (D), Ferrari, in 2:00.05,654 Std. (= 104,264 km/h)
2. Platz: R. Barrichello (BR), Stewart-Ford, 53,306 Sek. zurück
3. Platz: E. Irvine (GB), Ferrari, 1.22,108 Min. zurück
4. Platz: O. Panis (F), Prost-Mugen-Honda, 1.44,402 Min. zurück
5. Platz: M. Salo (FIN), Tyrrell-Ford, 1 Runde zurück
6. Platz: G. Fisichella (I), Jordan-Peugeot, 1 Runde zurück

Weitere:
7. Magnussen (1 Rd.), 8. Verstappen (2 Rd.), 9. Berger (2 Rd.), 10. Katayama (2 Rd.)

Ausfälle:
Frentzen (40. Rd., Unfall), Nakano (37., Unfall), Larini (25., Unfall), Alesi (17., Dreher), Villeneuve (17., Aufhängung), R. Schumacher (11., Dreher), Herbert (10., Unfall), Trulli (8., Unfall), Coulthard (2., Dreher), Häkkinen (2., Unfall), Hill (2., Unfall), Diniz (1., Unfall)

WM-Stand (Top 5):
M. Schumacher (24), Villeneuve (20), Irvine (14), Coulthard, Frentzen, Berger, Häkkinen (10)

6. Lauf - 25. Mai 1997
Barcelona (Spanien)
Wetter: wolkig, warm

Erste Startreihe:
J. Villeneuve, H.-H. Frentzen

Schnellste Runde:
Giancarlo Fisichella (I)
in 1.22,242 Min. (= 206,960 km/h)

Sieger: Jacques Villeneuve (CDN), Williams-Renault, in 1:30.35,896 Std. (= 200,314 km/h)
2. Platz: O. Panis (F), Prost-Mugen-Honda, 5,804 Sek. zurück
3. Platz: J. Alesi (F), Benetton-Renault, 12,534 Sek. zurück
4. Platz: M. Schumacher (D), Ferrari, 17,979 Sek. zurück
5. Platz: J. Herbert (GB), Sauber-Petronas, 27,986 Sek. zurück
6. Platz: D. Coulthard (GB), McLaren-Mercedes, 29,744 Sek. zurück

Weitere:
7. Häkkinen (48,785 Sek.), 8. Frentzen (1.04,139 Min.), 9. Fisichella (1.04,767 Min.), 10. Berger (1.05,670 Min.), 11. Verstappen (1 Rd.), 12. Irvine (1 Rd.), 13. Magnussen (1 Rd.), 14. Morbidelli (2 Rd.), 15. Trulli (2 Rd.)

Ausfälle:
Diniz (54. Rd., Motor), R. Schumacher (51., Motor), Barrichello (38., Motor), Salo (36., Reifenplatzer), Nakano (35., Getriebe), Hill (19., Motor), Katayama (11., Getriebe)

WM-Stand (Top 5):
Villeneuve (30), M. Schumacher (27), Panis (15), Irvine (14), Coulthard (11)

7. Lauf - 15. Juni 1997
Montreal (Kanada)
Wetter: sehr warm, leicht bewölkt

Erste Startreihe:
M. Schumacher, J. Villeneuve

Schnellste Runde:
David Coulthard (GB)
in 1.19,635 Min. (= 199,856 km/h)

Sieger: Michael Schumacher (D), Ferrari, in 1:17.40,646 Std. (= 184,404 km/h)
2. Platz: J. Alesi (F), Benetton-Renault 2,565 Sek. zurück
3. Platz: G. Fisichella (I), Jordan-Peugeot, 3,219 Sek. zurück
4. Platz: H.-H. Frentzen (D), Williams-Renault, 3,786 Sek. zurück
5. Platz: J. Herbert (GB), Sauber-Petronas, 4,716 Sek. zurück
6. Platz: S. Nakano (J), Prost-Mugen-Honda, 36,701 Sek. zurück

Weitere:
7. Coulthard (37,753 Sek.), 8. Diniz (1 Rd.), 9. Hill (1 Rd.), 10. Morbidelli (1 Rd.), 11. Panis (3 Rd., Unfall)

Ausfälle:
Salo (47. Rd., Motor), Verstappen (43., Getriebe), Wurz (36., Antriebswelle), Barrichello (34., Getriebe), Trulli (33., Motor), R. Schumacher (15., Unfall), Katayama (6., Unfall), Villeneuve (2., Unfall), Irvine (1., Dreher), Häkkinen (1., Unfall), Magnussen (1., Unfall)

WM-Stand (Top 5):
M. Schumacher (37), Villeneuve (30), Panis (15), Irvine (14), Alesi, Frentzen (13)

8. Lauf - 29. Juni 1997
Magny-Cours (Frankreich)
Wetter: mäßig warm, zum Rennende regnerisch

Erste Startreihe:
M. Schumacher, H.-H. Frentzen

Schnellste Runde:
Michael Schumacher (D)
in 1.17,910 Min. (= 196,380 km/h)

Sieger: Michael Schumacher (D), Ferrari, in 1:38.50,492 Std. (= 185,639 km/h)
2. Platz: H.-H. Frentzen (D), Williams-Renault, 23,537 Sek. zurück
3. Platz: E. Irvine (GB), Ferrari, 1.14,801 Min. zurück
4. Platz: J. Villeneuve (CDN), Williams-Renault, 1.21,784 Min. zurück
5. Platz: J. Alesi (F), Benetton-Renault, 1.22,735 Min. zurück
6. Platz: R. Schumacher (D), Jordan-Peugeot, 1.29,871 Min. zurück

Weitere:
7. Coulthard (1 Rd., Unfall), 8. Herbert (1 Rd.), 9. Fisichella (1 Rd.), 10. Trulli (2 Rd.), 11. Katayama (2 Rd.), 12. Hill (3 Rd.)

Ausfälle:
Salo (62. Rd., Elektrik), Wurz (61., Dreher), Diniz (59., Dreher), Fontana (41., Dreher), Barrichello (37., Motor), Magnussen (34., Bremsen), Häkkinen (19., Motor), Verstappen (16., Elektrik), Nakano (8., Dreher), Marques (6., Motor)

WM-Stand (Top 5):
M. Schumacher (47), Villeneuve (33), Frentzen (19), Irvine (18), Alesi, Panis (15)

9. Lauf - 13. Juli 1997
Silverstone (England)
Wetter: warm, wolkig

Erste Startreihe:
J. Villeneuve, H.-H. Frentzen

Schnellste Runde:
Michael Schumacher (D)
in 1.24,475 Min. (= 219,047 km/h)

Sieger: Jacques Villeneuve (CDN), Williams-Renault, in 1:28.01,665 Std. (= 206,703 km/h)
2. Platz: J. Alesi (F), Benetton-Renault 10,205 Sek. zurück
3. Platz: A. Wurz (A), Benetton-Renault, 11,296 Sek. zurück
4. Platz: D. Coulthard (GB), McLaren-Mercedes, 31,229 Sek. zurück
5. Platz: R. Schumacher (D), Jordan-Peugeot, 31,880 Sek. zurück
6. Platz: D. Hill (GB), Arrows-Yamaha 1.13,552 Min. zurück

Weitere:
7. Fisichella (1 Rd.), 8. Trulli (1 Rd.), 9. Fontana (1 Rd.), 10. Marques (1 Rd.), 11. Nakano (2 Rd., Motor)

Ausfälle:
Häkkinen (52. Rd., Motor), Magnussen (50., Motor), Verstappen (45., Motor), Irvine (44., Antriebswelle), Salo (44., Motor), Herbert (42., Getriebe), M. Schumacher (38., Radlager), Barrichello (37., Motor), Diniz (29., Motor), Frentzen (1., Unfall), Katayama (1., Unfall)

WM-Stand (Top 5):
M. Schumacher (47), Villeneuve (43), Alesi (21), Frentzen (19), Irvine (18)

10. Lauf - 27. Juli 1997
Hockenheim (Deutschland)
Wetter: warm, wolkig

Erste Startreihe:
G. Berger, G. Fisichella

Schnellste Runde:
Gerhard Berger (A)
in 1.45,747 Min. (= 232,278 km/h)

Sieger: Gerhard Berger (A), Benetton-Renault, in 1:20.59,046 Std. (= 227,478 km/h)
2. Platz: M. Schumacher (D), Ferrari, 17,527 Sek. zurück
3. Platz: M. Häkkinen (FIN), McLaren-Mercedes, 24,770 Sek. zurück
4. Platz: J. Trulli (I), Prost-Mugen-Honda, 27,165 Sek. zurück
5. Platz: R. Schumacher (D), Jordan-Peugeot, 29,995 Sek. zurück
6. Platz: J. Alesi (F), Benetton-Renault, 34,717 Sek. zurück

Weitere:
7. Nakano (1.19,722 Min.), 8. Hill (1 Rd.), 9. Fontana (1 Rd.), 10. Verstappen (1 Rd.), 11. Fisichella (5 Rd., defekte Ölleitung)

Ausfälle:
Villeneuve (33. Rd., Dreher), Barrichello (33., Motor), Salo (33., Kupplung), Magnussen (27., Motor), Katayama (23., Spritmangel), Herbert (8., Unfall), Diniz (8., Unfall), Coulthard (1., Antriebsschaden), Frentzen (1., Unfall), Irvine (1., Unfall), Marques (1., Antriebsschaden)

WM-Stand (Top 5):
M. Schumacher (53), Villeneuve (43), Alesi (22), Berger (20), Frentzen (19)

11. Lauf - 10. Aug. 1997
Budapest (Ungarn)
Wetter: heiß, heiter

Erste Startreihe:
M. Schumacher, J. Villeneuve

Schnellste Runde:
Heinz-Harald Frentzen (D)
in 1.18,372 Min. (= 182,269 km/h)

Sieger: Jacques Villeneuve (CDN), Williams-Renault, in 1:45.47,149 Std. (= 173,295 km/h)
2. Platz: D. Hill (GB), Arrows-Yamaha, 9,079 Sek. zurück
3. Platz: J. Herbert (GB), Sauber-Petronas, 20.445 Sek. zurück
4. Platz: M. Schumacher (D), Ferrari, 30,501 Sek. zurück
5. Platz: R. Schumacher (D), Jordan-Peugeot, 30,715 Sek. zurück
6. Platz: S. Nakano (J), Prost-Mugen-Honda, 41,512 Sek. zurück

Weitere:
7. Trulli (1.15,552 Min.), 8. Berger (1.16,409 Min.), 9. Irvine (1 Rd.), 10. Katayama (1 Rd.), 11. Alesi (1 Rd.), 12. Marques (2 Rd.), 13. Salo (2 Rd.)

Ausfälle:
Irvine (77. Rd, Unfall), Coulthard (65., Elektrik), Verstappen (61., Getriebe), Diniz (53., Elektronik), Fisichella (42., Dreher), Frentzen (29., Tankverschluß), Barrichello (29., Motor), Häkkinen (12., Hydraulik), Morbidelli (7., Motor), Magnussen (5., Unfall)

WM-Stand (Top 5):
M. Schumacher (56), Villeneuve (53), Alesi (22), Berger (20), Frentzen (19)

12. Lauf - 24. Aug. 1997
Spa (Belgien)
Wetter: gewittrig, später trocken

Erste Startreihe:
J. Villeneuve, J. Alesi

Schnellste Runde:
Jacques Villeneuve (CDN)
in 1.52,692 Min. (= 222,596 km/h)

Sieger: Michael Schumacher (D), Ferrari, in 1:33.46,717 Std. (= 196,149 km/h)
2. Platz: G. Fisichella (I), Jordan-Peugeot, 26,753 Sek. zurück
3. Platz: H.-H. Frentzen (D), Williams-Renault, 32,147 Sek. zurück
4. Platz: J. Herbert (GB), Sauber-Petronas, 39,025 Sek. zurück
5. Platz: J. Villeneuve (CDN), Williams-Renault, 42,103 Sek. zurück
6. Platz: G. Berger (A), Benetton-Renault, 1.03,741 Min. zurück

Weitere:
7. Diniz (1.25,931 Min.), 8. Alesi (1.42,008 Min.), 9. Morbidelli (1.42,582 Min.), 10. Irvine (1 Rd.), 11. Salo (1 Rd.), 12. Magnussen (1 Rd.), 13. Hill (2 Rd.), 14. Katayama (2 Rd.), 15. Trulli (2 Rd.)

Ausfälle:
Irvine (44. Rd, Unfall), Hill (43., Radmutter), Katayama (43., Elektronik), Verstappen (26., Unfall), R. Schumacher (22., Unfall), Coulthard (20., Dreher), Marques (19., Dreher), Barrichello (9., Unfall), Nakano (6., Elektronik)
Wegen nicht regelgerechten Benzins disqualifiziert: M. Häkkinen (McLaren)

WM-Stand (Top 5):
M. Schumacher (66), Villeneuve (55), Frentzen (23), Alesi (22), Berger (21)

13. Lauf - 7. Sept. 1997
Monza (Italien)
Wetter: bewölkt, schwül

Erste Startreihe:
J. Alesi, H.-H. Frentzen

Schnellste Runde:
Mika Häkkinen (FIN)
in 1.24,808 Min. (= 244,929 km/h)

Sieger: David Coulthard (GB), McLaren-Mercedes, in 1:17.04,609 Std. (= 238,036 km/h)
2. Platz: J. Alesi (F), Benetton-Renault, 1,937 Sek. zurück
3. Platz: H.-H. Frentzen (D), Williams-Renault, 4,343 Sek. zurück
4. Platz: G. Fisichella (I), Jordan-Peugeot, 5,871 Sek. zurück
5. Platz: J. Villeneuve (CDN), Williams-Renault, 6,416 Sek. zurück
6. Platz: M. Schumacher (D), Ferrari, 11,481 Sek. zurück

Weitere:
7. Berger (12,471 Sek.), 8. Irvine (17,639 Sek.), 9. Häkkinen (49,373 Sek.), 10. Trulli (1.02,706 Min.), 11. Nakano (1.03,327 Min.), 12. Morbidelli (1 Rd.), 13. Barrichello (1 Rd.), 14. Marques (3 Rd.)

Ausfälle:
Hill (47. Rd, Motor), R. Schumacher (40., Unfallfolgen), Herbert (39., Unfall), Salo (34., Motor), Magnussen (32., Antrieb), Verstappen (13., Getriebehydraulik), Katayama (9., Reifen), Diniz (5., Aufhängung)

WM-Stand (Top 5):
M. Schumacher (67), Villeneuve (57), Alesi (28), Frentzen (27), Coulthard (24)

14. Lauf - 21. Sept. 1997
Spielberg (Österreich)
Wetter: heiter, mild

Erste Startreihe:
J. Villeneuve, M. Häkkinen

Schnellste Runde:
Jacques Villeneuve (CDN)
in 1.11,814 Min. (= 216,709 km/h)

Sieger: Jacques Villeneuve (CDN), Williams-Renault, in 1:27.35,999 Std. (= 210,228 km/h)
2. Platz: D. Coulthard (GB), McLaren-Mercedes, 2,909 Sek. zurück
3. Platz: H.-H. Frentzen (D), Williams-Renault, 3,962 Sek. zurück
4. Platz: G. Fisichella (I), Jordan-Peugeot, 12,127 Sek. zurück
5. Platz: R. Schumacher (D), Jordan-Peugeot, 31,859 Sek. zurück
6. Platz: M. Schumacher (D), Ferrari, 33,410 Sek. zurück

Weitere:
7. Hill (37,207 Sek.), 8. Herbert (49,057 Sek.), 9. Morbidelli (1.06,455 Min.), 10. Berger (1 Rd.), 11. Katayama (11 Rd.), 12. Verstappen (2 Rd.), 13. Diniz (4 Rd.), 14. Barrichello (7 Rd.)

Ausfälle:
Diniz (68. Rd, Stoßdämpfer), Barrichello (65., Dreher), Magnussen (59., Motor), Trulli (59., Motor), Nakano (58., Motor), Salo (54., Getriebe), Irvine (38., Unfall), Alesi (38., Unfall), Häkkinen (1., Motor)

WM-Stand (Top 5):
M. Schumacher (68), Villeneuve (67), Frentzen (31), Coulthard (30), Alesi (28)

15. Lauf - 28. Sept. 1997
Nürburg (Luxemburg)
Wetter: heiter, warm

Erste Startreihe:
M. Häkkinen, J. Villeneuve

Schnellste Runde:
Heinz-Harald Frentzen (D)
in 1.18,805 Min. (= 208,128 km/h)

Sieger: Jacques Villeneuve (CDN), Williams-Renault, in 1:31.27,843 Std. (= 200,232 km/h)
2. Platz: J. Alesi (F), Benetton-Renault, 11,770 Sek. zurück
3. Platz: H.-H. Frentzen (D), Williams-Renault, 13,480 Sek. zurück
4. Platz: G. Berger (A), Benetton-Renault, 16,416 Sek. zurück
5. Platz: P. Diniz (BR), Arrows-Yamaha, 43,147 Sek. zurück
6. Platz: O. Panis (F), Prost-Mugen-Honda, 43,750 Sek. zurück

Weitere:
7. Herbert (44,354 Sek.), 8. Hill (44,777 Sek.), 9. Morbidelli (1 Rd.), 10. Salo (1 Rd.)

Ausfälle:
Verstappen (51. Rd, Motor), Häkkinen (44., Motor), Barrichello (44., Hydraulik), Coulthard (43., Motor), Magnussen (41., Antriebswelle), Irvine (23., Motor), Nakano (17., Motor), M. Schumacher (3., Aufhängung gebrochen), Marques (2., Motor), Katayama (2., Unfall), R. Schumacher (1., Unfall), Fisichella (1., Unfall)

WM-Stand (Top 5):
Villeneuve (77), M. Schumacher (68), Frentzen (35), Alesi (34), Coulthard (30)

16. Lauf - 12. Okt. 1997
Suzuka (Japan)
Wetter: wolkig, windig, warm

Schnellste Runde:
Heinz-Harald Frentzen (D)
in 1.38,942 Min. (= 213,361 km/h)

Sieger: Michael Schumacher (D), Ferrari, in 1:29.48,446 Std. (= 207,508 km/h)
2. Platz: H.-H. Frentzen (D), Williams-Renault, 1,378 Sek. zurück
3. Platz: E. Irvine (GB), Ferrari 26,384 Sek. zurück
4. Platz: M. Häkkinen (FIN), McLaren-Mercedes, 27,129 Sek. zurück
5. Platz: J. Alesi (F), Benetton-Renault, 40,403 Sek. zurück
6. Platz: J. Herbert (GB), Sauber-Petronas, 41,630 Sek. zurück

Weitere:
7. Fisichella (56,825 Sek.), 8. Berger (1.00,429 Min.), 9. R. Schumacher (1.22,036 Min.), 10. Coulthard (1 Rd.), 11. Hill (1 Rd.), 12. Diniz (1 Rd.), 13. Verstappen (1 Rd.)

Ausfälle:
Coulthard (53. Rd, Motor), Marques (47., Getriebe), Salo (47., Motor), Panis (37., Motor), Nakano (23., Radlager), Katayama (9., Motor), Barrichello (7., Dreher), Magnussen (4., Dreher)
Wegen Mißachtens gelber Flaggen disqualifiziert: J. Villeneuve (Williams)

WM-Stand (Top 5):
M. Schumacher (78), Villeneuve (77), Frentzen (41), Alesi (36), Coulthard (30)

17. Lauf - 26. Okt. 1997
Jerez (Spanien)
Wetter: wolkig, warm

Erste Startreihe:
J. Villeneuve, M. Schumacher

Schnellste Runde:
Heinz-Harald Frentzen (D)
in 1.23,135 Min. (= 191,745 km/h)

Sieger: Mika Häkkinen (FIN), McLaren-Mercedes, in 1:38.57,771 Std. (= 185,240 km/h)
2. Platz: D. Coulthard (GB), McLaren-Mercedes, 1,654 Sek. zurück
3. Platz: J. Villeneuve (CDN), Williams-Renault, 1,803 Sek. zurück
4. Platz: G. Berger (A), Benetton-Renault, 1,919 Sek. zurück
5. Platz: E. Irvine (GB), Ferrari, 3,789 Sek. zurück
6. Platz: H.-H. Frentzen (D), Williams-Renault, 4,537 Sek. zurück

Weitere:
7. Panis (1.07,145 Min.), 8. Herbert (1.12,961 Min.), 9. Magnussen (1.17,487 Min.), 10. Nakano (1.18,215 Min.), 11. Fisichella (1 Rd.), 12. Salo (1 Rd.), 13. Alesi (1 Rd.), 14. Fontana (1 Rd.), 15. Marques (1 Rd.), 16. Verstappen (1 Rd.), 17. Katayama (1 Rd.)

Ausfälle:
M. Schumacher (48. Rd, Unfall), Hill (48., Getriebe), R. Schumacher (45., Motor), Barrichello (31., Getriebe), Diniz (12., Dreher)

Endstand Fahrer-WM

	Fahrer	Team	Australien	Brasilien	Argentinien	San Marino	Monaco	Spanien	Kanada	Frankreich	England	Deutschland	Ungarn	Belgien	Italien	Österreich	Luxemburg	Japan	Europa	Endstand
1.	Jacques Villeneuve (CDN)	Williams-Renault	-	10	10	-	-	10	-	3	10	-	10	2	2	10	10	d	4	81
	(Michael Schumacher (D)	Ferrari	6	2	-	6	10	3	10	10	-	6	3	10	1	1	-	10	-	*)
2.	Heinz-Harald Frentzen (D)	Williams-Renault	-	-	-	10	-	-	3	6	-	-	-	4	4	4	4	6	1	42
3.	David Coulthard (GB)	McLaren-Mercedes	10	-	-	-	-	1	-	-	3	-	-	-	10	6	-	-	6	36
	Jean Alesi (F)	Benetton-Renault	-	1	-	2	-	4	6	2	6	1	-	-	6	-	6	2	-	36
5.	Gerhard Berger (A)	Benetton-Renault	3	6	1	-	-	-	nt	nt	nt	10	-	1	-	-	3	-	3	27
	Mika Häkkinen (FIN)	McLaren-Mercedes	4	3	2	1	-	-	-	-	-	4	-	d	-	-	-	3	10	27
7.	Eddie Irvine (GB)	Ferrari	-	-	6	4	4	-	-	4	-	-	-	-	-	-	-	4	2	24
8.	Giancarlo Fisichella (I)	Jordan-Peugeot	-	-	-	3	1	-	4	-	-	-	-	6	3	3	-	-	-	20
9.	Olivier Panis (F)	Prost-Mugen-Honda	2	4	-	-	3	6	-	nt	nt	nt	nt	nt	nt	nt	1	-	-	16
10.	Johnny Herbert (GB)	Sauber-Petronas	-	-	3	-	-	2	2	-	-	-	4	3	-	-	-	1	-	15
11.	Ralf Schumacher (D)	Jordan-Peugeot	-	-	4	-	-	-	-	1	2	2	2	-	-	2	-	-	-	13
12.	Damon Hill (GB)	Arrows-Yamaha	-	-	-	-	-	-	-	-	1	-	6	-	-	-	-	-	-	7
13.	Rubens Barrichello (BR)	Stewart-Ford	-	-	-	-	6	-	-	-	-	-	-	-	-	-	-	-	-	6
14.	Alexander Wurz (A)	Benetton-Renault	nt	nt	nt	nt	nt	nt	-	-	4	nt	nt	nt	nt	nt	nt	nt	nt	4
15.	Jarno Trulli (I)	Prost-Mugen-Honda	-	-	-	-	-	-	-	-	-	3	-	-	-	-	nt	nt	nt	3
16.	Mika Salo (FIN)	Tyrrell-Ford	-	-	-	-	2	-	-	-	-	-	-	-	-	-	-	-	-	2
	Pedro Paulo Diniz (BR)	Arrows-Yamaha	-	-	-	-	-	-	-	-	-	-	-	-	-	-	2	-	-	2
	Shinji Nakano (J)	Prost-Mugen-Honda	-	-	-	-	-	-	1	-	-	-	1	-	-	-	-	-	-	2
19.	Nicola Larini (I)	Sauber-Petronas	1	-	-	-	-	nt	nt	nt	nt	nt	nt	nt	nt	nt	nt	nt	nt	1
20.	Norberto Fontana (ARG)	Sauber-Petronas	nt	nt	nt	nt	nt	nt	nt	-	-	-	nt	nt	nt	nt	nt	nt	-	0
	Ukyo Katayama (J)	Minardi-Hart	nt	nt	nt	nt	nt	nt	nt	-	-	-	-	-	-	-	-	-	-	0
	Jan Magnussen (DK)	Stewart-Ford	-	N	-	-	-	-	-	-	-	-	-	-	-	-	-	-	-	0
	Tarso Marques (BR)	Minardi-Hart	nt	nt	nt	nt	nt	nt	nt	-	-	-	-	-	-	-	-	-	-	0
	Gianni Morbidelli (I)	Sauber-Petronas	nt	nt	nt	nt	nt	-	-	-	-	-	-	-	-	-	-	N	nt	0
	Jos Verstappen (NL)	Tyrrell-Ford	-	-	-	-	-	-	-	-	-	-	-	-	-	-	-	-	-	0

** Michael Schumacher wurden am Saisonende alle WM-Punkte aberkannt.*

Endstand Konstrukteurs-WM

	Team	Australien	Brasilien	Argentinien	San Marino	Monaco	Spanien	Kanada	Frankreich	England	Deutschland	Ungarn	Belgien	Italien	Österreich	Luxemburg	Japan	Europa	Endstand
1.	Williams-Renault	-	10	10	10	-	10	3	9	10	-	10	6	6	14	14	6	5	123
2.	Ferrari	6	2	6	10	14	3	10	14	-	6	3	10	1	1	-	14	2	102
3.	Benetton-Renault	3	7	1	2	-	4	6	2	10	11	-	1	6	-	9	2	3	67
4.	McLaren-Mercedes	14	3	2	1	-	1	-	-	3	4	-	-	10	6	-	3	16	63
5.	Jordan-Peugeot	-	-	4	3	1	-	4	1	2	2	2	6	3	5	-	-	-	33
6.	Prost-Mugen-Honda	2	4	-	-	3	6	1	-	-	3	1	-	-	-	1	-	-	21
7.	Sauber-Petronas	1	-	3	-	-	2	2	-	-	-	4	3	-	-	-	1	-	16
8.	Arrows-Yamaha	-	-	-	-	-	-	-	-	1	-	6	-	-	-	2	-	-	9
9.	Stewart-Ford	-	-	-	-	6	-	-	-	-	-	-	-	-	-	-	-	-	6
10.	Tyrrell-Ford	-	-	-	-	2	-	-	-	-	-	-	-	-	-	-	-	-	2
11.	Minardi-Hart	-	-	-	-	-	-	-	-	-	-	-	-	-	-	-	-	-	-

N = Nichtstarter, d = disqualifiziert, nq = nicht qualifiziert, nt = nicht teilgenommen

Das Punktesystem in der Formel 1

Die ersten sechs eines Rennens erhalten Meisterschaftspunkte in folgender Reihenfolge: Sieger 10 Punkte, Platz zwei 6, Platz drei 4, Platz vier 3, Platz fünf 2 und Platz sechs 1 Punkt. Die Teams erhalten die Punkte beider Fahrer.

Abgedreht: Damon Hill überwindet souverän den Streckeneingang.

Abgehoben: Sunnyboy Giancarlo Fisichella hat beim Looping über der

Abgefahren: Die Arrows-Piloten Mika Salo (l.) und Pedro Diniz haben nur noch Augen für dieses Kunstwerk auf zwei Beinen. Original oder

Rennstrecke Melbournes viel Spaß.

Fälschung – das ist hier die Frage.

Abgeklärt: Ralf und Michael Schumacher auf dem Weg in ihre zweite gemeinsame Formel-1-Saison.

1. LAUF

8. MÄRZ 1998

MELBOURNE

Großer Preis von Australien

Zum dritten Mal hat der Formel-1-Troß zum Beginn einer neuen Saison sein komplettes Equipment in die südaustralische Stadt Melbourne geflogen. Sowohl Fans als auch Fachleute waren gespannt auf das erste Kräftemessen, mußten die Teams doch über den Winter komplett neue Autos auf die Räder stellen. Jetzt sollte sich zeigen, was die Wintertests gebracht haben und ob die Ergebnisse dem wahren Kräfteverhältnis entsprechen.

Schon im Winter 97/98 zeichnet sich ab, wie die Saison 1998 beginnen wird. Die Testfahrten stehen ganz im Zeichen von McLaren-Mercedes! Die Achse Woking/Zuffenhausen hat ein neues, vielversprechendes Paket geschnürt, das der Konkurrenz die Sorgenfalten auf die Stirn treibt. Die neue G-Version des Zehnzylinders nähert sich der 800-PS-Grenze, dank Ex-Williams-Designer Adrian Newey verfügt der MP4/13 über eine höchst effiziente Aerodynamik und schließlich rollt der Silberpfeil auf den japanischen Bridgestone-Reifen, die schneller und haltbarer sind, als die amerikanischen Gummis aus dem Hause Goodyear. Das i-Tüpfelchen der Konstruktion ist das inzwischen voll ausgereifte Bremssystem, das seit September 1997 eingesetzt wird: um das Untersteuern zu bekämpfen, können die Hinterräder des McLaren beim Beschleunigen aus langsamen Kurven einzeln abgebremst werden! Auch die Gegner arbeiten an solchen Systemen, aber noch ist der Vorsprung von McLaren auf diesem Sektor nicht eingeholt. Die Kosten für die Anlage werden auf rund zehn Millionen US-Dollar beziffert.

Der Sieger des ersten Rennens des Jahres heißt Johnny Herbert. Der britische Sauber-Pilot trifft bereits vier Tage vor Trainingsbeginn in Melbourne ein und ist damit schneller als seine 21 Kollegen. Herbert hat

Aussprache unter Männern

nur ein Ziel vor Augen. „Bisher“, sagt er mit bitterem Lächeln, kam ich hier noch nie über die erste Runde hinaus. Jetzt möchte ich diese Statistik deutlich verbessern.“

Zu diesem Zeitpunkt treffen sich Champion Jacques Villeneuve und Ferrari-Star Michael Schumacher zur Aussprache in einem Hotel in Sydney. Spätestens seit dem dramatischen Finale ’97 kriselt es zwischen den beiden. Von Freundschaft ist anschließend immer noch nichts zu spüren. Aber Schumi spielt die Fehde herunter: „Ich hatte keine Probleme mit Jacques, und ich werde mit Jacques keine Probleme haben.“ Der Kanadier faßt sich noch kürzer. Die Frage, ob ihn die Presse der letzten Wochen mit seiner herben Kritik an dem Rheinländer falsch zitiert habe, beantwortet er unmißverständlich: „Nein!“

Am 6. März beginnt die Saison 1998 pünktlich um elf Uhr. Der 24jährige Japaner Taranosuke Takagi tritt auf das Gaspedal seines Tyrrell und rollt als erster auf die Piste im Albert Park. Auch die beiden Prost-Piloten sind mit dabei. Dem Einsatz von Olivier Panis und Jarno Trulli ging allerdings eine Zitterpartie voraus. Erst im Verlauf der zurückliegenden Nacht bestand der Prost-Peugeot AP01 im fernen Europa den obligatorischen seitlichen Crashtest.

Der erste Tag geht an Michael Schumacher, der mit einer Zeit von 1.33,826 Minuten die schnellste Runde dreht. Der Ferrari-Pilot ist optimistisch:

Nur neun kamen durch: Von den 22

Melbourne Grand Prix Circuit

Distanz: 58 Runden à 5,302 km (307,516 km)
Schnellste Runde 1998: Mika Häkkinen (FIN), McLaren-Mercedes, in 1.31,649 Min.
Schnitt des Siegers 1998: 201,101 km/h

Historie

Erster Grand Prix von Australien 1985 in Adelaide
Sieger Keke Rosberg (FIN), Williams-Honda Turbo

Sieger der letzten 10 Rennen

1998	Mika Häkkinen (FIN)	McLaren-Mercedes
1997	David Coulthard (GB)	McLaren-Mercedes
1996	Damon Hill (GB)	Williams-Renault
1995	Damon Hill (GB)	Williams-Renault
1994	Nigel Mansell (GB)	Williams-Renault
1993	Ayrton Senna (BR)	McLaren-Ford
1992	Gerhard Berger (A)	McLaren-Honda
1991	Ayrton Senna (BR)	McLaren-Honda
1990	Nelson Piquet (BR)	Benetton-Ford
1989	Thierry Boutsen (B)	Williams-Renault

Häufigste Sieger
je 2x Berger (87, 92), Prost (86, 88), Senna (91, 93), Hill (95, 96)

Startaufstellung

Häkkinen (McLaren) 1.30,010 Min.	Coulthard (McLaren) 1.30,053 Min.
M. Schumacher (Ferrari) 1.30,767 Min.	Villeneuve (Williams) 1.30,919 Min.
Herbert (Sauber) 1.31,384 Min.	Frentzen (Williams) 1.31,397 Min.
Fisichella (Benetton) 1.31,733 Min.	Irvine (Ferrari) 1.31,767 Min.
R. Schumacher (Jordan) 1.32,392 Min.	Hill (Jordan) 1.32,399 Min.
Wurz (Benetton) 1.32,726 Min.	Alesi (Sauber) 1.33,240 Min.
Takagi (Tyrrell) 1.33,291 Min.	Barrichello (Stewart) 1.33,383 Min.
Trulli (Prost) 1.33,739 Min.	Salo (Arrows) 1.33,927 Min.
Tuero (Minardi) 1.34,646 Min.	Magnussen (Stewart) 1.34,906 Min.
Rosset (Tyrrell) 1.35,119 Min.	Diniz (Arrows) 1.35,140 Min.
Panis (Prost) 1.35,215 Min.	Nakano (Minardi) 1.35,972 Min.

Absprache unter Teamkollegen: „Wer in der ersten Kurve vorn liegt, gewinnt auch das Rennen.“

auf dem fünften Kontinent gestarteten Piloten blieben 13 im Verlauf des ersten von vermutlich 17 Rennen der Saison 1998 auf der Strecke.

Jacques Villeneuve
beschreibt eine fliegende Runde

Man kommt voll über die Start-Ziel-Gerade im sechsten Gang, also mit rund 300 km/h, und geht runter in den dritten Gang für die Jones-Stand-Schikane, die eingangs gerade mal Tempo 130 verträgt. Es ist in der Bremszone sehr holperig, so daß man leicht einen Fehler machen kann. Auch das Überholen ist trotz der langen Geraden gar nicht so einfach, weil man sehr früh einlenken muß. Bremsen und Einlenken geschieht nahezu gleichzeitig. Und weil man so früh einlenkt, gibt es auch nur eine Linie zu fahren. Ausgangs geht es ganz gut, man kann früh wieder aufs Gas gehen.

Danach geht es mit Tempo 300 zur Brabham-Stand-Haarnadel, die man entweder im ersten oder zweiten Gang nimmt. Vor der Haarnadel, die sehr hart angebremst werden muß, kann man ziemlich gut überholen. Die Linie dieser rechten Haarnadel hat einen großen Einfluß auf die kommende Links, die Hellas Corner. Man ist entweder in der Rechts schnell und muß dann in der Links dafür zahlen, oder man läßt sich zuerst etwas Zeit, ist dafür dann in der Links ziemlich flott. Wie auch immer: Dieser Abschnitt ist sehr interessant. Man beschleunigt voll aus der Haarnadel, schaltet einen Gang höher, meist in den Dritten, und geht dann in die Links, die man aber nicht einsehen kann. Man sieht eigentlich nur Asphalt und Curbs. Wirklich schwierig diese Passage.

Die nächste Rechts, die Whiteford Corner, geht voll im fünften Gang, was etwa 230 km/h bedeuten dürfte. Sehr interessant ist hier, wie man ausgangs auf die Curbs gerät. Vor der Albert Road Corner lenkt man links und muß dann ganz schnell rechts einlenken. Um hier richtig schnell zu sein, muß das Heck ein wenig rutschen. So vermeidet man am besten ein Untersteuern. Wenn man die Albert Road Corner nicht richtig erwischt, kann man ganz leicht drei Zehntel verlieren.

Von da an geht es Vollgas bis zur Clark-Schikane, einer ausgesprochen langweiligen Ecke. Hart bremsen, zweiter Gang, Tempo 100 und wieder raus. Man kann hier zwar leicht einen Fehler machen, aber nichts gewinnen.

Jetzt kommt man zur Waite Corner/Golf Course Corner-Passage. Diese High-Speed-Schikane

Zerzauster Weltmeister: Jacques Villeneuve.

„Ich erwarte einen Platz auf dem Podest. Siege werden erst möglich sein, wenn der Ferrari entsprechend modifiziert ist. Die Teile sind im Bau – das dauert nicht mehr lange. Und von Goodyear erwarte ich auch noch etwas."

Mika Häkkinen und David Coulthard, die zwei „Test-Weltmeister", halten sich als Zweiter und Fünfter noch bedeckt. Im Vorjahr kamen die beiden als Außenseiter und triumphierten. Jetzt sind sie als Favoriten angereist und fahren hinterher.

Das Bild ändert sich samstags: Im Qualifying geben die Silberpfeile souverän den Ton an. Michael Schumacher – „Mit 0,7 Sekunden Rückstand kann ich gut leben." – ist Dritter, dahinter folgen der Titelverteidiger aus Kanada, Melbourne-Pechvo-

Einsam drehten die Silberpfeil-Piloten ihre Runden um den Albert Park. Der Doppelsieg war zu keiner Zeit

ist die einzige Ecke, wo man ganz nah an der Mauer voll in die Bremsen tritt. Es ist verdammt schnell hier. Man trittt hart und kurz auf die Bremse, wirft das Auto rein und steigt sofort wieder aufs Gas. Und den ganzen Weg raus, der ziemlich rutschig ist, springt das Auto und zu allem Überfluß muß man auch noch ständig nachsteuern, weil das Auto untersteuert und man laufend Richtung Gras rutscht. Alles sehr interessant und schnell, eine echte Fun-Kurve.

Auch die folgende Doppelrechts ist gut. Die erste, die Ascari Corner, muß man hart von Tempo 295 anbremsen und runter in den zweiten Gang schalten. Es ist an dieser Stelle sehr rutschig und deswegen muß man dementsprechend vorsichtig wieder aufs Gas steigen. Jetzt beschleunigt man von 110 km/h auf fast 230 km/h. Bei der folgenden Rechts, der Stewart Corner, sieht man den Ausgang nicht, es ist also eine blinde Ecke. Wieder rutschig, wieder interessant, ziemlich flott und spannend, weil die Mauern auf beiden Seiten so nah sind. Wenn man hier einen Fehler macht, ist das gar nicht gut.

Die kommende Haarnadel ist wieder ziemlich simpel. Dafür ist die letzte Kurve, die Prost Corner, sehr spannend. Man beschleunigt erst einmal auf diese Kurve zu, muß dann vom Gas, damit man das Auto einlenken kann und dann sofort wieder beschleunigen. Doch während man beschleunigt, rutscht das Auto gleichzeitig Richtung Mauer. Das ist alles sehr schwierig, macht aber auch viel Spaß. Man sollte hier allerdings keinen Fehler machen, weil die Mauer so nah ist. Und man sollte sie gut erwischen, damit man auf der Start-Ziel-Geraden genügend Schwung hat. Noch ein Tip für die Zuschauer: Ich würde mich irgendwo zwischen Golf Course und Stewart Corner stellen.

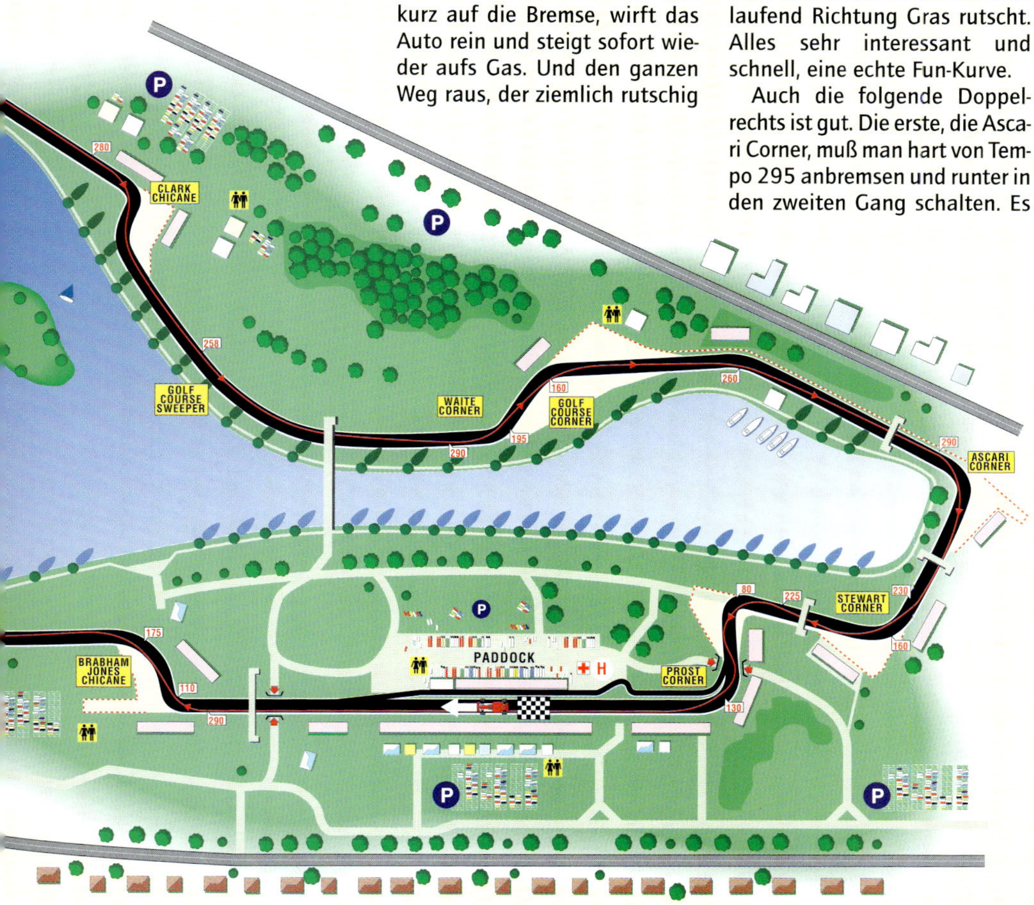

gefährdet, die Frage war lediglich, wie deutlich der Vorsprung am Ende sein würde. Häkkinen und Coulthard überrundeten das ganze Feld.

REISETIPS

Die Hauptstadt des australischen Bundesstaates Victoria ist seit mittlerweile drei Jahren Austragungsort des Saisonauftaktes der Formel-1-WM. Auf den Wiesen des Albert Parks herrscht an den Tagen des Grand Prix eine tolle Stimmung.

Melbournes Hotels verlangen zur Zeit des Grand Prix sehr hohe Zimmerpreise. Aber auch Bed and Breakfast in der Umgebung des Albert Parks kosten beträchtliche Summen. Relativ leicht ist die Anreise zur Strecke. Es führt eine Straßenbahnlinie am Haupteingang der Rennstrecke vorbei.

Albert Park ist das Naherholungsgebiet von Melbourne, doch sind die Bedingungen für die Zuschauer im Vergleich zu anderen Rennstrecken nicht unbedingt optimal. An den zumeist schnellen Passagen sind die Tribünen weit von der Strecke entfernt. Die interessantesten Tribünen sind an Firmenkunden und ihre VIPs verkauft. Die Streckenplätze haben aufgrund der zahlreich vorhandenen Zäune nur einen geringen Unterhaltungswert, so daß man sich auf jeden Fall einen Tribünenplatz leisten sollte. In der ersten Kurve und entlang der Start-Ziel-Geraden sind die Plätze am besten.

Was das Wetter betrifft, muß in Melbourne mit allem gerechnet werden. Die Stadt ist für ihr wechselhaftes Wetter und die Temperaturschwankungen bekannt.

Kartenverkauf
Qantas Australian GP Tickets
Ticketmaster
GPO Box 762G
Melbourne VIC 3001
Australien
Tel. 0061 - 3 - 92568800
Fax 0061 - 3 - 92568840

Preise
ca. 60 - 560 DM
1 Aust. $ = ca. 1,20 DM

1 : 500.000 (1cm ≈ 5 km)

gel Herbert und Heinz-Harald Frentzen am Steuer des zweiten Williams. Der Mönchengladbacher ist sauer – hätten seine Ingenieure bemerkt, daß einer der Stoßdämpfer nicht korrekt arbeitet, dann hätte er besser abschneiden können. HHF: „Ich bin hierher gekommen, weil ich Revanche will. 1997 hätte ich hier siegen können und bekam keinen einzigen Punkt. Aber aus der dritten Startreihe wird es natürlich sehr schwer werden."

Ralf Schumacher, der dritte im deutschen Lager, hat sich gemeinsam mit seinem Jordan-Teamkollegen für die fünfte Startreihe qualifiziert. Das Prestige-Duell gegen den Ex-Weltmeister hat er für sich entscheiden können – sieben Tausendstel Sekunden fehlten Damon Hill unterm Strich. Michael Schumacher ist gar nicht gut auf den Briten zu sprechen, der ihm auf einer schnellen Qualifying-Runde im Weg stand. „Den werde ich zur Rede stellen", wettert Schumacher, „aber unter vier Augen. Was ich ihm zu sagen habe, geht niemanden etwas an." Als er hört, daß sein kleiner Bruder den Erzrivalen vergangener Tage schlagen konnte, lacht er auf: „Wenigstens ein Jordan-Fahrer, auf den man sich verlassen kann!"

Stimmungstief: In Australien kann Schumacher nicht gewinnen.

Bei strahlendem Sonnenschein werden die 103.000 Zuschauer Zeugen eines fehlerfreien Sprints der silbernen Favoriten. Michael Schumacher versucht zwar zu Beginn der Startrunde, das Führungsduo zu splitten, aber David Coulthard wehrt die Attacke des roten Boliden ab und hängt sich in den Windschatten des führenden McLaren-Finnen.

Vier Runden lang zirkuliert das Feld in der Reihenfolge Häkkinen vor Coulthard, Michael Schumacher, Villeneuve,

Ralf Schumacher im Pech

Fisichella, Herbert, Frentzen, Irvine, Hill, Wurz und neun weiteren Fahrern. Rubens Barrichello fehlt wegen eines Getriebeschadens seit dem ersten Umlauf. Im Verlauf der zweiten Runde kollidiert Ralf Schumacher mit Magnussen. Dieser Zwischenfall beendet auch das Rennen von Takagi, dessen Ausweichmanöver mißlingt. Kurz darauf muß dann Pedro Diniz

Frühes Aus für Michael Schumacher: Am Ende von Runde fünf löst sich der Ferrari-Motor in Rauch auf.

RTL TELEVISION

Zuschauerreisen Formel 1

Auch 1999 führen wir unsere seit Jahren beliebten und erfolgreichen RTL-Zuschauerreisen durch.

RTL TELEVISION

Großer Preis von Australien März 1999

Neues Programm.
9/14/21-Tage-Reisen mit Darwin – Ayers Rock – Sidney – Melbourne – Townsville – Cairns. Top Hotels und Eintrittskarten, viele Fahrten und Besichtigungen. Deutsche Reiseleitung.

RTL TELEVISION

Großer Preis von Brasilien März 1999

Rio De Janeiro – São Paulo – Iguaçu. 9- und 14-Tage-Reisen. Top Hotels und Eintrittskarten, Fahrten und Besichtigungen. Deutsche Reiseleitung.

RTL TELEVISION

Großer Preis von Kanada Juni 1999

6/8/14-Tage-Reisen. Kurzreise mit 6/8 Tagen Toronto – Niagara Fälle –Montreal. 14-Tage-Reise mit IndyCar in Detroit – Toronto – Montreal mit Formel 1. Viele Fahrten und Besichtigungen, 1. Klasse Hotels. Deutsche Reiseleitung.

RTL TELEVISION

Großer Preis von China Oktober 1999

8/14-Tage-Reisen mit Hongkong, Macao und China. Deutsche Reiseleitung.
Die Austragung des Grand Prix ist noch nicht bestätigt!

RTL TELEVISION

Großer Preis von Spanien Juni 1999

5-Tage-Flugreise, 1. Klasse Hotel, Fahrten, Besichtigungen, erstklassige Eintrittskarten zum Grand Prix für FR/SA/SO. Deutsche Reiseleitung.

RTL TELEVISION

Großer Preis von Südafrika Oktober 1998

9- und 14-Tage-Reisen, Kapstadt-Gartenroute, Durban Kyalami und Sun City. Top Hotels, Fahrten und Besichtigungen, erstklassige Eintrittskarten zum Grand Prix. Deutsche Reiseleitung.

Restliche Grand Prix auf Anfrage

NEU

NASCAR® Die actionreichste Rennserie der Welt.

Pepsi 400, Daytona/USA Juli 1998

9 Tage Reise mit Daytona – Orlando. 14 Tage Reise mit Daytona – Orlando – New Orleans. Linienflüge, Transfers, Steuern, 1. Klasse Hotels mit Frühstück, Speedway Tour, Top-Eintrittskarten für Training und Rennen. Deutsche Reiseleitung.

Information und Buchung RTL TELEVISION **Zuschauerreisen**

CS-Touristik
Zülpicher Platz 8-10 • 50674 Köln
Tel. 0221-212873 • Fax 0221-244031

kapitulieren. Am Steuer des Reserve-Arrows ist der Brasilianer aus der Boxengasse gestartet, jetzt spielt die Getriebehydraulik verrückt.

Falls sich der Ausfall-Rhythmus nicht ändert, wird sich nach 13 Runden kein Auto mehr im Rennen befinden. Prompt erwischt es den nächsten: Als Schumacher den fünften Umlauf beendet, tönt sein Ferrari plötzlich wie eine Panflöte und rollt kurz hinter der Linie aus. Der Kerpener, der so selbstbewußt gestartet war, ist frustriert: „Während der Testfahrten war der Motor so zuverlässig – ich kann mir das nicht erklären.“ Schumacher vermutet, durch Laub verstopfte Kühler könnten die Überhitzung

Silberpfeile präzise wie ein Uhrwerk

verursacht haben – aber in den Seitenkästen finden die Mechaniker kein einziges Blättchen. Die Analyse in Maranello wird Aufklärung bringen.

Und vorn laufen die Silberpfeile mit absoluter Präzision. Nach nur zehn Runden liegen sie bereits mit einer halben Minute Vorsprung vor dem jetzt drittplazierten Jacques Villeneuve. Später wird McLaren-Chef Ron Dennis verraten, daß seine beiden Schützlinge zu diesem Zeitpunkt nicht mehr Vollgas geben.

Auch die Serie der ersten Boxenstopps ändert an der Reihenfolge der Favoriten nichts. Weiter hinten verschiebt sich allerdings die Hackordnung der – mit Ein-Stopp-Strategie fahrenden – Williams-Piloten. Frentzen bremst sich erst fünf Runden später als Villeneuve zwischen seinen Mechanikern zum Service ein und dreht in dieser Phase derart mächtig auf, daß er Rang drei belegt, als er sich wieder ins Geschehen einreiht. Große Hoffnungen auf WM-Punkte macht er sich allerdings

Déjà vu: Die Fordmotoren platzen weiterhin am spektakulärsten. Für Barrichello ist das kein Trost.

Jacques Villeneuve blieb gegenüber Frentzen blaß, bei Fisichellas Benetton versagte das Material.

Formel-1-Jüngling Esteban Tuero im Minardi (l.) geht auf Tuchfühlung mit Tyrrell-Pilot Ricardo Rosset.

Gewohntes Bild in Melbourne: Wie im Vorjahr stehen Häkkinen und Coulthard auf dem Siegerpodest. Frentzen ist Dritter im Bunde.

ebensowenig wie sein Teamgefährte: Seit Runden drohen die Mecachrome-Motoren der Williams überzukochen. Die Temperaturen steigen in Bereiche,

Verständigungsprobleme bei McLaren

die eigentlich keine Überlebenschance bieten.

Vorn wird es unerwartet dramatisch, als Spitzenreiter Häkkinen nach 36 Umläufen in die Boxengasse abbiegt, dann aber wild gestikulierend weiterrollt, ohne zu stoppen. Seine Crew wundert sich im Dunkel der Boxen – keiner hatte mit dem Erscheinen des Finnen gerechnet. 11,2 Sekunden hat Häkkinen die sinnlose Bummelfahrt durch die Speedlimit-Zone gekostet. Jetzt hat Coulthard Oberwasser. Daran ändern die beiden Service-Stopps der zwei McLaren-Piloten nichts. Das Rennen scheint gelaufen, zumal die beiden Führenden ab Runde 51 die komplette Konkurrenz überrundet haben!

Dann die Riesenüberraschung: Der Schotte nimmt Tempo weg, läßt Häkkinen aufschließen und – unmittelbar vor Beginn der 56. von 58 Runden – vorbeiziehen!

Auf dem Siegerpodest vergießt Mika Häkkinen Freudentränen, die von den Champagner-Fontänen Coulthards und Frentzens weggespült werden. Anschließend ist von einem gemeinsamen Sonntagsspaziergang durch den Albert Park die Rede und dann von dem Pakt, der vor dem Rennen geschlossen wurde: Die Silberpfeil-Piloten hatten ausgemacht, daß derjenige gewinnen soll, der als erster die Startkurve erreicht. „David", lobt der Sieger, „hat sich wie ein Gentleman verhalten." Ganz so war's nicht. Als der Schotte aufgefordert wurde, Platz eins abzugeben, mußte ihn sein Renningenieur rundenlang beknien. Auch Chef Ron Dennis mischte sich ein. „Sag' ihm", raunte er dem Techniker zu, „er werde sein Geld bekommen."

Coulthard hat die vier verlorenen WM-Punkte also immerhin anständig versilbern können.

Großer Preis von Australien 1998

8. März 1998, 1. Lauf. Sonnig, warm, 103.000 Zuschauer

Pl. Fahrer	Team	Zeit/Rückstand
1. Mika Häkkinen (FIN)	McLaren-Mercedes	1:31.45,996 Std.
2. David Coulthard (GB)	McLaren-Mercedes	0,702 Sek.
3. Heinz-Harald Frentzen (D)	Williams-Mecachrome	1 Runde
4. Eddie Irvine (GB)	Ferrari	1 Runde
5. Jacques Villeneuve (CDN)	Williams-Mecachrome	1 Runde
6. Johnny Herbert (GB)	Sauber-Petronas	1 Runde

Weitere
7. Wurz (1 Rd.), 8. Hill (1 Rd.), 9. Panis (1 Rd.)

Ausfälle
Fisichella 44. Rd., Heckflügelaufhängung gebrochen), Alesi (42. Rd., Motor), Trulli (27. Rd., Getriebe), Rosset (26. Rd., Schaltprobleme), Salo (24. Rd., Antrieb), Tuero (23. Rd., Motor), Nakano (8. Rd., Hinterachse), M. Schumacher (6. Rd., Motor), Diniz (3. Rd., Getriebehydraulik), R. Schumacher (2. Rd., Unfall), Magnussen (2. Rd., Unfall), Takagi (2. Rd., Dreher), Barrichello (1. Rd., Getriebe)

WM-Stand
1. Häkkinen (10), 2. Coulthard (6), 3. Frentzen (4), 4. Irvine (3), 5. Villeneuve (2), 6. Herbert (1)

Konstrukteurs-WM
1. McLaren (16), 2. Williams (6), 3. Ferrari (3), 4. Sauber (1)

**Wenige Tage nach dem Großen Preis von Australien war Redaktionsschluß. Das Buch ging in den Druck.
Zu allen folgenden Rennen finden Sie Vorberichte – und die Tabellen zum Selbstausfüllen. Gerne schicken wir Ihnen AM SAISONENDE die kompletten Rennergebnisse zu. Senden Sie uns einfach einen frankierten Rückumschlag.**

ZEITGEIST VERLAG
Postfach 111335
40513 Düsseldorf

![Brazil flag]

2. LAUF

29. MÄRZ 1998

INTERLAGOS

Großer Preis von Brasilien

In Brasilien dominierte 1997 Jacques Villeneuve, während Teamkollege Frentzen ein schwarzes Wochenende erlebte. Nach der Startkarambolage gab es einen Neustart, den Michael Schumacher zwar gewann, doch sein Ferrari hatte zu wenig Topspeed. Schnell waren dagegen Gerhard Berger und Bridgestone-Pilot Olivier Panis. Der Franzose bescherte den japanischen Gummiköchen das erste Highlight.

Autodromo José Carlos Pace São Paulo

Distanz: 72 Runden à 4,292 km (309,024 km)
Schnellste Runde 1997: Jacques Villeneuve (CDN), Williams-Renault, in 1.18,397 Min. (197,089 km/h)
Schnitt des Siegers 1997: 192,905 km/h

Historie

Erster Grand Prix von Brasilien 1973 in São Paulo
Sieger Emerson Fittipaldi (BR), Lotus-Ford

Sieger der letzten 10 Rennen

1997	Jacques Villeneuve (CDN)	Williams-Renault
1996	Damon Hill (GB)	Williams-Renault
1995	Michael Schumacher (D)	Benetton-Renault
1994	Michael Schumacher (D)	Benetton-Ford
1993	Ayrton Senna (BR)	McLaren-Ford
1992	Nigel Mansell (GB)	Williams-Renault
1991	Ayrton Senna (BR)	McLaren-Honda
1990	Alain Prost (F)	Ferrari
1989	Nigel Mansell (GB)	Ferrari
1988	Alain Prost (F)	McLaren-Honda Turbo

Häufigste Sieger
6x Prost (82, 84, 85, 87, 88, 90), 3x Reutemann (77, 78, 81)

Großer Preis von Brasilien 1997

30. März 1997, 2. Lauf. Mäßig warm, bedeckt, 55.000 Zuschauer

Pl. Fahrer	Team	Zeit/Rückstand
1. Jacques Villeneuve (CDN)	Williams-Renault	1:36.06,990 Std.
2. Gerhard Berger (A)	Benetton-Renault	4,190 Sek.
3. Olivier Panis (F)	Prost-Mugen-Honda	15,870 Sek.
4. Mika Häkkinen (FIN)	McLaren-Mercedes	33,033 Sek.
5. Michael Schumacher (D)	Ferrari	33,731 Sek.
6. Jean Alesi (F)	Benetton-Renault	34,020 Sek.

Weitere
7. Herbert (50,912 Sek. zurück), 8. Fisichella (1.00,639 Min.), 9.Frentzen (1.15,402 Min.), 10. Coulthard (1 Runde), 11. Larini (1 Rd.), 12. Trulli (1 Rd.), 13. Salo (1 Rd.), 14. Nakano (1 Rd.), 15.Verstappen (2 Rd.), 16.Irvine (2 Rd.), 17.Hill (4 Rd.), 18. Katayama (5 Rd.)

Ausfälle
Hill (69. Runde, Ölleck/aufgrund der zurückgelegten Distanz gewertet), R. Schumacher (53. Rd., Elektronik), Barrichello (17. Rd., Aufhängung), Diniz (16. Rd., Dreher), Magnussen (Nichtstarter)

Als erstes die Besonderheit dieser Strekke: Interlagos und Imola sind die einzigen aktuellen Kurse, die gegen den Uhrzeigersinn gefahren werden. Viele Fahrer behaupten, daß sie dadurch anstrengend zu fahren seien, was ich nicht nachvollziehen kann. Dafür geht es in Brasilien nach Start und Ziel direkt mit einer Kurve los, die man nicht richtig einsehen kann. Grundsätzlich ist die Kurve kein Problem, auch wenn es schwer ist, den richtigen Bremspunkt zu finden. Eine weitere Schwierigkeit in der gesamten Senna-S-Passage entsteht durch mögliches Untersteuern. Tritt das auf, kann man nicht früh genug wieder aufs Gas gehen, was dann automatisch die langgezogene Curva do Sol verpfuscht. Und die sollte man schon optimal erwischen, weil danach eine lange

Ralf Schumacher beschreibt eine fliegende Runde

Vor dem Rennen 97 bekam Ralf noch

ein paar Tips von Bruder Michael.

Gerade kommt, auf der man über 300 km/h erreicht.

Als nächstes kommt die relativ scharfe Subida do Lago. Aufpassen muß man hier beim Bremsen: Nur ein bißchen zu spät und schon hängt man im Kiesbeet. Erschwerend kommt hinzu, daß es in der Bremszone ein wenig wellig ist, was das Auto nervös macht. Rausbeschleunigen aus dem scharfen Teil der Kurve ist kein Problem, allerdings kommt man dann in den langgezogenen Teil der Linkskurve, und hier ist es extrem wellig, so daß man richtiggehend durchgeschüttelt wird.

RTL

Sendezeiten

SAMSTAG, 28. MÄRZ
16.45 h Zeittraining (bis ca. 18.15 h)

SONNTAG, 29. MÄRZ
17.00 h Countdown
17.55 h Das Rennen
19.45 h Highlights (bis ca. 20.15 h)

2. LAUF

29. MÄRZ 1998

Elendsviertel und eine rekultivierte Müllhalde liegen in unmittelbarer Nähe der Rennstrecke.

REISETIPS

São Paulo ist die Business-Metropole Brasiliens und das südamerikanische Wirtschaftszentrum schlechthin. Trotzdem ist die Stadt eine Reise wert. Wer viel Geld mitbringt, kann hier ein gutes Leben führen, denn São Paulo besitzt wunderbare Restaurants, zahlreiche gute Hotels und attraktive Unterhaltungsmöglichkeiten.

Die Stadt erstickt jedoch im Verkehrschaos, und die Armut ist genauso sichtbar wie in anderen Regionen Brasiliens. Entsprechend hoch ist die Kriminalität. Mit teurem Schmuck oder Gepäck sollte hier niemand durch die Straßen laufen.

Der Weg zur Rennstrecke führt am Stadtteil Morumbi vorbei, auf dessen Friedhof Ayrton Senna beerdigt ist. Die Fahrtzeit aus dem Zentrum beträgt ca. 30 Minuten. Bricht der Verkehr zusammen, muß man jedoch mindestens eine Stunde einkalkulieren.

Das Streckengelände des Autodromo José Carlos Pace lag früher in einem ruhigen Vorort São Paulos. Mittlerweile ist die Stadt an Interlagos herangewachsen.

Die aus den dreißiger Jahren stammende Anlage bietet den Zuschauern eine sehr gute Übersicht. Wer auf den oberen Plätzen der Tribünen der Subida dos Boxes und der eine lange Linkskurve bildenden Start-Ziel-Geraden sitzt, überblickt die gesamte vorhergehende Kurvenfolge. Die Tribünen im Bereich des Senna-S bieten Action, weil hier in der Bremszone des Linksknicks die meisten Überholmanöver stattfinden.

Kartenverkauf
Interpro S.C. Ltda.
Rua Prof. Arthur Ramos, 183
Jardim Paulistano
01454 - 011 São Paulo - SP
Brasilien
Tel. 0055 - 11 - 8135775
Fax 0055 - 11 - 2124079

Preise
ca. 70 - 500 DM
Landeswährung Real

Mit rund 290 Sachen geht es weiter zur Ferradura, die rund 190 km/h erlaubt. Schlimm ist es, wenn hier das Auto untersteuert. Dann ist man sowohl eingangs wie ausgangs zu langsam. Das Problem hatten wir bei Jordan im vergangenen Jahr.

Die folgende Pinheirinho ist eine Rechts-Links-Kombination und hat in beiden Teilen wieder das Problem des Untersteuerns. Man kann sich hier ein weiteres Mal ganz leicht die Reifen ruinieren. Kurvenausgangs gibt es wieder Schwierigkeiten mit der Traktion. Die Räder drehen durch und man kommt nicht von der Stelle.

Kommt man doch vom Fleck, fliegt man mit rund 210 km/h auf die Cotovelo zu, mit etwa 80 km/h die langsamste Stelle der Strecke. Das Reinbremsen in diese Kurve ist wirklich übel, weil sie unheimlich zumacht. Die sieht anfangs einfach schneller aus, als sie dann in Wirklichkeit ist. Man ist also immer wieder versucht, sie flott anzufahren, und erst wenn man drinnen ist, wacht man auf und realisiert, daß die Kurve immer enger wird. Doch dann ist es schon zu spät und man steckt in der Grütze. Zum Ausgleich hat man dann ausgangs wieder Schwierigkeiten, die Kraft auf den Boden zu kriegen.

Die folgende Mergulho ist so uneben, daß man nie richtig weiß, wo man rauskommt. Deswegen geht man diese Kurve immer ein wenig mit spitzen Fingern an und ist sehr sensibel auf dem Gas.

Mit rund 250 schießt man auf die Juncao. Auf keinen Fall darf man hier zu schnell reingehen. Denn dann muß man vom Gas. Und das Tempo, das man dadurch an dieser Stelle verliert, macht sich ganz bitterlich auf der folgenden langen Geraden bemerkbar. Also ist auch hier Selbstdisziplin angesagt. Lieber ein wenig zu langsam rein und optimal raus als umgekehrt.

Insgesamt sieht die Strecke einfach aus. Was das Set-Up des Autos angeht, ist der Kurs allerdings verdammt anspruchsvoll. Als Zuschauer würde ich mich in die erste Kurve stellen oder auf die Tribünen der Gegengeraden, dann kann man nämlich die Strecke von der Curva do Sol bis zur Subida do Lago einsehen.

Chaos bei Start eins: Die Williams nahmen eine Abkürzung, Irvine und Fisichella sorgten für Wirbel.

RENNREPORT ZUM AUSFÜLLEN

Startaufstellung

Pole Häkkinen ~~Coulthard~~	2. Coulthard
3. Frentzen	4. Schumacher
5. Wurz	6. Irvine
7. Fisichella	8. R. Schumacher
9. Panis	10. Villeneuve
11. Hill	12. Trulli
13. Barrichello	14. Herbert
15. Alesi	16. Magnussen
17. Takagi	18. Nakano
19. Tuero	20. Salo
21. Rosset	22. Diniz

Pole-Zeit 1.17,092 Min.

Wetter bitte ankreuzen

Training

☐ ☐ ☐ ☐

Rennen

☐ ☐ ☒ ☒ zum Schluß

Zieleinlauf

Fahrer		Punkte
1. Häkkinen	1:37:11,747	10
2. Coulthard	1:37:12,849	6
3. M. Schumacher	1:38:12,297	4
4. Wurz	1:38:19,200	3
5. Frentzen	1:37:14,445	2
6. Fisichella	1:37:19,574	1
7. Villeneuve		
8. Irvine		
9. Alesi		
10. Magnussen		
11. Herbert	Ausfall	
12.		
13.		
14.		
15.		
16.		
17.		
18.		
19.		
20.		

WM-Stand nach 2 Läufen

Fahrer	Punkte
1. Häkkinen	20
2. Coulthard	12
3. Frentzen	6
4. M. Schumacher	4
5. Irvine/Wurz	3
6.	
7. Villeneuve	2
8. Herbert/Fisichella	1
9.	
10.	
11.	
12.	
13.	
14.	
15.	
16.	
17.	
18.	
19.	
20.	

Notizen

Beste Runde: Häkkinen
1.19.337
Rekord: Villeneuve 97
1.18.397
52611 Zuschauer

Ausfälle

Fahrer/Runde/Ursache

Herbert 67R. Aufgabe
Panis 63 Getriebeschaden
Barrichello 56 "
Rosset 52 "
Tuero 44 Dreher
Diniz 26 Getriebeschaden
Takagi 19 Motorschaden
Salo 18 "
Trulli 17 Benzinpumpenschaden
Nakano 3 Dreher
R. Schumacher 0 Dreher

Konstrukteurs-WM nach 2 Läufen

Team	Punkte
1. McLaren-Mercedes	32
2. Williams-Mecachrome	8
3. Ferrari	7
4. Benetton-Mecachrome	4
5. Sauber-Petronas	1
6.	
7.	
8.	
9.	

3. LAUF

12. APRIL 1998

BUENOS AIRES

Großer Preis von Argentinien

Im vergangenen Jahr erlebten die Zuschauer, wie sich Ferrari-Star Michael Schumacher bereits in der ersten Kurve vom Rennen verabschiedete. Dafür hetzte sein Teamkollege Eddie Irvine den späteren Sieger Jacques Villeneuve in einem tollen Kampf um den Kurs und wurde mit Platz zwei belohnt. Und Ralf Schumacher kam in seinem dritten Formel-1-Rennen auf Rang drei.

Autodromo Oscar A. Galvez

Distanz: 72 Runden à 4,259 km (306,648 km)
Schnellste Runde 1997: Gerhard Berger (A), Benetton-Renault, in 1.27,981 Min. (174,269 km/h)
Schnitt des Siegers 1997: 164,155 km/h

Historie

Erster Grand Prix von Argentinien 1953
Sieger Alberto Ascari (I), Ferrari

Sieger der letzten 10 Rennen

1997	Jacques Villeneuve (CDN)	Williams-Renault
1996	Damon Hill (GB)	Williams-Renault
1995	Damon Hill (GB)	Williams-Renault
1981	Nelson Piquet (BR)	Brabham-Ford
1980	Alan Jones (AUS)	Williams-Ford
1979	Jacques Laffite (F)	Ligier-Ford
1978	Mario Andretti (USA)	Lotus-Ford
1977	Jody Scheckter (SA)	Wolf-Ford
1975	Emerson Fittipaldi (BR)	McLaren-Ford
1974	Denis Hulme (NZ)	McLaren-Ford

Häufigster Sieger
4x Fangio (1954 - 57)

Großer Preis von Argentinien 1997

13. April 1997, 3. Lauf. Heiß, leicht bedeckt, 60.000 Zuschauer

Pl. Fahrer	Team	Zeit/Rückstand
1. Jacques Villeneuve (CDN)	Williams-Renault	1:52.01,715 Std.
2. Eddie Irvine (GB)	Ferrari	0,979 Sek.
3. Ralf Schumacher (D)	Jordan-Peugeot	12,089 Sek.
4. Johnny Herbert (GB)	Sauber-Petronas	29,919 Sek.
5. Mika Häkkinen (FIN)	McLaren-Mercedes	30,351 Sek.
6. Gerhard Berger (A)	Benetton-Renault	31,393 Sek.

Weitere
7. Alesi (46,359 Sek. zurück), 8. Salo (1 Runde), 9. Trulli (1 Rd.), 10. Magnussen (6 Rd.)

Ausfälle
Magnussen (67. Runde, Öldruck/aufgrund der zurückgelegten Distanz gewertet), Larini (64. Rd., Dreher), Diniz (51. Rd., Getriebe), Nakano (50. Rd., Hydraulik), Verstappen (44. Rd., Benzindruck), Katayama (38. Rd., Dreher), Hill (34. Rd., Hydraulik), Fisichella (25. Rd., Unfall), Barrichello (25. Rd., Hydraulik), Panis (19. Rd., Hydraulik), Frentzen (6. Rd., Hydraulik), M. Schumacher (1. Rd., Unfall), Coulthard (1. Rd., Unfall)

Eines ist sicher: Im Autodromo von Buenos Aires muß man unheimlich präzise fahren. Der Kurs ist sehr eng und zudem auch noch ausgesprochen rutschig. Wichtig ist also, daß man ein Auto mit guter Traktion und jeder Menge Abtrieb hat.

Auf dieser Strecke ist man meistens im zweiten oder dritten Gang. Die einzige Ausnahme ist die große Ascari-Kurve auf der Rückseite des Kurses. Hier sind wir voll im sechsten Gang, und das ist wirklich aufregend.

Ich genieße es jedesmal, in Argentinien zu sein. Und das liegt nicht nur daran, daß es genau so warm ist wie in Brasilien, sondern auch an der großen Unterstützung, die ich hier jedesmal von den Zuschauern erhalte.

Doch jetzt sollten wir langsam mal losfahren. In der ersten Kurve, der sogenannten Nummer Eins, ist man im dritten Gang und erreicht ungefähr 110 km/h. Die folgende Kurve, die Curva Confiteria, nimmt man im zweiten Gang. Die ist

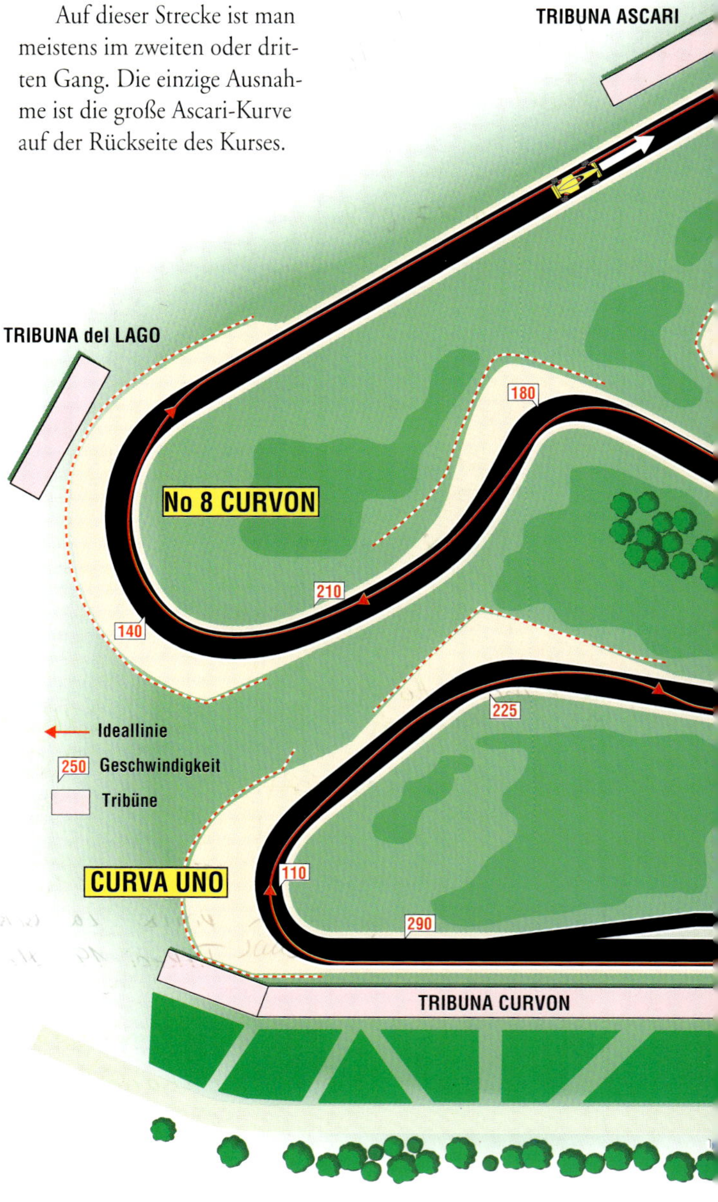

Rubens Barrichello beschreibt eine fliegende Runde

ziemlich eng, man kann sie höchstens mit Tempo 90 durchfahren. Dann beschleunige ich voll durch die Vierte-Gang-Links, die mit rund 180 km/h ausgesprochen viel Spaß macht. Am Kurvenausgang sollte man sich dann möglichst links halten, weil es gleich danach in eine langgezogene Rechtskurve geht. Man kommt dabei mit rund 210 km/h angeflogen.

Für diese Dritte-Gang-Kurve muß das Auto ausgesprochen hecklastig sein, weil es hier zahlreiche Bodenwellen gibt. Die Passage durchfährt man mit rund 140 km/h, unmittelbar darauf schalte ich in den höchsten Gang. Mit Vollgas, also rund 290 Sachen, geht es durch die Ascari.

Als nächstes muß man hart in die Bremsen steigen, um die wirklich enge Rechtskurve vor

Rubens Barrichello fiel 1997 mit Hydraulikschaden vorzeitig aus.

RTL Sendezeiten

SAMSTAG, 11. APRIL
17.55 h Zeittraining (bis ca. 19.15 h)

SONNTAG, 12. APRIL
17.00 h Countdown
17.55 h Das Rennen (bis ca. 20.15 h)
Highlights*
*Bitte auf aktuellen Programmhinweis achten

SONNTAG, 19. APRIL
13.45 h STW Hockenheim 1. Lauf (bis ca. 15.45 h)

3. LAUF

12. APRIL 1998

RENNREPORT ZUM AUSFÜLLEN

Startaufstellung

Pole Coulthard	2. M. Schumacher
3. Häkkinen	4. Irvine
5. R. Schumacher	6. Frentzen
7. Villeneuve	8. Wurz
9. Hill	10. Fisichella
11. Alesi	12. Herbert
13. Takagi	14. Barrichello
15. Panis	16. Trulli
17. Salo	18. Diniz
19. Nakano	20. Tuero
21. Rosset	22. Magnussen

Pole-Zeit 1.26,251 Min.

Wetter bitte ankreuzen

Training

☐ ☐ ☐ ☐

Rennen

☐ ☐ ☒ ☒

Zieleinlauf

Fahrer	Punkte
1. M. Schumacher	10
2. Häkkinen	6
3. Irvine	4
4. Wurz	3
5. Alesi	2
6. Coulthard	1
7. Fisichella	
8. Hill	
9. Frentzen	
10. Barrichello	
11. Trulli	
12. Takagi	
13. Nakano	
14. Rosset	
15. Panis	
16.	
17.	
18.	
19.	
20.	

WM-Stand nach 3 Läufen

Fahrer	Punkte
1. Häkkinen	26
2. M. Schumacher	14
3. Coulthard	13
4. Irvine	7
5. Frentzen / Wurz	6
6.	
7. Villeneuve / Alesi	2
8.	
9. Herbert / Fisichella	1
10.	
11.	
12.	
13.	
14.	
15.	
16.	
17.	
18.	
19.	
20.	

Notizen

Schnellste Runde
Wurz 1:28,179 = 173,878 km
Runden Rekord - Berger Benetton
1:27,981 = 174,269 km/h.
55000 Zuschauer
Kollision in der 6. Runde
zw. M. Schumacher + Coulthard
Kampf an die Spitze

Ausfälle

Fahrer/Runde/Ursache

Panis 65 Motorschaden
Tuero 63 Unfall
Villeneuve 52 Kollision Coulthard
Herbert 46 Reifenschaden nach Kollision mit Hill
R. Schumacher 22 Hinterradaufhängung gebrochen
Salo 18 Getriebeschaden
Magnussen 17 Antriebsschaden
Diniz 13 Getriebeschaden

Konstrukteurs-WM nach 3 Läufen

Team	Punkte
1. McLaren-Mercedes	39
2. Ferrari	21
3. Williams-Benetton	8
4.	
5. Sauber-Petronas	3
6.	
7.	
8.	
9.	

dem S-Geschlängel zu erwischen. In dieser Mixtos muß ich in den ersten Gang schalten, und mehr als 80 km/h sind nicht drin. Von da aus beschleunige ich voll durch die Esses-Kombination. Für die folgende Rechtskurve Ombu muß man von Tempo 200 wieder auf rund 115 km/h runterbremsen.

Die Passage nach der Esses ist gar nicht so einfach und bedarf einer ganzen Menge Arbeit der Piloten. Man steigt zuerst voll aufs Gas, dann geht es hart auf die Bremse. Danach schaut man auf eine kleine Gerade, die den fünften Gang und rund 250 km/h erlaubt.

Die nun folgende Links-Rechts-Passage, das Senna-S, durchfährt man im zweiten Gang mit lediglich 70 km/h. Direkt danach reiße ich die Gänge bis in den sechsten, nur um mit Tempo 260 die letzten Kurven zu erreichen.

Die Horquilla wird wiederum im zweiten Gang und mit höchstens 85 km/h genommen. Der leichte Linksknick vor der Ziellinie ist eigentlich keine Kurve im engeren Sinne. Man nimmt das Ding voll, ohne es richtig zu merken. Und wenn man dann auch schon über die Ziellinie kommt, sollte man rund 250 km/h drauf haben. Wenn das der Fall ist, kann man sicher sein, daß man Curva Uno in der richtigen Verfassung ansteuern wird.

In seinem dritten Grand Prix fuhr Ralf Schumacher auf Platz drei.

Den Start gewann 1997 Villeneuve. Für Teamkollege Frentzen war das Rennen nach sechs Runden wegen Hydraulikproblemen zu Ende.

REISETIPS

Buenos Aires ist eine faszinierende Stadt mit einer langen Motorsportgeschichte. Und das Autodromo Oscar A. Gálvez im Süden der argentinischen Hauptstadt erinnert in seiner Streckenführung zum großen Teil noch an die alten Zeiten, als der fünffache argentinische Weltmeister Juan-Manuel Fangio hier in größter Hitze einige seiner besten Rennen fuhr.

Obwohl ja gerade die alten Streckenanlagen normalerweise über die besten Zuschauerplätze verfügen, kann Buenos Aires nicht mit guten Tribünen aufwarten, denn ein großer Teil der Strecke schlängelt sich in starken Windungen durch ein Innenfeld, das nicht begehbar ist und in das man dementsprechend keine Tribünen bauen konnte. Deshalb sind die aus den Glanzzeiten Fangios stammende Haupttribüne zusammen mit den hochaufragenden Tribünen der Ascari-Kurve noch am ehesten zu empfehlen.

Für die vielleicht eingeschränkte Sicht entschädigt ein Ausflug in eines der zahllosen (BSE-freien) Steakhäuser von Buenos Aires, als deren Besucher man nicht unbedingt Vegetarier sein sollte. Die Stadt verfügt über eine große Anzahl hervorragender Hotels verschiedener Preisklassen und ist auf jeden Fall europäischer, eleganter und sicherer als andere südamerikanische Metropolen. Wer argentinische Folklore sucht, findet diese am alten Hafen im Caminitos-Viertel, wo sich der ganze Charme und die Wehmut des Nationalgesangs Tango zeigen. Spätestens hier wird auch der letzte Zweifler vom Charme der Stadt gefangengenommen.

1 : 600.000 (1cm ≈ 6 km)

Kartenverkauf
Gran Premio Rep. Argentina S.A.
L. N. Alem 592, Piso 12
1001 Buenos Aires
Argentinien
Tel. 0054 - 1 - 3147200
Fax 0054 - 1 - 3132129

Preise
ca. 230 - 700 DM
Landeswährung Peso

4. LAUF

26. APRIL 1998

IMOLA

Großer Preis von San Marino

Ich verrate kein Geheimnis, wenn ich sage, daß der Grand Prix von San Marino für Ferrari einen hohen Stellenwert hat. Die Unterstützung, die wir hier von den Fans kriegen, ist beeindruckend.

Imola ist ein Rennen, auf das ich mich immer freue. Ich

Die Presse hatte ihn bereits zum Loser des Jahres gemacht: Heinz-Harald Frentzen wurde mit Häme und Spott bedacht. In Imola sicherte sich der Williams-Pilot seinen ersten Formel-1-Sieg nach einer tadellosen Vorstellung und einem harten, fairen Duell mit Michael Schumacher.

RTL

Sendezeiten

SAMSTAG, 25. APRIL
12.45 h Zeittraining (bis ca. 14.15 h)

SONNTAG, 26. APRIL
13.00 h Countdown
13.50 h Das Rennen
16.00 h Highlights (bis ca. 16.45 h)

Eddie Irvine beschreibt eine fliegende Runde

mag es, wieder nach Europa zu kommen. Alles beruhigt sich ein wenig, und der ganze Ablauf wird ein bißchen normaler.

Okay, fangen wir mal die Runde an. Du bist im sechsten Gang und fast bei Tempo 300, wenn du die Tamburello erreichst. Diese erste Schikane hat einen langsamen Zweite-Gang-Kurveneingang, aber im Laufe der Passage schaltest du hoch und wirst dabei immer schneller. Am Kurvenausgang mußt du bereits in den Vierten schalten.

Die Anfahrt zur Villeneuve ist sehr flott, wieder fast Tempo 300. Der erste Teil, der Linksknick, ist viel schneller als man meint. Der geht im vierten Gang. Man muß sich so gut es geht links halten, damit man mit einem schnellen Richtungswechsel abrupt rechts einlenken kann.

Die Tosa ist eine schnelle, langgezogene Linkshaarnadel, die im zweiten Gang mit rund 100 km/h genommen und spät angebremst wird. Dabei wird das Auto ziemlich leicht. Danach kommt eine sehr schnelle Linkskurve, die Piratella, die im Vierten mit rund 180 km/h durchfahren wird. Es ist wirklich schwierig, die Piratella richtig zu erwischen.

Der steil abfallende Weg runter zur Acque Minerali ist verflixt wellig und der Beginn der Minerali ist sehr schnell. Fünfter Gang und 240 km/h. Der Kurvenausgang, der im Zweiten genommen wird, macht es dir sehr schwer, ihn hundertprozentig zu nehmen, bevor du den Hügel hochbeschleunigst.

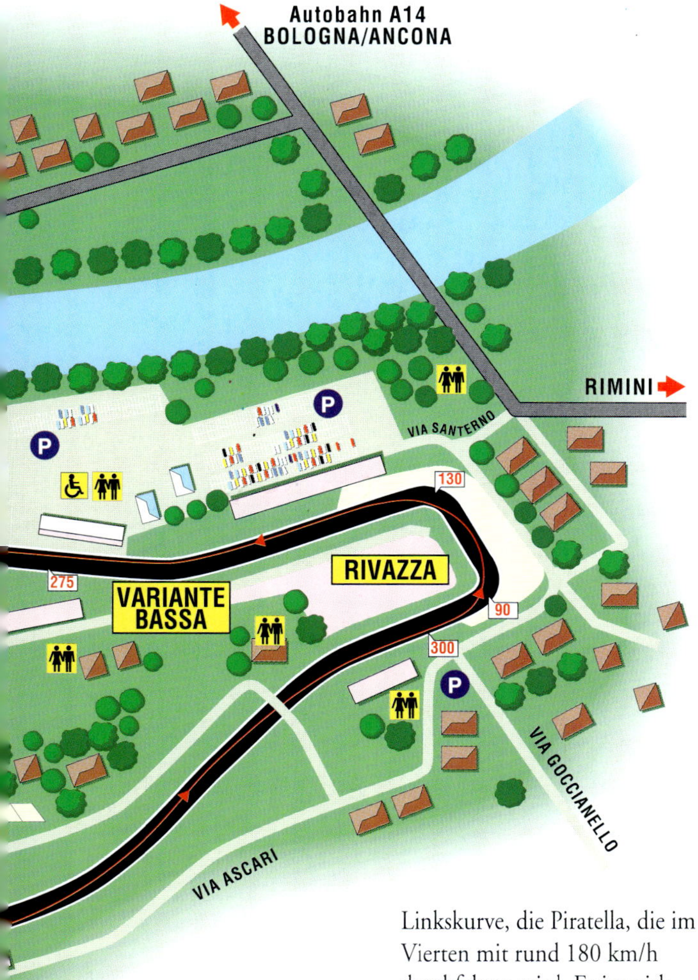

Autodromo Enzo e Dino Ferrari

Distanz: 62 Runden à 4,930 km (305,660 km)
Schnellste Runde 1997: Heinz-Harald Frentzen (D), Williams-Renault, in 1.25,531 Min. (207,503 km/h)
Schnitt des Siegers 1997: 201,509 km/h

Historie

Erster Grand Prix in Imola 1980 als Grand Prix von Italien
Sieger Nelson Piquet (BR), Brabham-Ford
Erster Grand Prix von San Marino in Imola 1981
Sieger Nelson Piquet (BR), Brabham-Ford

Sieger der letzten 10 Rennen

1997	Heinz-Harald Frentzen (D)	Williams-Renault
1996	Damon Hill (GB)	Williams-Renault
1995	Damon Hill (GB)	Williams-Renault
1994	Michael Schumacher (D)	Benetton-Ford
1993	Alain Prost (F)	Williams-Renault
1992	Nigel Mansell (GB)	Williams-Renault
1991	Ayrton Senna (BR)	McLaren-Honda
1990	Riccardo Patrese (I)	Williams-Renault
1989	Ayrton Senna (BR)	McLaren-Honda
1988	Ayrton Senna (BR)	McLaren-Honda Turbo

Häufigste Sieger

je 3x Prost (84, 86, 93), Senna (88, 89, 91)

Großer Preis von San Marino 1997

27. April 1997, 4. Lauf. Kühl, bedeckt, zum Rennende leichter Regen, 100.000 Zuschauer

Pl. Fahrer	Team	Zeit/Rückstand
1. Heinz-Harald Frentzen (D)	Williams-Renault	1:31.00,673 Std.
2. Michael Schumacher (D)	Ferrari	1,237 Sek.
3. Eddie Irvine (GB)	Ferrari	1.18,343 Min.
4. Giancarlo Fisichella (I)	Jordan-Peugeot	1.23,388 Min.
5. Jean Alesi (F)	Benetton-Renault	1 Runde
6. Mika Häkkinen (FIN)	McLaren-Mercedes	1 Runde

Weitere

7. Larini (1 Runde zurück), 8. Panis (1 Rd.), 9. Salo (2 Rd.), 10. Verstappen (2 Rd.), 11. Katayama (3 Rd.)

Ausfälle

Diniz (54. Runde, Getriebe), Villeneuve (41. Rd., Getriebe), Coulthard (39. Rd., Motor), Barrichello (33. Rd., Benzindruck), Herbert (19. Rd., Elektrik), R. Schumacher (18. Rd., Antriebswelle), Nakano (12. Rd., Unfall), Hill (12. Rd., Unfall), Berger (5. Rd., Dreher), Magnussen (3. Rd., Dreher), Trulli (Nichtstarter, Getriebe)

Von den Ferrari-Piloten flankiert: Frentzens erster Formel-1-Sieg.

Die Variante Alta wird wieder sehr spät angebremst. Hier handelt es sich um eine schwierige Dritte-Gang-Schikane. Schwierig deswegen, weil man sie um einiges schneller nehmen kann, wenn man den Einlenkpunkt eher erahnend vorwegnimmt, als auf ihn zu warten. Wenn es dir hier gelingt, die optimale Geschwindigkeit zu halten, dann kannst du sehr viel Zeit gewinnen.

Bergab erreichst du dann wieder den sechsten Gang und Tempo 300. Und auch die folgende Rivazza wird wieder sehr spät angebremst. Im Kurveneingang ist es extrem holperig und auch hier sollte man wieder sehr früh einlenken. Lenkst du nur ein klein wenig zu spät ein, wirst du mit einem heftigen Untersteuern bestraft, was es wiederum kaum erlaubt, daß Auto für den zweiten Teil der Linkskurve unter Kontrolle zu halten.

Die nächste Rechtskurve geht voll und dann mußt du aber auch schon für die Variante Bassa bremsen. Die ist sehr tricky und zu allem Überfluß ist es auch noch wegen der folgenden langen Geraden ungeheuer wichtig, den Ausgang richtig zu erwischen. Dann geht es an den Boxen vorbei und du schaltest die Gänge auf ein neues durch.

Den Start gewann 1997 Jacques Villeneuve zwar, doch er mußte mit Getriebeproblemen aufgeben.

In Imola betritt die Formel 1 nach den Überseerennen traditionell erstmals europäischen Boden.

REISETIPS

Imola ist mit dem Auto über die gut ausgebauten italienischen Autobahnen einfach zu erreichen. Die Stadt ist 30 km südlich von Bologna in der Reggio Emilia gelegen und verfügt nur über wenige freie Hotelzimmer, denn die Region ist zur Zeit des GP hoffnungslos ausgebucht. Aber die ca. 50 km entfernte Adria hat mit ihren Küstenorten ein unerschöpfliches Zimmerangebot, da Ende April die Saison noch nicht begonnen hat.

Wer an der Adria übernachtet, sollte auf der Autobahn jedoch nicht die Ausfahrt „Imola" benutzen, sondern sowohl von Norden als auch von Süden kommend eine Ausfahrt früher abfahren, denn Imola selbst ist an den Renntagen hoffnungslos verstopft.

Camper finden in Imola nur wenige Möglichkeiten. Für Wohnmobile gibt es rund um die Strecke genügend Plätze, die allerdings von den italienischen Fan-Clans eifersüchtig bewacht werden. Aber im Gebiet der Variante Alta und auf der anderen Seite der Brücke über den Santerno gibt es auch für nicht-italienische Wohnmobile genügend Platz.

Die Rennstrecke von Imola ist relativ lang und hügelig, und das bedeutet für den Fan je nach Sitzplatz teilweise erhebliche Wanderungen. Da die Zufahrtswege traditionell total verstopft sind, sollte man ausreichende Fußmarschzeiten einplanen.

Seit dem Umbau von 1994 hat Imola ein paar seiner interessantesten Streckenpassagen verloren. Die Tosa, früher der Höhepunkt des Kurses, ist heute eine müde Kurve, und in der Aqua Minerale sind die Kiesbeete schier endlos ausgedehnt worden. Die interessantesten Stellen sind deshalb heute die Rivazza sowie die Schikane vor Start und Ziel. Wer es italienisch-folkloristisch liebt, kann sich auf den im Innenfeld der Rivazza gelegenen Hügel begeben, der am Renntag von Menschen übersät ist und, sofern man einen guten Platz hat, einen wunderbaren Überblick bis hin zu Start-Ziel erlaubt.

1 : 2.100.000 (1cm ≈ 21 km)

Kartenverkauf
SAGIS S.p.A.
Ufficio Biglietteria
Piazzale Leonardo da Vinci, 1
I - 40026 Imola
Tel. 0039 - 542 - 34116
Fax 0039 - 542 - 34159

Preise
ca. 80 - 500 DM
1.000 Lire = ca. 1,– DM

RENNREPORT ZUM AUSFÜLLEN

Startaufstellung

Pole Coulthard	2. Häkkinen 1.26.075
3. M. Schumacher 1.26.437	4. Irvine 1.27.169
5. Wurz 1.27.273	6. Villeneuve 1.27.340
7. Hill	8. Frentzen
9. R. Schumacher	10. Fisichella
11. Herbert	12. Alesi
13. Panis	14. Salo
15. Takagi	16. Trulli
17. Barrichello	18. Diniz
19. Tuero	20. Magnussen
21. Nakano	22. Rosset

Pole-Zeit 1.25,973 Min.

Wetter bitte ankreuzen

Training

☒ Sonne ☒ Sonne/Wolken ☐ Wolken ☐ Regen

Rennen

☒ Sonne ☒ Sonne/Wolken ☐ Wolken ☐ Regen

Zieleinlauf

Fahrer	Punkte
1. Coulthard 1:34:24,593	10
2. M. Schumacher 1:34:29,147	6
3. Irvine 1:35:16,368	4
4. Villeneuve 1:35:19,183	3
5. Frentzen 1:35:42,069	2
6. Alesi 1:34:30,693	1
7. R. Schumacher	
8. Tuero	
9. Salo	
10. Hill *	
11. Panis *	
12.	
13.	
14.	
15.	
16.	
17.	
18.	
19.	
20.	

WM-Stand nach 4 Läufen

Fahrer	Punkte
1. Häkkinen	26
2. Coulthard	23
3. M. Schumacher	20
4. Irvine	11
5. Frentzen	8
6. Wurz	6
7. Villeneuve	5
8. Alesi	3
9. Herbert / Fisichella	1
10.	
11.	
12.	
13.	
14.	
15.	
16.	
17.	
18.	
19.	
20.	

Notizen

Schnellste Runde M. Schumacher
1:29.345 = 198,645 km/h
Rekord. Frentzen 97 1:25,531 = 207.503 km/h
100 000 Zuschauer

Ausfälle

Fahrer/Runde/Ursache

Hill * 57 Motorschaden
Panis * 56 "
Rosset 48 "
Takagi 40 "
Trulli 34 Defektes Gaspedal
Nakano 27 Motorschaden
Diniz 18 "
Häkkinen 17 Getriebe
Fisichella 17 Unfall
Wurz 17 Motorschaden
Herbert 12 Missverständnis
Magnussen 8 Getriebe
Barrichello 0 Dreher

Konstrukteurs-WM nach 4 Läufen

Team	Punkte
1. McLaren	49
2. Ferrari	31
3. Williams	13
4. Benetton	7
5. Sauber	4
6.	
7.	
8.	
9.	

5. LAUF

10. MAI 1998

BARCELONA

Großer Preis von Spanien

Der Spanien-Grand-Prix von 1997 hatte vor allem ein Thema: die Reifen. Goodyear hatte viel zu weiche Mischungen nach Barcelona gebracht – für die Piloten die reinste Lotterie. Dennoch siegte mit Villeneuve wieder ein Goodyear-Fahrer. Und wieder war es Olivier Panis, der mit seinem Bridgestone-bereiften Prost in die Phalanx der amerikanischen Ex-Monopolisten eindrang.

Circuit de Catalunya

Distanz: 65 Runden à 4,728 km (307,320 km)
Schnellste Runde 1997: Giancarlo Fisichella (I), Jordan-Peugeot, in 1.22,242 Min. (206,960 km/h)
Schnitt des Siegers 1997: 200,314 km/h

Historie

Erster Grand Prix von Spanien 1951 in Pedrables
Sieger Juan-Manuel Fangio (ARG), Alfa Romeo
Erster Grand Prix auf dieser Strecke 1991
Sieger Nigel Mansell (GB), Williams-Renault

Sieger der letzten 10 Rennen

1997	Jacques Villeneuve (CDN)	Williams-Renault
1996	Michael Schumacher (D)	Ferrari
1995	Michael Schumacher (D)	Benetton-Renault
1994	Damon Hill (GB)	Williams-Renault
1993	Alain Prost (F)	Williams-Renault
1992	Nigel Mansell (GB)	Williams-Renault
1991	Nigel Mansell (GB)	Williams-Renault
1990	Alain Prost (F)	Ferrari
1989	Ayrton Senna (BR)	McLaren-Honda
1988	Alain Prost (F)	McLaren-Honda Turbo

Häufigste Sieger
je 3x Stewart (69 - 71), Mansell (87, 91, 92), Prost (88, 90, 93)

Großer Preis von Spanien 1997

25. Mai 1997, 6. Lauf. Wolkig, warm, 65.000 Zuschauer

Pl. Fahrer	Team	Zeit/Rückstand
1. Jacques Villeneuve (CDN)	Williams-Renault	1:30.35,896 Std.
2. Olivier Panis (F)	Prost-Mugen-Honda	5,804 Sek.
3. Jean Alesi (F)	Benetton-Renault	12,534 Sek.
4. Michael Schumacher (D)	Ferrari	17,979 Sek.
5. Johnny Herbert (GB)	Sauber-Petronas	27,986 Sek.
6. David Coulthard (GB)	McLaren-Mercedes	29,744 Sek.

Weitere
7. Häkkinen (48,785 Sek. zurück), 8. Frentzen (1.04,139 Min.), 9. Fisichella (1.04,767 Min.), 10. Berger (1.06,670 Min.), 11. Verstappen (1 Rd.), 12. Irvine (1 Rd.), 13. Magnussen (1 Rd.), 14. Morbidelli (2 Rd.), 15. Trulli (2 Rd.)

Ausfälle
Diniz (54. Runde, Motor), R. Schumacher (51. Rd., Motor), Barrichello (38. Rd., Motor), Salo (36. Rd., Reifen), Nakano (35. Rd., Getriebehydraulik), Hill (19. Rd., Motor), Katayama (12. Rd., Hydraulik)

RTL

Sendezeiten

SAMSTAG, 9. MAI
12.45 h F1-Zeittraining (bis ca. 14.15 h)

SONNTAG, 10. MAI
11.50 h STW Eifelrennen 2. Lauf
13.15 h FORMEL 1: Countdown
13.50 h Das Rennen
16.00 h Highlights (bis ca. 16.45 h)

Barcelona ist eine Strecke, die ich wirklich mag. Hier habe ich die ersten Punkte meiner Formel-1-Karriere errungen. Das war 1995 mit Ligier, und seitdem hoffe ich, daß ich diesen Erfolg hier wiederholen kann.

Nach der Start-Ziel-Geraden bremst man von rund 310 km/h extrem spät für die erste Kurve, die Elf, die im zweiten Gang mit rund 140 km/h genommen wird. Normalerweise hat man hier eine ganze Menge Untersteuern. Das ist sehr störend, da es doch besonders wichtig ist, aus dieser Kurve gut rauszukommen.

Die folgende Renault-Kurve ist eine Vierte-Gang-Rechts, die mit 225 km/h durchfahren wird. Sie ist enorm herausfor-

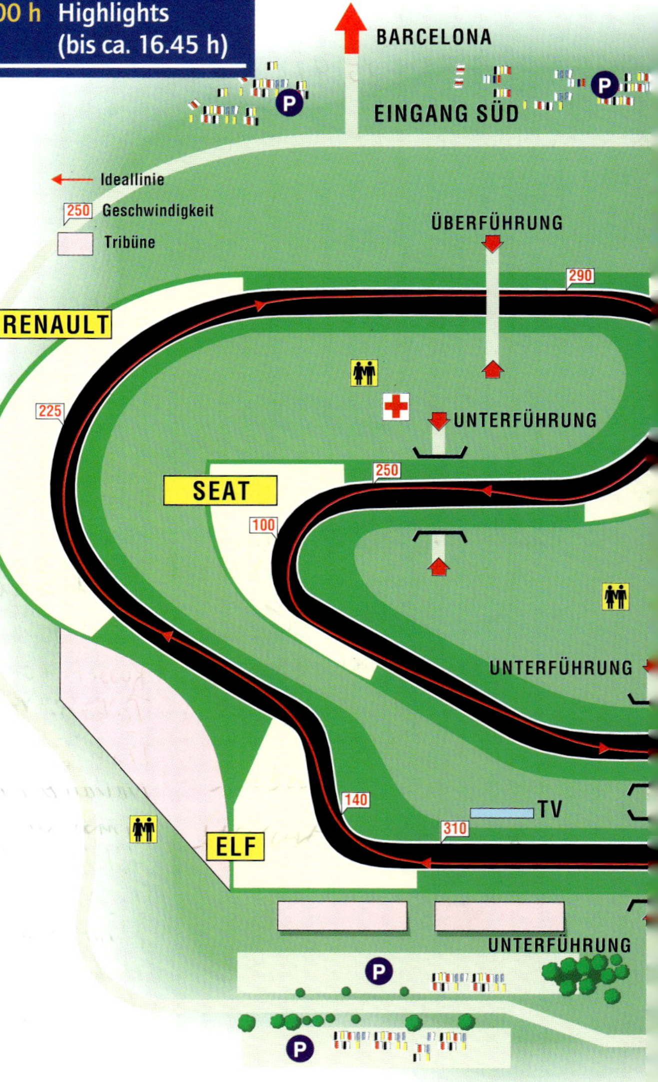

dernd. Eine Kurve, die in der vergangenen Saison mit den verbesserten Reifen, zumindest wenn diese frisch waren, absolut voll genommen werden konnte.

Danach bremst man wieder sehr spät die Repsol an. So spät, daß Brems- und Einlenkpunkt zusammenfallen. Es ist verdammt holperig dort und deswegen auch sehr schwierig. Normalerweise nimmt man die Repsol im zweiten Gang, und es passiert immer wieder, daß das Auto hier stark zum Untersteuern tendiert.

Die nächste Kurve, die Seat, ist mit 100 km/h der langsamste Punkt der Strecke. Klar, daß

Pedro Diniz beschreibt eine fliegende Runde

Pedro Diniz 1997 in Barcelona mit einem spektakulären Dreher.

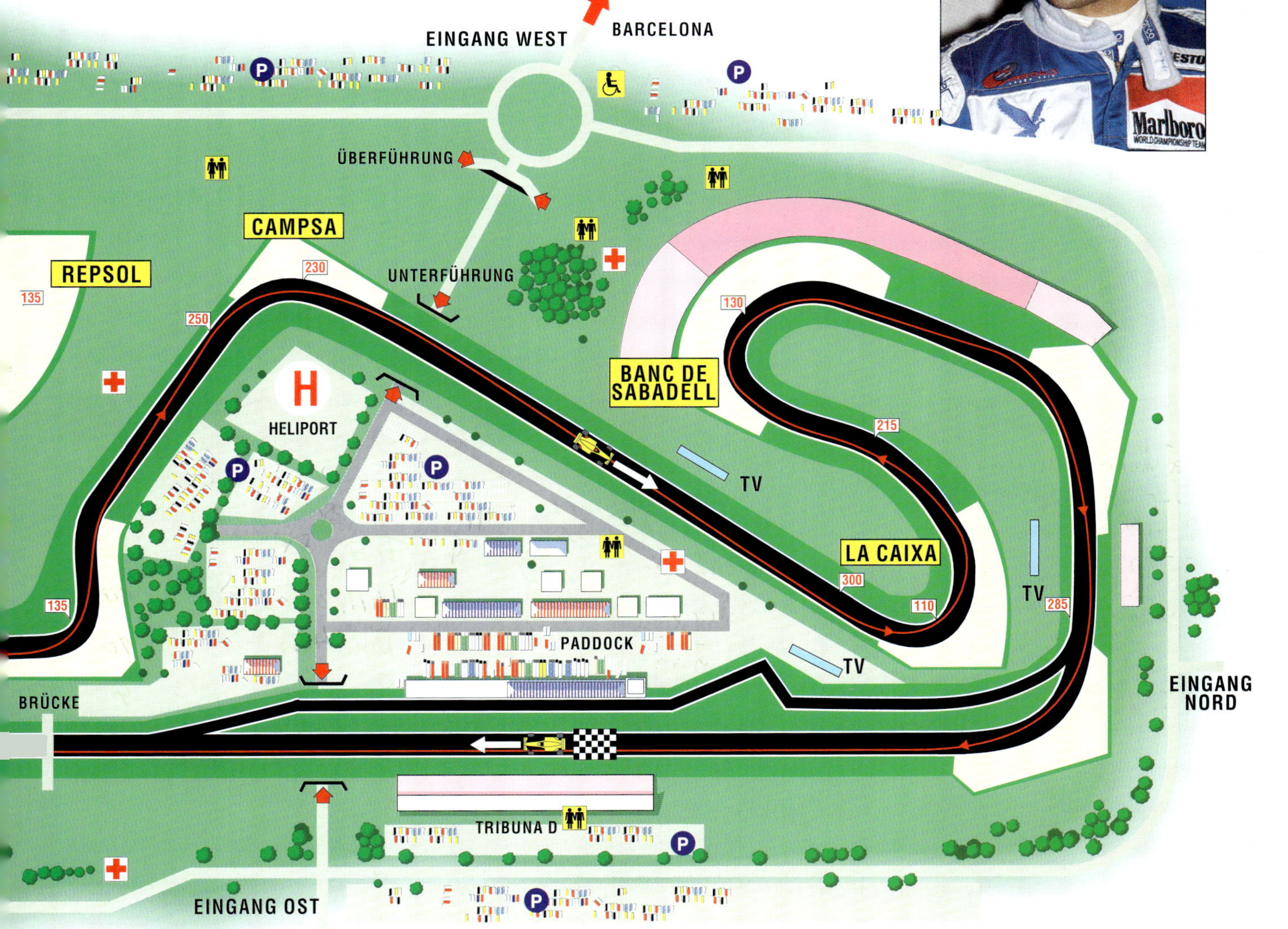

5. LAUF

10. MAI 1998

RENNREPORT ZUM AUSFÜLLEN

Startaufstellung

Pole Häkkinen	1:20,996
	2. Coulthard
1:21,785	1:21,894
3. M. Schumacher	4. Fisichella
1:21,965	1:22,350
5. A. Wurz	6. Irvine
7. Herbert	8. Hill
9. Barrichello	10. Villeneuve
11. R. Schumacher	12. Panis
13. Frentzen	14. Alesi
15. Diniz	16. Trulli
17. Salo	18. Magnussen
19. Tuero	20. Nakano
21. Takagi	22.

Pole-Zeit 1.20,262 Min.

Wetter bitte ankreuzen

Training

☐ sonnig ☒ heiter/wolkig ☐ bewölkt ☐ Regen

Rennen

☐ sonnig ☒ heiter/wolkig ☐ bewölkt ☐ Regen

Zieleinlauf

	Fahrer	Punkte
1.	Häkkinen	10
2.	Coulthard	6
3.	M. Schumacher	4
4.	Wurz	3
5.	Barrichello	2
6.	Villeneuve	1
7.	Herbert	
8.	Frentzen	
9.	Trulli	
10.	Alesi	
11.	R. Schumacher	
12.	Magnussen	
13.	Takagi	
14.	Nakano	
15.	Tuero	
16.	Panis *	
17.		
18.		
19.		
20.		

WM-Stand nach 5 Läufen

	Fahrer	Punkte
1.	Häkkinen	36
2.	Coulthard	29
3.	M. Schumacher	24
4.	Irvine	11
5.	Wurz	9
6.	Frentzen	8
7.	Villeneuve	6
8.	Alesi	3
9.	Barrichello	2
10.	Herbert/Fisichella	1
11.		
12.		
13.		
14.		
15.		
16.		
17.		
18.		
19.		
20.		

Notizen

Rekord Fisichella
Jordan Peugeot 1:22,242
209,96 km/h

Schnellste Runde:
Häkkinen 1:24,275
201,967 km/h

65000 Zuschauer

Ausfälle

Fahrer/Runde/Ursache

Panis * 60 Hydraulic Defekt
Hill 46 Motorschaden
Fisichella 28 Kollision mit Irvine
Irvine Kollision 28
Salo 21 Motorschaden
Diniz 20 "

Konstrukteurs-WM nach 5 Läufen

	Team	Punkte
1.	McLaren	65
2.	Ferrari	35
3.	Williams	14
4.	Benetton	10
5.	Sauber	4
6.	Stewart	2
7.		
8.		
9.		

Der Kurs vor den Toren Barcelonas wird auch während der Wintermonate von den Teams sehr gerne zu Testzwecken aufgesucht.

man hier im ersten Gang ist. Im Kurvenausgang ist es von großer Wichtigkeit, ausreichend Traktion zu finden.

Die nächste Kurvenkombination hat einen netten Ausgang, so ein klein bißchen bergaufsteigend. Man muß sowohl links innen als auch rechts innen die Curbs ganz vorsichtig mitnehmen. Hier nichts falsch zu machen ist schon tricky. Ganz wichtig ist auch das Beschleunigen aus der Kurve.

Die Campsa ist mittlerweile eine sehr schnelle Kurve. Rund 230 km/h stehen hier an, man ist im vierten Gang, nimmt ganz kurz das Gas weg, und schon geht es mit Vollgas wieder heraus. Mit 300 rauscht man Richtung La Caixa, die sehr wellig und ebenfalls sehr schwierig anzubremsen ist. La Caixa ist eine Zweite-Gang-Kurve und sehr schwer richtig zu erwischen. Sie neigt dazu, beim Rausbeschleunigen eine Menge Untersteuern zu verursachen.

Die nächste Rechtskurve, die Banc de Sabadell, ist eine weitere Zweite-Gang-Kurve. Und eine weitere Kurve, die in der Anbremszone enorm holperig und deswegen sehr schwer richtig zu nehmen ist. Die Traktion ist hier das große Problem, zumal die Strecke in diesem Bereich auch noch nach außen abfällt. Dadurch hat man in der Beschleunigungspassage mit heftigem Übersteuern zu kämpfen.

Dafür geht die nächste Kurve voll im vierten Gang. Diese letzte Kurve ist Klasse, sie geht bergab, ist mit 285 wirklich schnell. Man fühlt an dieser Stelle jede Menge Querbeschleunigung.

Grundsätzlich ist zu sagen, daß Barcelona körperlich sehr anstrengend ist, besonders wegen der g-Kräfte, die hier enorm hoch sind. Zudem ist sie für uns Piloten sehr schwer zu fahren. Man kann jede Menge Fehler machen.

REISETIPS

Der WM-Lauf von Spanien ist mittlerweile zum Grand Prix der Busreisen geworden. Viele Reiseveranstalter bieten ihre Costa-Brava-Fahrten am GP-Wochenende als Formel-1-Busreisen an.

Ähnlich wie in Imola, wo die Adriaküste ausreichende Bettenkapazitäten aufweist, verfügt die Costa Brava zur Grand-Prix-Zeit über genügend Übernachtungs- und Unterhaltungsmöglichkeiten für die Fans. Für Camper und Wohnmobil-Freunde steht ein großes, allerdings wildes Areal hinter der Haupttribüne im Bereich des Osteingangs zur Verfügung. Der Platz ist jedoch nicht sehr attraktiv, denn die Rennstrecke liegt in einem tristen Industrievorort nordöstlich von Barcelona.

Die nahegelegene Autobahn sowie eine direkt an der Strecke vorbeiführende Bahnlinie sorgen für gute Zufahrtsmöglichkeiten zur Strecke, was allerdings den Stau nach dem Rennen noch nie verhindert hat.

Die Rennstrecke besitzt ausreichende Tribünenkapazitäten, die allerdings nicht alle zu empfehlen sind. Actionreich ist die Tribüne vor der Einfahrt zur Elf-Schikane. Auch die Hügel im Bereich der Seat-Kurve sind übersichtlich. Der Bereich Banc de Sabadell läßt dagegen keine Atmosphäre aufkommen und ist deshalb auch nur selten gut besucht.

Der Große Preis von Spanien ist eine Reise wert, weil durch die günstigen Pauschalarrangements die Reisekasse nicht übermäßig strapaziert wird.

Kartenverkauf
Circuit de Catalunya
Mas la Moreneta
Apartat de Correus 27
E - 08160 Montmelò/Barcelona
Tel. 0034 - 3 - 5719700
Fax 0034 - 3 - 5723061

Preise
ca. 100 - 400 DM
100 Ptas. = ca. 1,18 DM

1 : 1.200.000 (1cm ≈ 12 km)

6. LAUF

24. MAI 1998

MONTE CARLO

Großer Preis von Monaco

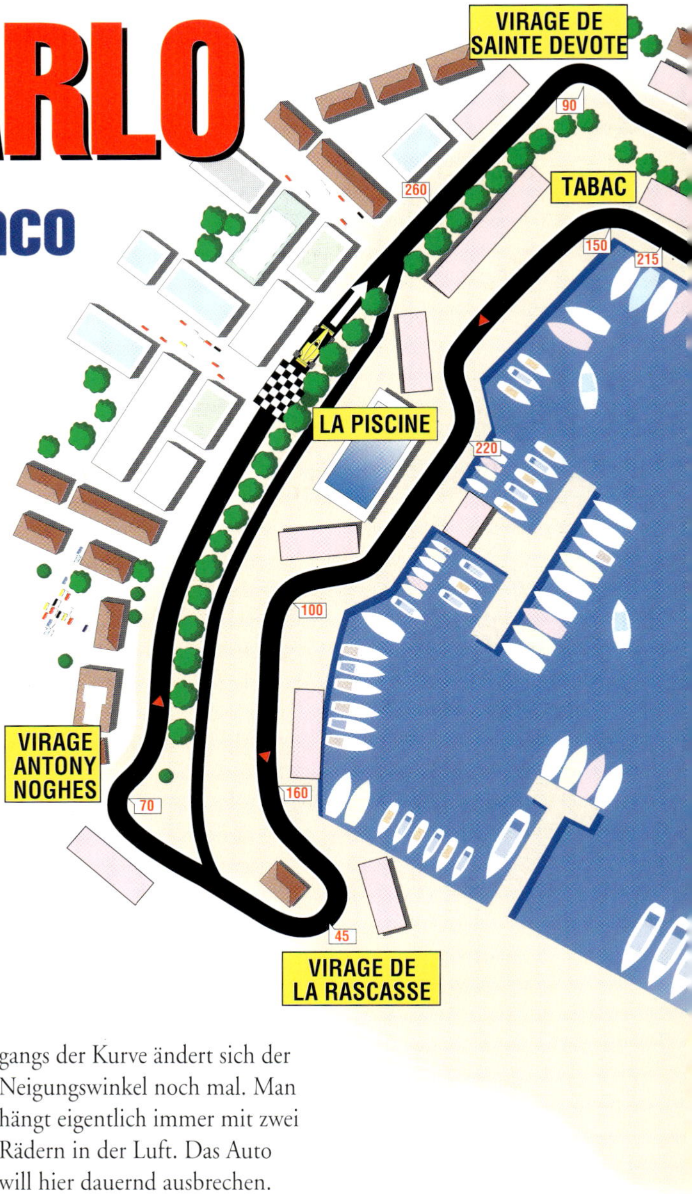

Monaco entwickelt sich immer mehr zur Michael-Schumacher-Strecke. Bei strömendem Regen deklassierte der Ferrari-Pilot 1997 die gesamte Konkurrenz. Der Brasilianer Rubens Barrichello brachte seinen Stewart-Ford überraschend als Zweiter ins Ziel – Teamchef Jackie Stewart kamen die Tränen. Und Williams? Das Team schickte seine Stars auf Slicks in die Wasserschlacht...

Heinz-Harald Frentzen beschreibt eine fliegende Runde

Auf der Start-Ziel-Geraden geht es im sechsten Gang bei etwa 260 km/h los. Runter in den zweiten Gang in die Ste. Dévote. Beim Rausbeschleunigen muß man aufpassen, daß man außen nicht die Leitplanke mitnimmt. Manchmal bricht das Auto aus, und das könnte dann schon für die Planken reichen. Im Qualifying plant man sogar ein ganz leichtes Anlehnen ein.

Jetzt geht es hoch zum Casino. Das sieht auf dem Streckenplan alles relativ gerade aus, aber wenn man im Auto sitzt, geht es doch die ganze Zeit links und rechts. Du fährst praktisch mit Tempo 250 von einer Plankenseite zur anderen den Berg rauf – überholen unmöglich.

Und jetzt kommt eine Feinheit: Mit Tempo 250 kommst du auf die Virage Massenet zu. Und exakt beim Anbremspunkt hört die Steigung auf, das Auto wird also ganz leicht und man muß höllisch aufpassen, daß man beim Anbremsen das Heck nicht verliert. Die Kurve ist verdammt unübersichtlich. Man starrt eigentlich die ganze Zeit nur gegen die kurveninnere Leitplanke, bis die Planke plötzlich einen Knick macht. Es ändert sich nämlich der Kurvenradius. Da ist es wichtig, daß man den Zeitpunkt zum Rausbeschleunigen nicht verpennt.

Im dritten Gang muß man nun abrupt lupfen, um das Casino richtig zu erwischen. Ein ganz heikles Ding, weil sich hier die Asphaltneigung ändert. Plötzlich fällt die Strecke nämlich nach links ab. Und ausgangs der Kurve ändert sich der Neigungswinkel noch mal. Man hängt eigentlich immer mit zwei Rädern in der Luft. Das Auto will hier dauernd ausbrechen.

Mit 215 km/h geht es an der Tip-Top-Bar vorbei zur Mi-

Villeneuve und Frentzen hatten 1997 nichts zu lachen. Das Team schickte sie mit Slicks ins Regenrennen.

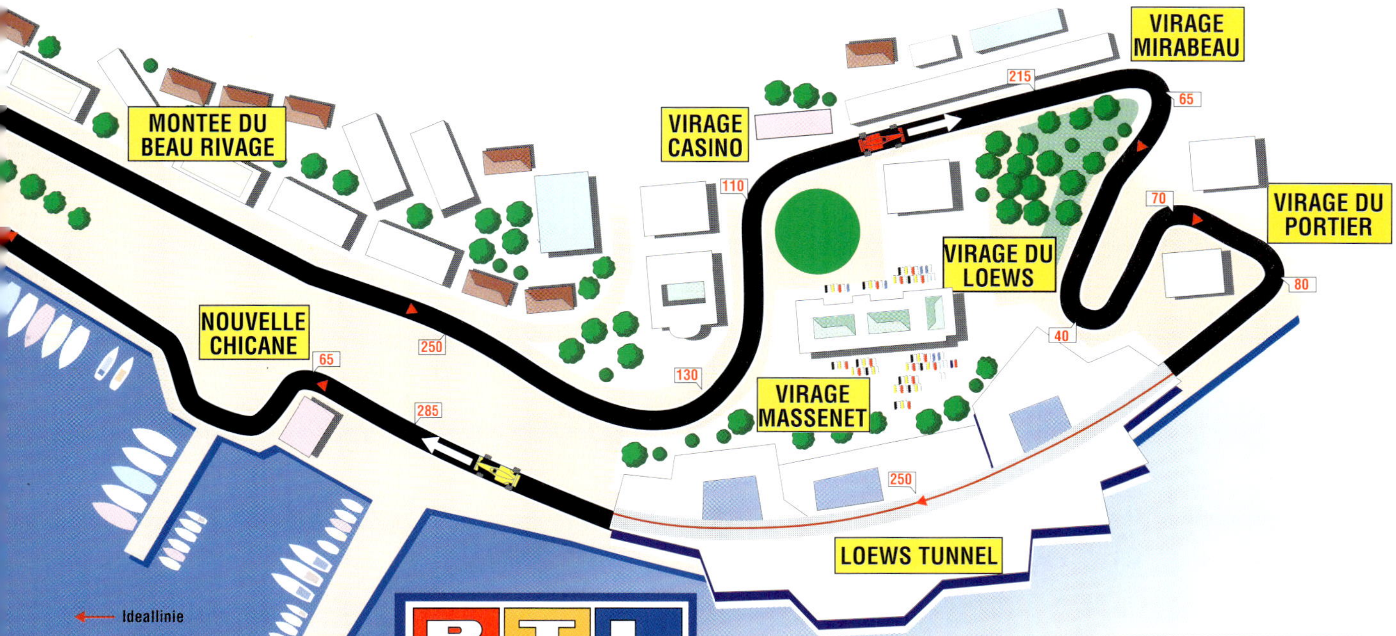

RTL

Sendezeiten

SAMSTAG, 23. MAI

12.45 h F1-Zeittraining (bis ca. 14.15 h)

SONNTAG, 24. MAI

12.30 h STW Sachsenring 3. Lauf

13.45 h FORMEL 1: Countdown

14.20 h Das Rennen

16.30 h Highlights (bis ca. 17.45 h)

rabeau, die 65 km/h schnell ist. Hier muß man zumindest im Qualifying auf eines aufpassen: Wer ganz innen fährt, läuft Gefahr, in die Abflußrinne zu geraten, und da bleibt dann gerne das kurveninnere Rad beim Bremsen stehen. Sachte rausbeschleunigen im zweiten Gang, es geht ohne Haftung steil bergab. Es folgt die Loews, mit 40 km/h die langsamste Stelle der ganzen Saison. Vorsichtig anbremsen, weil hier wieder die Vorderräder stehen bleiben wollen. Wer hier nur ein bißchen zu schnell ist, kommt nicht um die Kurve. Man kann einfach nicht mehr tun, als die Lenkung voll einzuschlagen.

Sensibles Rausbeschleunigen zur folgenden Rechts, die zwei Linien erlaubt: entweder voll über die inneren Randsteine oder sauber über die Strecke. Letzteres ist etwas langsamer, aber das Auto wird nicht so nervös. Wieder ganz leicht Gas geben bis zur simplen Virage du Portier. Wichtig ist nur, daß man hier genug Speed mitnimmt für den langen Tunnel, der blind mit Tempo 250 durchschossen wird.

Dann kommt die Schikane, die von außen ziemlich einfach aussieht. Sie ist aber tückisch, weil der Bremspunkt exakt auf einer Kuppe liegt. Hier einen Millimeter zu spät gebremst und

Circuit de Monte Carlo

Distanz: 78 Runden à 3,367 km (262,626 km)
Schnellste Runde 1997: Michael Schumacher (D), Ferrari, in 1.53,315 Min. (106,937 km/h)
Schnitt des Siegers 1997: 104,264 km/h

Historie

Erster Grand Prix von Monaco 1950
Sieger Juan-Manuel Fangio (ARG), Alfa Romeo

Sieger der letzten 10 Rennen

1997	Michael Schumacher (D)	Ferrari
1996	Olivier Panis (F)	Ligier-Mugen-Honda
1995	Michael Schumacher (D)	Benetton-Renault
1994	Michael Schumacher (D)	Benetton-Ford
1993	Ayrton Senna (BR)	McLaren-Ford
1992	Ayrton Senna (BR)	McLaren-Honda
1991	Ayrton Senna (BR)	McLaren-Honda
1990	Ayrton Senna (BR)	McLaren-Honda
1989	Ayrton Senna (BR)	McLaren-Honda
1988	Alain Prost (F)	McLaren-Honda Turbo

Häufigste Sieger

6x Senna (87, 89 - 93), 5x G. Hill (63 - 65, 68, 69), 4x Prost (84 - 86, 88), je 3x Stewart (66, 71, 73), M. Schumacher (94, 95, 97)

Großer Preis von Monaco 1997

11. Mai 1997, 5. Lauf. Warm, Regen, 100.000 Zuschauer

Pl. Fahrer	Team	Zeit/Rückstand
1. Michael Schumacher (D)	Ferrari	2:00.05,654 Std.
2. Rubens Barrichello (BR)	Stewart-Ford	53,802 Sek.
3. Eddie Irvine (GB)	Ferrari	1.22,108 Min.
4. Olivier Panis (F)	Prost-Mugen-Honda	1.44,402 Min.
5. Mika Salo (FIN)	Tyrrell-Ford	1 Runde
6. Giancarlo Fisichella (I)	Jordan-Peugeot	1 Runde

Weitere

7. Magnussen (1 Runde zurück), 8. Verstappen (2 Rd.), 9. Berger (2 Rd.), 10. Katayama (2 Rd.)

Ausfälle

Frentzen (40. Runde, Unfall), Nakano (37. Rd., Unfall), Larini (25. Rd., Unfall), Alesi (17. Rd., Dreher), Villeneuve (17. Rd., Unfall), R. Schumacher (11. Rd., Unfall), Herbert (10. Rd., Unfall), Trulli (7. Rd., Unfall), Coulthard (2. Rd., Dreher), Häkkinen (2. Rd., Unfall), Hill (2. Rd., Unfall), Diniz (1. Rd., Unfall)

6. LAUF

24. MAI 1998

REISETIPS

Das Fürstentum am Mittelmeer ist – auch für die Fans – der Höhepunkt jeder Formel-1-Saison. Die Schwimmbadsektion mit der Hafenkulisse, die Casino-Kurve mit dem weltberühmten Blick auf Casino und Hotel de Paris bezaubern die Zuschauer jedes Jahr aufs neue.

Geheimtip ist die kleine Tribüne bei der Einfahrt zur Boxengasse. Wer hier relativ weit oben sitzt, kann die Fahrer auf ihrem Weg vom Fahrerlager zur Boxengasse beobachten und auf der Rückseite die Strecke von der Ausfahrt aus der Schwimmbadschikane bis hin zur Rascasse-Kurve einsehen. Wer es gerne richtig laut mag, sollte sich ein teures Mittagessen mit Aussichtsplatz auf die Bergab-Gerade hin zur Mirabeau-Kurve leisten. Hier donnern die Boliden direkt am gedeckten Tisch vorbei.

Da alljährlich zeitgleich mit dem Rennen in Cannes die internationalen Filmfestspiele stattfinden, ist die Côte d'Azur um Christi Himmelfahrt komplett ausgebucht. Wer nicht schon im Vorjahr gebucht hat, wird aller Voraussicht nach kein Bett mehr finden. Selbst bis weit nach Italien hinein sind die Hotels voll. Wohnmobile oder Zelte sind in der Umgebung des Fürstentums nicht gern gesehen. Nur oberhalb Monacos sowie in den Urlaubsorten östlich und westlich davon existieren einige Campingplätze.

Am sinnvollsten ist die Anreise per Bahn. Von Italien und von Cannes kommend bringen zahlreiche Züge an den Grand-Prix-Tagen die Fans ins Fürstentum.

Kartenverkauf
Automobile Club de Monaco
23, Boulevard Albert 1er
MC - 98012 Monaco
Tel. 00377 - 93106001
Fax 00377 - 93258008

Preise
ca. 65 - 600 DM
100,- FF = ca. 30,- DM

1 : 600.000 (1cm ≈ 6 km)

Michael in der Loews-Kurve, der langsamsten Ecke der F1-Saison.

du kriegst das Auto nicht mehr gestoppt. Zu allem Überfluß ist die Bremswirkung auch noch vermindert, weil es bergab geht.

Die Tabak-Kurve wurde neu asphaltiert und ist jetzt relativ sauber. Man sieht beim Einlenken den Ausgang nicht und setzt die inneren Räder ganz knapp neben die Leitplanken. Aber du darfst die Planke niemals auch nur ganz leicht berühren. Passiert das, spielst du Plankenpingpong bis zum Schwimmbad.

Die Schwimmbadpassage ist schneller geworden. Beim Einlenken nur ein wenig lupfen und dann wieder aufs Gas. Der Rechtsknick verträgt 220 km/h. Aufpassen, daß man den Anbremspunkt für die folgende Rechts-Links nicht verpaßt. Diese Passage erlaubt auch wieder zwei Möglichkeiten: entweder sanft oder die harte Tour über die Randsteine. Die harte Tour ist wegen der Leitplanken gefährlicher. Ausgangs des Schwimmbades neigt man dazu, sowohl innen als auch außen die Planken zu berühren. Wenn das härter passiert, zerwürfelt es dich bis zur Rascasse.

Die Rascasse ist auch sehr unangenehm, weil man nie den Scheitelpunkt erkennen kann. Wenn man nur ein wenig zu schnell reinkommt, dreht es einen raus. Man muß das Auto sauber übersteuernd auf der Ideallinie um die Ecke zirkeln.

Dann kommt endlich die letzte Kurve, für die man kräftig vom Gas gehen muß. Hier kann das Auto leicht übersteuern und sich dann vorne in die Kurve reindrehen. Wenn man nah an der Planke ist, wirft es dich dann sofort auf die kurvenäußere Planke. Das macht einen besonders guten Eindruck, weil du genau vor den Augen deines Teams Pingpong spielst. Und ich weiß, wovon ich rede, weil mir genau das im vergangenen Jahr passiert ist.

Zuschauer sollten in der Schwimmbadpassage stehen, auch am Casino ist es spannend. Eigentlich ist Monaco an jeder Ecke aufregend. Und für den Fahrer anstrengend, weil man laufend gezwungen ist, das Auto zu korrigieren und wieder in die richtige Position zu bringen.

Monaco – Refugium der Reichen. Das kleine Fürstentum fasziniert jedes Jahr Millionen Besucher.

GRAND PRIX DE MONACO

RENNREPORT ZUM AUSFÜLLEN

Startaufstellung

Pole Häkkinen	2. Coulthard
3. Fisichella	4. M. Schumacher
5. Frentzen	6. Wurz
7. Irvine	8. Salo
9. Herbert	10. Trulli
11. Alesi	12. Diniz
13. Villeneuve	14. Barrichello
15. Hill	16. R. Schumacher
17. Magnussen	18. Panis
19. Nakano	20. Takagi
21. Tuero	22.

Pole-Zeit 1.20,262 Min.

Wetter bitte ankreuzen

Training

☐ ☒ ☐ ☐

Rennen

☐ ☒ ☐ ☐

Zieleinlauf

Fahrer	Punkte
1. Häkkinen	10
2. Fisichella	6
3. Irvine	4
4. Salo	3
5. Villeneuve	2
6. Diniz	1
7. Herbert	
8. Hill 2 Rd.	
9. Nakano "	
10. M. Schumacher "	
11. Takagi "	
12. Alesi * Ausfall	
13.	
14.	
15.	
16.	
17.	
18.	
19.	
20.	

WM-Stand nach 6 Läufen

Fahrer	Punkte
1. Häkkinen	46
2. Coulthard	29
3. M. Schumacher	24
4. Irvine	15
5. Wurz	9
6. Frentzen/Villeneuve	8
7.	
8. Fisichella	7
9. Salo/Alesi	3
10.	
11. Barrichello	2
12. Herbert/Diniz	1
13.	
14.	
15.	
16.	
17.	
18.	
19.	
20.	

Notizen

Runden Rekord

Häkkinen 1:22,948

146,13 km/h

120 000 Zuschauer

Ausfälle

Fahrer/Runde/Ursache

Alesi 72 Getriebeschaden
Trulli 56 "
Panis 49 Loses Rad
R. Schumacher 44 Aufhängungsschaden
Wurz 42 Unfall
Magnussen 30 Aufhängungsschaden
Coulthard 17 Motorschaden
Barrichello 11 Aufhängungsschaden
Frentzen 9 Kollision-Irvine
Tuero 0 Unfall.

Konstrukteurs-WM nach 6 Läufen

Team	Punkte
1. McLaren	75
2. Ferrari	39
3. Williams	16
4. Benetton	16
5. Sauber/Arrows	4
6.	
7. Stewart	2
8.	
9.	

7. LAUF

7. JUNI 1998

MONTREAL

Großer Preis von Kanada

Der kanadische Grand Prix des letzten Jahres hat für viele Piloten einen faden Nachgeschmack. Lokalmatador Jacques Villeneuve beispielsweise landete bereits in der zweiten Runde in den Leitplanken. Rund 100.000 Zuschauer trauten ihren Augen nicht. Ralf Schumacher und Olivier Panis hatten im Verlauf des Rennens heftige Unfälle. Der Deutsche blieb unverletzt, der Franzose brach sich beide Beine und mußte bis September pausieren. Wegen dieses Unfalls brach die Rennleitung den WM-Lauf vorzeitig ab. Michael Schumacher war der glückliche Sieger, weil der bis dahin führende Coulthard bei einem Boxenstopp Probleme bekam.

Die erste Kurve wird im sechsten Gang mit über 300 km/h genommen, doch unmittelbar danach müssen wir voll in die Eisen für die Virage Senna. Da geht es im zweiten Gang durch, das heißt, wir müssen von über 300 auf 115 km/h runterbremsen. Wir kommen dabei sehr hart auf die kurveninneren Curbs. Danach steigen wir wieder für die folgende Rechts auf die Bremsen. Hier fahren wir nur 75 km/h, und trotzdem ist das noch nicht die langsamste Stelle der Strecke. Auch hier müssen wir wieder

An das 97er Rennen hat Olivier Panis keine guten Erinnerungen.

RTL

Sendezeiten

SAMSTAG, 6. JUNI
19.00 h Zeittraining (bis ca. 20.15 h)

SONNTAG, 7. JUNI
17.45 h Countdown
18.55 h Das Rennen
21.00 h Highlights (bis ca. 21.45 h)

Olivier Panis beschreibt eine fliegende Runde

über die Curbs räubern und dabei sehr zart mit dem Gaspedal spielen, weil es kaum Grip gibt.

Ausgangs der Rechts schalten wir zügig bis zum vierten Gang hoch und müssen dabei bis in den Drehzahlbegrenzer reinfahren, bis man die folgende Rechts-Links ansteuert. Runter in den zweiten Gang und wieder hart über die kurveninneren Curbs. Danach beschleunigen wir von Tempo 125 auf fast 270. Vor der Pont de la Concorde wird hart gebremst. Die verträgt gerade mal den zweiten Gang. Man muß wieder sehr gefühlvoll mit dem Gas umgehen, weil es hier kaum Grip gibt. Der Asphalt ist wirklich nicht gut, und es gibt ungeheure Traktionsprobleme. Dann kommt aber schon der Rechtsteil dieser Passage, der genau das gleiche Problem hat. Auch hier drehen die Räder elend durch. Wir müssen wieder über die Curbs und schmeißen dabei ein bißchen Gras auf die Strecke. Vielleicht ist auch deswegen an dieser Stelle der Grip so schlecht.

Hoch geht es im sechsten Gang, bis wir eine Rechts-Links-Schikane anbremsen. Da-

Circuit Gilles Villeneuve

Distanz: 69 Runden à 4,421 km (305,049 km)
Schnellste Runde 1997: David Coulthard (GB), McLaren-Mercedes, in 1.19,635 Min. (199,856 km/h)
Schnitt des Siegers 1997: 184,404 km/h

Historie

Erster Grand Prix von Kanada 1967 in Mosport
Sieger Jack Brabham (AUS), Brabham-Repco
Erster Grand Prix auf dieser Strecke 1978
Sieger Gilles Villeneuve (CDN), Ferrari

Sieger der letzten 10 Rennen

1997	Michael Schumacher (D)	Ferrari
1996	Damon Hill (GB)	Williams-Renault
1995	Jean Alesi (F)	Ferrari
1994	Michael Schumacher (D)	Benetton-Ford
1993	Alain Prost (F)	Williams-Renault
1992	Gerhard Berger (A)	McLaren-Honda
1991	Nelson Piquet (BR)	Benetton-Ford
1990	Ayrton Senna (BR)	McLaren-Honda
1989	Thierry Boutsen (B)	Williams-Renault
1988	Ayrton Senna (BR)	McLaren-Honda Turbo

Häufigster Sieger
3x Piquet (82, 84, 91)

Großer Preis von Kanada 1997

15. Juni 1997, 7. Lauf. Sehr warm, leicht bewölkt, 103.000 Zuschauer

Pl. Fahrer	Team	Zeit/Rückstand
1. Michael Schumacher (D)	Ferrari	1:17.40,646 Std.
2. Jean Alesi (F)	Benetton-Renault	2,565 Sek.
3. Giancarlo Fisichella (I)	Jordan-Peugeot	3,219 Sek.
4. Heinz-Harald Frentzen (D)	Williams-Renault	3,768 Sek.
5. Johnny Herbert (GB)	Sauber-Petronas	4,716 Sek.
6. Shinji Nakano (J)	Prost-Mugen-Honda	36,701 Sek.

Weitere
7. Coulthard (37,753 Sek. zurück), 8. Diniz (1 Rd.), 9. Hill (1 Rd.), 10. Morbidelli (1 Rd.), 11. Panis (3 Rd.)

Ausfälle
Panis (52. Runde, Unfall/aufgrund der zurückgelegten Distanz gewertet), Salo (47. Rd., Motor), Verstappen (43. Rd., Getriebehydraulik), Wurz (36. Rd., Getriebe), Barrichello (34. Rd., Getriebe), Trulli (33. Rd., Motor), R. Schumacher (15. Rd., Unfall), Katayama (6. Rd., Gaspedal), Villeneuve (2. Rd., Unfall), Irvine (1. Rd., Unfall), Häkkinen (1. Rd., Unfall), Magnussen (1. Rd., Unfall)

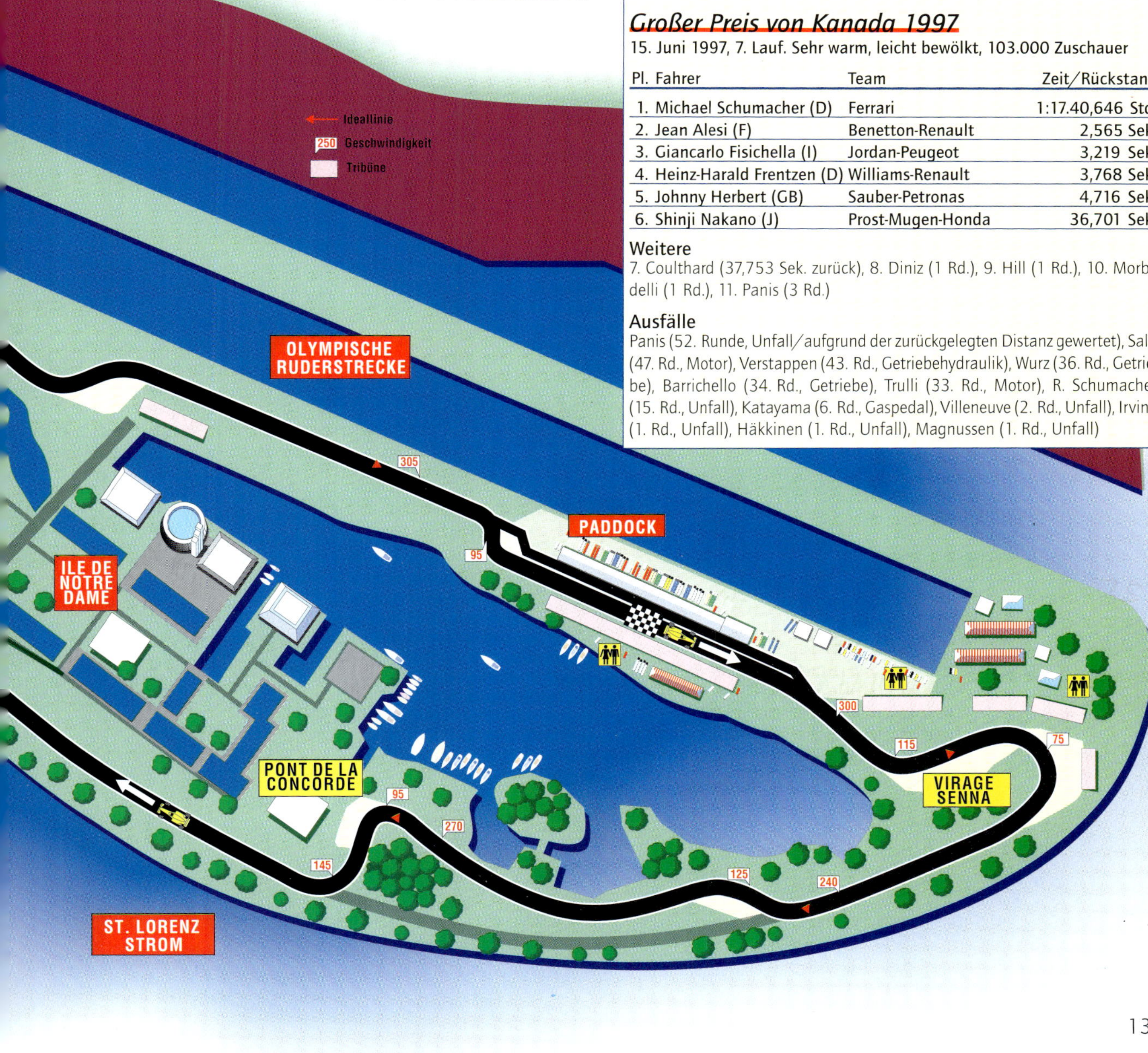

REISETIPS

Der Circuit Gilles Villeneuve auf der im St. Lorenz Strom gelegenen Ile Notre Dame ist mit der U-Bahn hervorragend zu erreichen. Die schönsten Zuschauerplätze sind in der Haarnadelkurve Virage du Casino und im Senna-Kurvenkomplex.

Auf den Tribünen herrscht internationales Flair. Viele US-Amerikaner kommen nach Montreal, da dies das einzige Formel-1-Rennen auf nordamerikanischem Boden ist. Die Kanadier sind seit Jacques Villeneuves Wechsel von der IndyCar-Serie in die F1 wieder im Villeneuve-Fieber, wie es schon zu Zeiten seines Vaters grassierte.

Montreal ist eine Stadt mit Flair, mit interessanten Menschen verschiedenster Herkunft. Es ist eine der europäischsten Städte auf dem nordamerikanischen Kontinent mit pulsierendem Leben rund um die Uhr, Shopping, Nightclubs und hervorragenden Restaurants. Die Bewohner haben französischen Charme, amerikanische Effektivität und oftmals italienisches Temperament.

Montreal besitzt ausreichende Hotelkapazitäten aller Preisklassen, jedoch ist rechtzeitige Buchung zu empfehlen, da zur Zeit des Grand Prix oft auch andere Großveranstaltungen stattfinden.

Wer Zeit hat, sollte sich vor oder nach dem Rennen noch ein paar Tage Urlaub in den rauhen und landschaftlich wunderschönen Laurentides, der Umgebung von Montreal, gönnen. Hier kann man Natur pur erleben.

Kartenverkauf
Grand Prix F1 du Canada
P.O. Box 248
Place d'Armes Station
Montreal, Quebec, Canada
H2Y 3G7
Tel. 001 - 514 - 3500000
Fax 001 - 514 - 3504709

Preise
ca. 65 - 460 DM
1,- Can$ = ca. 1,30 DM

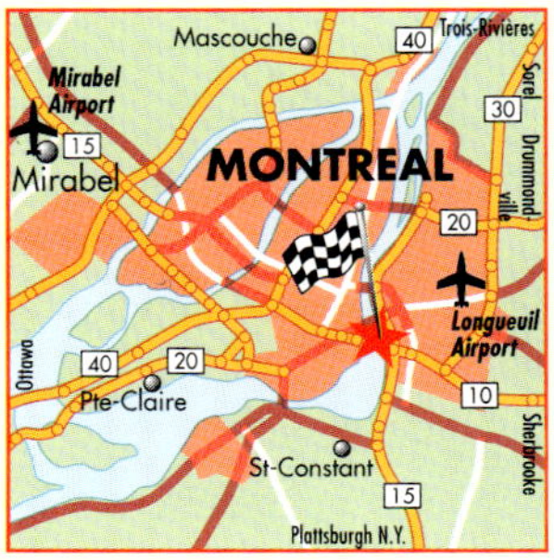

1 : 1.500.000 (1cm ≈ 15 km)

Safety-Car-Phase für den verunglückten Panis. Wenige Runden später wurde der Lauf abgebrochen.

bei müssen rund 200 km/h abgebaut werden, was ja schon schwer genug ist. Zu allem Überfluß ist die Strecke exakt in der Bremszone sehr, sehr wellig, und man kann das Auto hier sehr leicht verlieren. Ausgangs der Schikane ist die Strecke dazu noch sehr staubig, weil wir hier wieder alle über die Curbs räubern und dabei Dreck auf die Strecke werfen.

Weiter geht es bis in den sechsten Gang und Tempo 300. Der leichte Linksknick vor der Casino geht voll. Und dann kommt der letzte große Bremsentest für die Virage du Casino. Hier müssen wir runter in den ersten Gang. Die Virage du Casino mit ihren gerade einmal 65 km/h ist eine Schlüsselstelle, weil danach die lange Gerade kommt und man nach der Casino möglichst schnell sein will. Aber wenn man im ersten Gang rauskommt, drehen beim Beschleunigen die Reifen stark durch. Ich schalte deswegen ungewöhnlich früh in den zweiten Gang, um das Durchdrehen zu mindern.

Wir kommen dann mit rund 320 km/h zum schnellsten Punkt der Strecke, nur um danach wieder eine Schikane anbremsen zu müssen. Und dieses Bremsmanöver ist wieder sehr, sehr schwierig. Der Abschnitt ist unangenehm wellig, und es ist nur zu einfach, hier das Auto zu verlieren. Das wichtigste ist, daß wir nicht zu schnell in die Schikane reingehen. Lieber etwas zu langsam, damit wir ruhig rauskommen und dafür um so früher wieder aufs Gas steigen können. Nur so kriegen wir den nötigen Schwung für die Start-Ziel-Gerade. Aber aufgepaßt: Der Schikanenausgang ist sehr staubig.

Die Strecke ist körperlich gesehen nicht schwierig, zumal es lange Geraden zum Ausruhen gibt. Für die Zuschauer ist es vor der Haarnadel Virage du Casino und vor der letzten Schikane vor Start und Ziel am interessantesten.

Die Ile Ste. Hélène im St. Lorenz Strom beherbergt die Grand-Prix-Strecke von Montreal.

RENNREPORT ZUM AUSFÜLLEN

Startaufstellung

Pole	Coulthard 1:18.213	2.	Häkkinen 1:18.282
3.	M. Schumacher 1:18.497	4.	Fisichella 1:18.826
5.	R. Schumacher 1:19.242	6.	Villeneuve 1:19.588
7.	Frentzen	8.	Irvine
9.	Alesi	10.	Hill
11.	Wurz	12.	Herbert
13.	Barrichello	14.	Trulli
15.	Panis	16.	Takagi
17.	Salo	18.	Nakano
19.	Diniz	20.	Magnussen
21.	Tuero	22.	Rosset

Pole-Zeit 1.18.213 Min.

Wetter bitte ankreuzen

Training

☐ Sonne ☐ Sonne/Wolken ☒ Wolken ☐ Regen

Rennen

☐ Sonne ☐ Sonne/Wolken ☒ Wolken ☐ Regen

Zieleinlauf

Fahrer	Punkte
1. M. Schumacher 1:40:57.355	10
2. Fisichella 1:41:14.017	6
3. Irvine 1:41:57.414	4
4. Wurz 1:42:00.587	3
5. Barrichello 1:42:18.868	2
6. Magnussen 1:41:26.707	1
7. Nakano	
8. Rosset	
9. Diniz	
10. Villeneuve	
11.	
12.	
13.	
14.	
15.	
16.	
17.	
18.	
19.	
20.	

WM-Stand nach 7 Läufen

Fahrer	Punkte
1. Häkkinen	46
2. M. Schumacher	34
3. Coulthard	29
4. Irvine	19
5. Fisichella	13
6. Wurz	12
7. Frentzen / Villeneuve	8
8.	
9. Barrichello	4
10. Salo / Alesi	3
11. Herbert, Diniz, Magnussen	1
12.	
13.	
14.	
15.	
16.	
17.	
18.	
19.	
20.	

Notizen

100912 Zuschauer
Bedeckt Kühl
Rundenrekord M. Schumacher
1:19.379 200.501.

Ausfälle

Fahrer/Runde/Ursache		
Tuero	53	Kollision m. Villeneuve
Hill	42	Elektrik.
Panis	39	Dreher
Frentzen	39.	"
Coulthard	18	Getriebeschaden
Herbert	18	Dreher
Salo	18	Unfall
Häkkinen	0	Defekt am Gaswechsel
R. Schumacher	0	Antriebsschaden.
Alesi	0	Kollision m. Trulli
Trulli	0	" " Alesi
Takagi	0	Kupplungsdefekt

Konstrukteurs-WM nach 7 Läufen

Team	Punkte
1. McLaren	75
2. Ferrari	53
3. Benetton	25
4. Williams	16
5. Stewart	5
6. Sauber	4
7.	
8.	
9.	

8. LAUF

28. JUNI 1998

MAGNY-COURS

Großer Preis von Frankreich

RTL

Sendezeiten

SAMSTAG, 27. JUNI
12.45 h Zeittraining (bis ca. 14.15 h)

SONNTAG, 28. JUNI
13.15 h Countdown
13.50 h Das Rennen
16.00 h Highlights (bis ca. 16.45 h)

SONNTAG, 5. JULI
13.45 h STW Norisring 4. Lauf (bis ca. 15.45 h)

In Frankreich siegte 1997 Michael Schumacher souverän. Im Vorfeld des Grand Prix war Schumacher jedoch alles andere als optimistisch. Seine Konkurrenten sprachen nach seiner Galavorstellung allerdings von Tiefstapelei. Dabei war das Rennen äußerst spannend, denn im letzten Renndrittel setzte Regen ein, und die Zuschauer sahen ein packendes Duell zwischen Michael Schumacher und Heinz-Harald Frentzen.

Der Große Preis von Frankreich war zu Saisonbeginn noch nicht bestätigt. Es kann eine Terminverschiebung geben oder eine komplette Streichung dieses Laufs.

Circuit de Nevers

Distanz: 72 Runden à 4,250 km (306,000 km)
Schnellste Runde 1997: Michael Schumacher (D), Ferrari, in 1.17,910 Min. (196,380 km/h)
Schnitt des Siegers 1997: 185,639 km/h

Historie

Erster Grand Prix von Frankreich 1950 in Reims
Sieger Juan-Manuel Fangio (ARG), Alfa Romeo
Erster Grand Prix auf dieser Strecke 1991
Sieger Nigel Mansell (GB), Williams-Renault

Sieger der letzten 10 Rennen

1997	Michael Schumacher (D)	Ferrari
1996	Damon Hill (GB)	Williams-Renault
1995	Michael Schumacher (D)	Benetton-Renault
1994	Michael Schumacher (D)	Benetton-Ford
1993	Alain Prost (F)	Williams-Renault
1992	Nigel Mansell (GB)	Williams-Renault
1991	Nigel Mansell (GB)	Williams-Renault
1990	Alain Prost (F)	Ferrari
1989	Alain Prost (F)	McLaren-Honda
1988	Alain Prost (F)	McLaren-Honda Turbo

Häufigste Sieger

6x Prost (81, 83, 88 - 90, 93), je 4x Fangio (50, 51, 54, 57), Mansell (86, 87, 91, 92), je 3x Brabham (60, 66, 67), Stewart (69, 71, 72), M. Schumacher (94, 95, 97)

Großer Preis von Frankreich 1997

29. Juni 1997, 8. WM-Lauf. Mäßig warm, zum Rennende regnerisch, 75.000 Zuschauer

Pl.	Fahrer	Team	Zeit/Rückstand
1.	Michael Schumacher (D)	Ferrari	1:38.50,492 Std.
2.	Heinz-Harald Frentzen (D)	Williams-Renault	23,537 Sek.
3.	Eddie Irvine (GB)	Ferrari	1.14,801 Min.
4.	Jacques Villeneuve (CDN)	Williams-Renault	1.21,784 Min.
5.	Jean Alesi (F)	Benetton-Renault	1.22,735 Min.
6.	Ralf Schumacher (D)	Jordan-Peugeot	1.29,871 Min.

Weitere

7. Coulthard (1 Runde zurück), 8. Herbert (1 Rd.), 9. Fisichella (1 Rd.), 10. Trulli (2 Rd.), 11. Katayama (2 Rd.), 12. Hill (3 Rd.)

Ausfälle

Coulthard (72. Runde/aufgrund der zurückgelegten Distanz gewertet), Salo (62. Rd., Elektrik), Wurz (61. Rd., Dreher), Diniz (59. Rd., Dreher), Fontana (41. Rd., Dreher), Barrichello (37. Rd., Motor), Magnussen (34. Rd., Bremsen), Häkkinen (19. Rd., Motor), Verstappen (16. Rd., Elektrik), Nakano (8. Rd., Dreher), Marques (6. Rd., Motor)

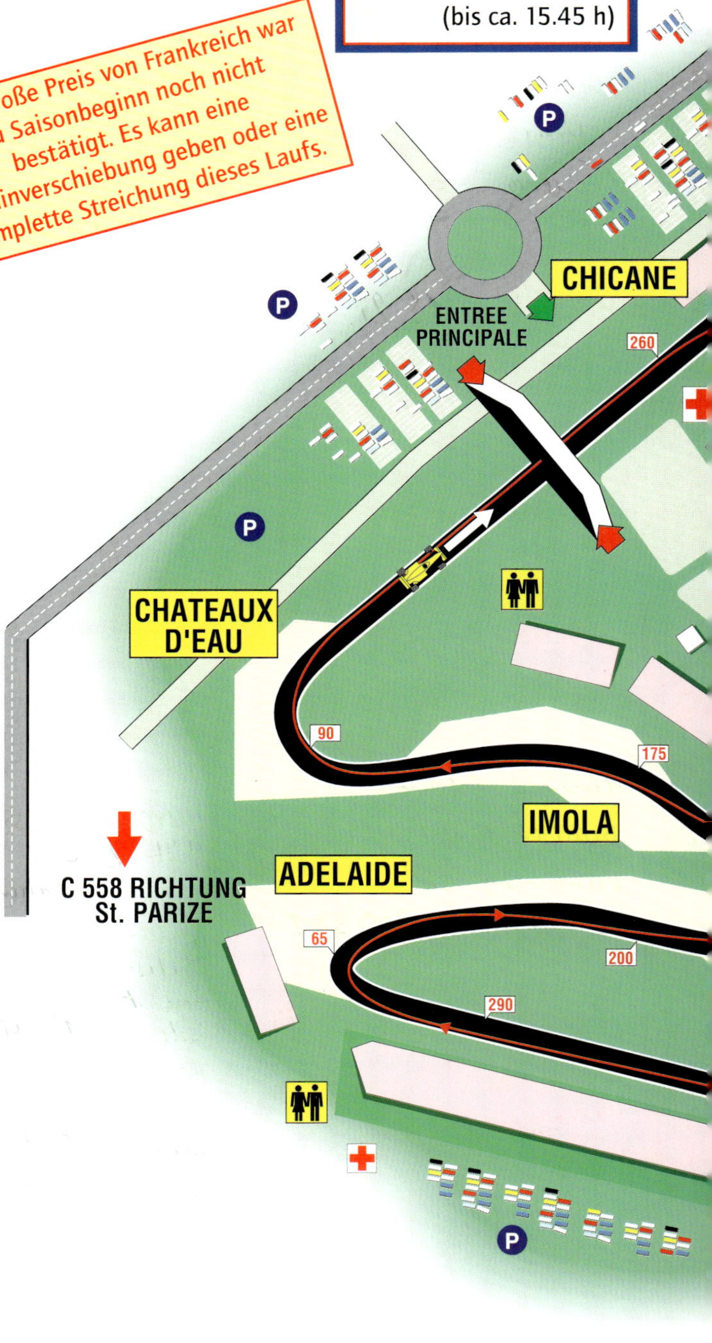

Jean Alesi stand 97 beim Start hinter Rookie und Berger-Ersatz Wurz.

Jean Alesi beschreibt eine fliegende Runde

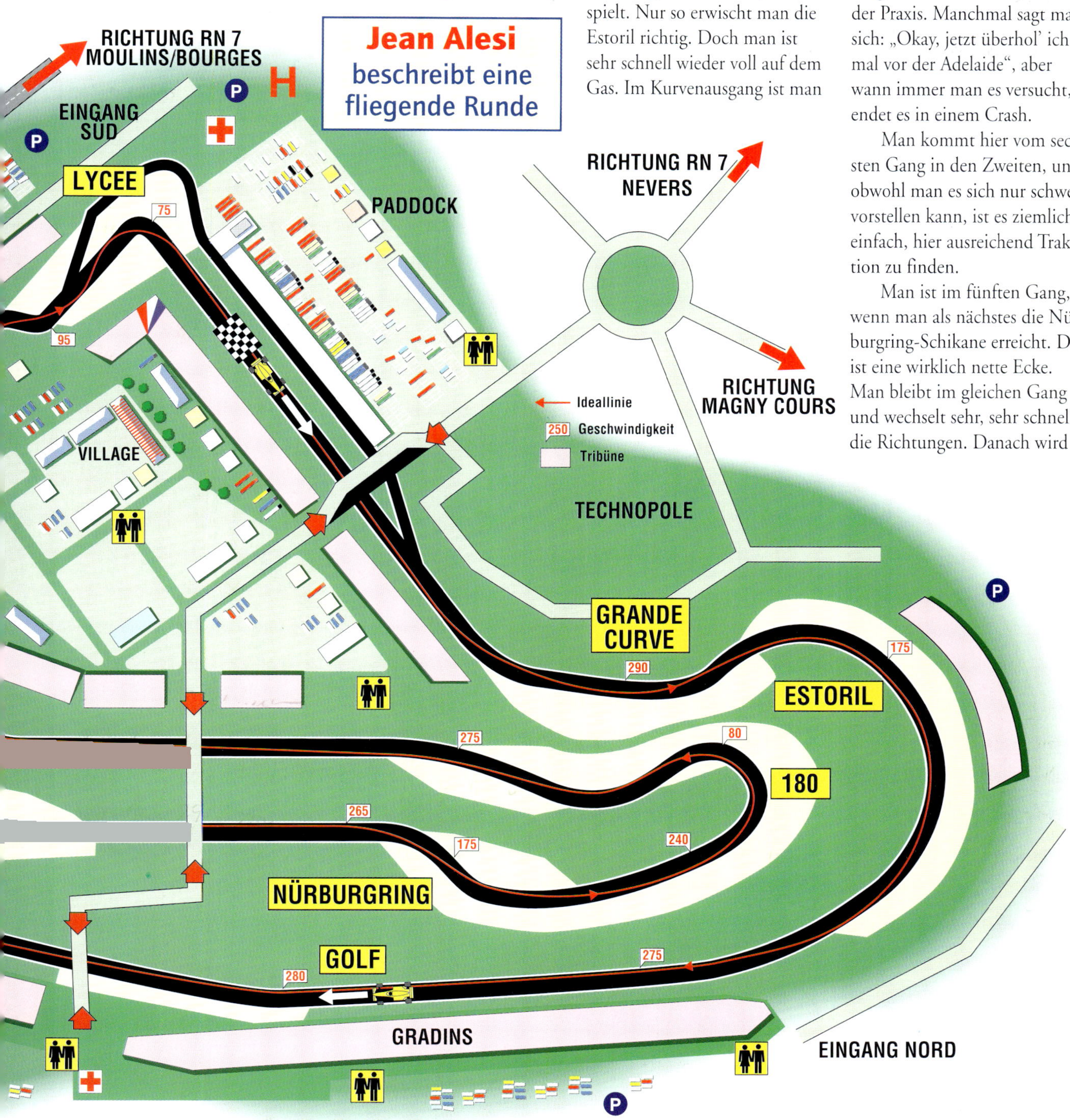

Magny-Cours ist ein Kurs, den ich einfach mag. Schon allein wegen der ersten Kurve, der Grande Curve. Die nimmt man voll im sechsten Gang und rund 290 km/h. Diese Stelle ist sehr interessant, weil man einerseits sehr instabil ist und gleichzeitig bremst, vom sechsten in den vierten Gang runterschaltet und auch noch ein wenig mit dem Gaspedal spielt. Nur so erwischt man die Estoril richtig. Doch man ist sehr schnell wieder voll auf dem Gas. Im Kurvenausgang ist man bereits im fünften Gang, und dann geht es durch die Golf den langen Weg bis zur Adelaide-Haarnadel.

Hier muß man verdammt hart bremsen und die Balance des Autos ist an dieser Stelle sehr wichtig. Ist das Auto grundsätzlich gut ausbalanciert, dann klappt es an dieser Stelle gewöhnlich sehr gut. Eigentlich ist die Adelaide eine Stelle, an der man überholen kann. Allerdings mehr in der Theorie als in der Praxis. Manchmal sagt man sich: „Okay, jetzt überhol' ich mal vor der Adelaide", aber wann immer man es versucht, endet es in einem Crash.

Man kommt hier vom sechsten Gang in den Zweiten, und obwohl man es sich nur schwer vorstellen kann, ist es ziemlich einfach, hier ausreichend Traktion zu finden.

Man ist im fünften Gang, wenn man als nächstes die Nürburgring-Schikane erreicht. Das ist eine wirklich nette Ecke. Man bleibt im gleichen Gang und wechselt sehr, sehr schnell die Richtungen. Danach wird es heikel, weil man kurz danach bremsen und in den dritten Gang runterschalten muß. Schließlich sollte man die 180-Grad-Haarnadel optimal erwischen. Hier ist es schwierig, ausreichend Grip zu finden. Wenn man mit Gas reingeht, ist nur ein kleiner Lenkradeinschlag nötig, und schon hat man im Kurvenausgang kräftiges Übersteuern.

Man schaltet dann hoch in den Fünften, danach wieder in den Vierten für die Imola – eine phantastische Ecke. Man kann hier nicht den Kurvenscheitel einsehen, die Kurve ist absolut blind. Aber genau das sorgt für ein unglaublich aufregendes Gefühl beim Fahrer.

Die folgende Chateau d'Eau, die im dritten Gang genommen wird, ist wieder was ganz spezielles, weil sie nach außen abfällt und es hier sehr rutschig ist. Danach geht es wieder hoch bis in den Fünften und Tempo 260, bis man die kleine Schikane erreicht, die im zweiten Gang genommen wird. Hier ist das Anbremsen gar nicht so einfach, weil es nur zu leicht passiert, daß dabei wegen der Abschüssigkeit die Hinterräder blockieren.

Ein kurzer Gasstoß nur und schon geht es runter in den ersten Gang für die Lycée, die letzte Kurve der Strecke. An dieser Stelle ist es wieder sehr schwierig, im Kurvenausgang die richtige Traktion zu finden. Man kann sich dabei leicht die Reifen ruinieren.

Magny-Cours ist ein schneller Kurs, mit hohen g-Kräften und einem sehr glatten, ebenen Belag. Einige Piloten sagen, er sei zu eben, aber das ist Unsinn. Das beste Gefühl, daß man in einem Formel-1-Auto haben kann, ist, wenn es überhaupt gar keine Wellen oder Bumps gibt.

Villeneuve drehte sich beim Versuch, Irvine vor dem Ziel zu überholen.

Der Retortenkurs von Magny-Cours hat wenig Flair und ist beim Formel-1-Troß nicht sehr beliebt.

REISETIPS

Die Reise zum Grand Prix Frankreich in das Dorf Magny-Cours bei Nevers ist eine Reise in die französische Provinz. Die ziemlich genau in der Mitte Frankreichs gelegene Stadt Nevers an der Loire erlebt seit 1991 einen wahren Ansturm, wenn Ende Juni der Formel-1-Zirkus in die Region einbricht. Hotels und Restaurants sind überfordert, die verfügbaren Bettenkapazitäten sind überteuert, und vielen Fans bleibt nichts anderes übrig, als zu campen oder lange Anfahrtswege zu akzeptieren.

Die hypermoderne Rennstrecke paßt überhaupt nicht in die ruhige Landschaft, in der die Zeit stehengeblieben zu sein scheint. Der Komplex wurde in die Umgebung betoniert, um die Region zu beleben. Für ein Wochenende im Jahr funktioniert das auch. Ob man der Region Nièvre damit langfristig einen Gefallen getan hat, bleibt abzuwarten. Der Besucher sollte auf jeden Fall Gefallen an französischer Provinz haben. Langsam dahinfließende Kanäle, altertümliche Gemäuer und Natur pur beherrschen die Szenerie. Nur auf der Rennstrecke ist es gelungen, eine komplett künstliche Atmosphäre zu schaffen. Man bekommt den Formel-1-Genuß nur höchst antiseptisch serviert.

Trotzdem hat auch die Strecke von Magny-Cours ihren Reiz. Die Adelaide-Haarnadelkurve sieht alljährlich Überholmanöver, während man auf den Tribünen der Lycée-Zielkurve sowohl die Chikane einsieht, als auch die Ziellinie. Wer gerne am Rand einer schnellen Kurvenkombination sitzt, ist in der Imola-Kurve gut bedient, während man in der Estoril-Hochgeschwindigkeitskurve zu weit vom Geschehen entfernt sitzt.

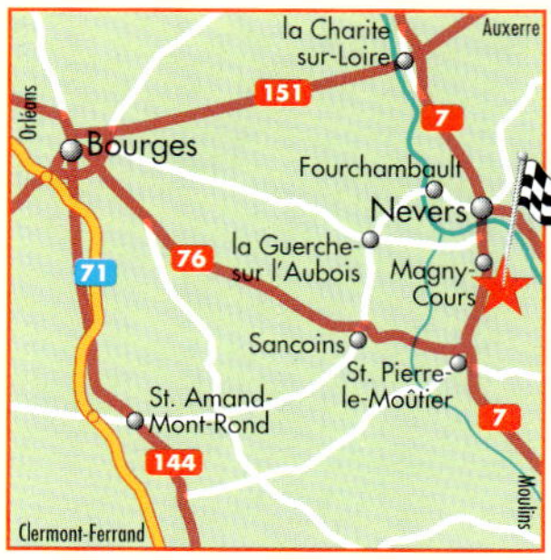

1 : 2.100.000 (1cm ≈ 21 km)

Das Wetter Ende Juni ist in Frankreichs Mitte oftmals heiß und gewittrig. Deshalb sollte man zumindest die Möglichkeit eines Regenschauers bei der Auswahl der Kleidung in Betracht ziehen. Zeitweise Schauer haben dem Frankreich-GP in den vergangenen Jahren ein paar Mal eine rutschige Note verliehen.

Kartenverkauf

Circuit de Nevers Magny-Cours
Technopole
F - 58470 Magny-Cours
Tel. 0033 - 3 - 86218000
Fax 0033 - 3 - 86218080

Preise

Standen bei Redaktionsschluß noch nicht fest.
100,- FF = ca. 30,- DM

RENNREPORT ZUM AUSFÜLLEN

Startaufstellung

Pole	Häkkinen 1:14,929	2.	M. Schumacher 1:15,159
3.	Coulthard 1:15,333	4.	Irvine 1:15,527
5.	Villeneuve 1:15,630	6.	R. Schumacher 1:15,925
7.	Hill	8.	Frentzen
9.	Fisichella	10.	Wurz
11.	Alesi	12.	Trulli
13.	Herbert	14.	Barrichello
15.	Verstappen	16.	Panis
17.	Diniz	18.	Rosset
19.	Salo	20.	Takagi
21.	Nakano	22.	Tuero

Pole-Zeit 1.14,929 Min.

Wetter bitte ankreuzen

Training

☐ sonnig ☒ sonnig/bewölkt ☐ bewölkt ☐ Regen

Rennen

☐ sonnig ☒ sonnig/bewölkt ☐ bewölkt ☐ Regen

Zieleinlauf

	Fahrer	Punkte
R. 71	1. M. Schumacher 1:34:45,026	10
71	2. Irvine 1:35:04,601	6
71	3. Häkkinen 1:35:04,773	4
71	4. Villeneuve 1:35:59:991	3
70	5. Wurz 1:34:47,515	2
70	6. Coulthard 1:34:52,416	1
	7. Alesi	
	8. Herbert	
	9. Fisichella	
	10. Barrichello	
	11. Panis	
	12. Verstappen	
	13. Salo	
	14. Diniz	
	15. Frentzen * Ausfall	
	16. R. Schumacher	
	17. Nakano * Ausfall	
	18.	
	19.	
	20.	

WM-Stand nach 8 Läufen

Fahrer	Punkte
1. Häkkinen	50
2. M. Schumacher	44
3. Coulthard	30
4. Irvine	25
5. Wurz	14
6. Fisichella	13
7. Villeneuve	11
8. Frentzen	8
9. Barrichello	4
10. Salo / Alesi	3
11.	
12. Herbert, Diniz, Magnussen	1
13.	
14.	
15.	
16.	
17.	
18.	
19.	
20.	

Notizen

25000 Zuschauer

Rundenrekord: Mansell 1:17,070 = 198,521 km/h

Schnellste Runde Coulthard 1:17,523 = 197,36 km/h.

Wetter: Bewölkt, windig warm.

Ausfälle

Fahrer/Runde/Ursache

Frentzen 68 Spurstange verbogen

Nakano 65 Motorschaden

Takagi 60 Motorschaden

Trulli 55 Dreher

Tuero 41 Getriebeschaden

Hill 19 Hydraulikdefekt.

Rosset 16 Motorschaden

Konstrukteurs-WM nach 8 Läufen

Team	Punkte
1. McLaren	80
2. Ferrari	69
3. Benetton	27
4. Williams	19
5. Stewart	5
6. Sauber / Arrows	4
7.	
8.	
9.	

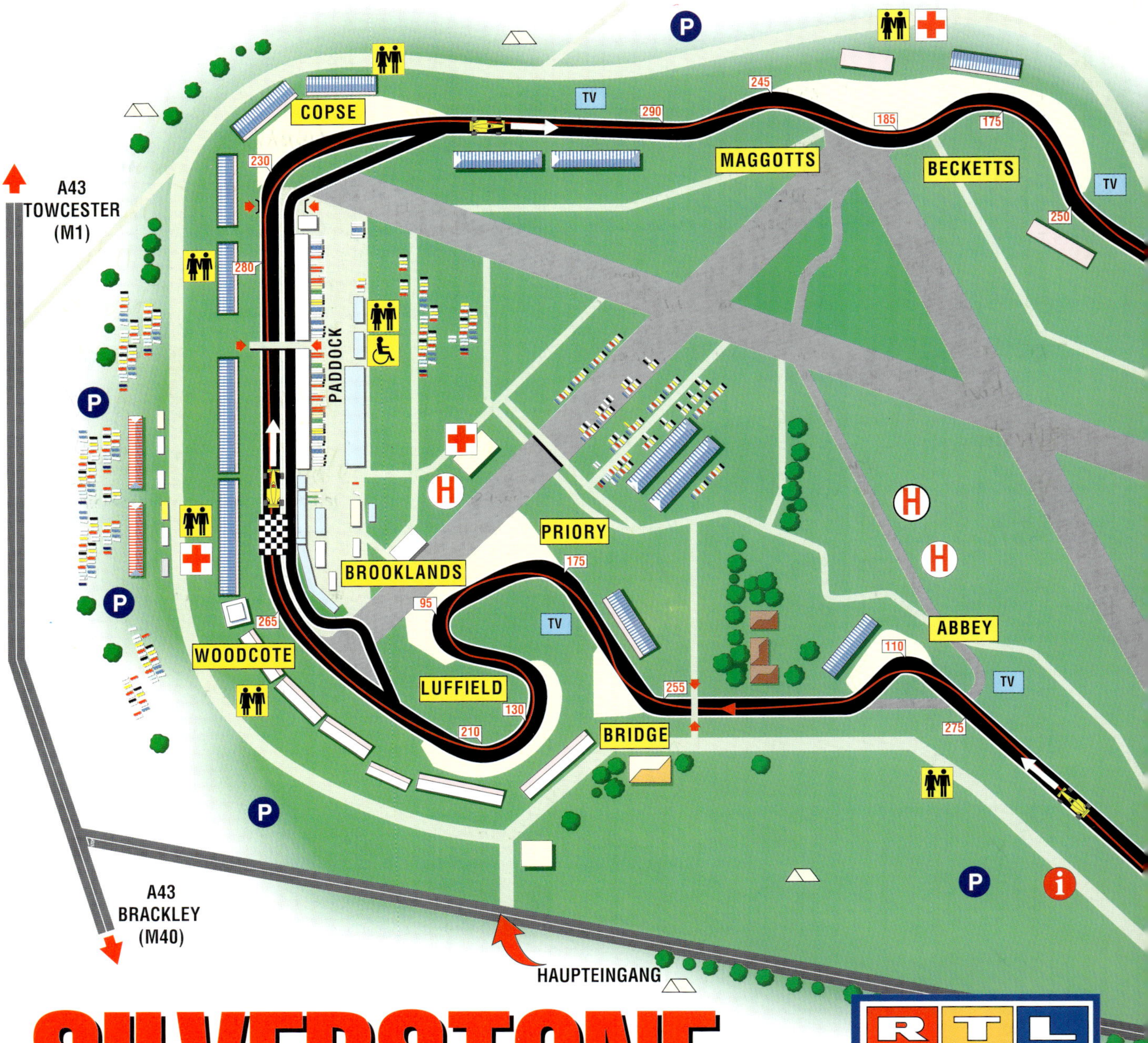

SILVERSTONE

Großer Preis von England

Ausgerechnet beim Heimspiel seines Teams patzte Heinz-Harald Frentzen im letzten Jahr. Kurz vor dem Start würgte er seinen Williams ab - und mußte von ganz hinten starten. Das endgültige Aus kam schon in Runde eins nach einem Unfall. Doch auch bei Ferrari lief es nicht: die ersten technischen Ausfälle der Saison waren zu beklagen. Mika Häkkinen sah schon wie der sichere Sieger aus, als sein Motor kurz vor Rennende platzte. Villeneuve erbte den Sieg.

RTL

Sendezeiten

SAMSTAG, 11. JULI
13.45 h Zeittraining (bis ca. 15.15 h)

SONNTAG, 12. JULI
14.00 h Countdown
14.50 h Das Rennen
17.00 h Highlights (bis ca. 17.45 h)

SONNTAG, 19. JULI
13.45 h STW Lahr 5. Lauf (bis ca. 15.45 h)

Damon Hill beschreibt eine fliegende Runde

Silverstone gehört zu den großartigsten Strecken des Grand-Prix-Kalenders. Es gibt eine exzellente Vielfalt von Kurven, einige ziemlich lange Geraden und einen schönen weichen Teerbelag. Alles zusammen eine echte Herausforderung.

Die 1997 erstmals gefahrenen Streckenveränderungen haben die ganze Angelegenheit sowohl schneller als auch sicherer gestaltet. Schon die erste Kurve ist ein gutes Beispiel, daß man sich bei den Änderungen was gedacht hat. Copse Corner wurde deutlich geöffnet und ist jetzt wieder eine sehr schnelle Fünfte-Gang-Kurve, die fast voll mit 230 km/h genommen wird.

Dann geht es weiter zur Maggotts/Becketts-Sektion, die schon seit Alters her zu den weltweit besten Plätzen gehört. Hier können die Zuschauer sehen, was Formel 1 bedeutet. Die Geschwindigkeit für diese Links-Rechts-Links-Rechts-Kombination ist enorm – von Tempo 290 geht es vom sechsten, fünften, vierten Gang runter auf 175. Hier liegen 3 bis 4 g an, was einem physisch wirklich alles abverlangt.

Die Hangar Straight runterbeschleunigend komme ich auf über 300 Sachen, bevor ich in die Stowe Corner reinbremse. Eine schnelle Ecke im Vierten bei Tempo 165.

Michael Schumacher und Damon Hill sind selten einer Meinung.

Circuit Silverstone

Distanz: 60 Runden à 5,140 km (308,400 km)
Schnellste Runde 1997: Michael Schumacher (D), Ferrari, in 1.24,475 Min. (219,047 km/h)
Schnitt des Siegers 1997: 206,703 km/h

Historie

Erster Grand Prix von England 1950 in Silverstone
Sieger Dr. Giuseppe Farina (I), Alfa Romeo

Sieger der letzten 10 Rennen

1997	Jacques Villeneuve (CDN)	Williams-Renault
1996	Jacques Villeneuve (CDN)	Williams-Renault
1995	Johnny Herbert (GB)	Benetton-Renault
1994	Damon Hill (GB)	Williams-Renault
1993	Alain Prost (F)	Williams-Renault
1992	Nigel Mansell (GB)	Williams-Renault
1991	Nigel Mansell (GB)	Williams-Renault
1990	Alain Prost (F)	Ferrari
1989	Alain Prost (F)	McLaren-Honda
1988	Ayrton Senna (BR)	McLaren-Honda Turbo

Häufigste Sieger
je 5x Clark (62 - 65, 67), Prost (83, 85, 89, 90, 93), 4x Mansell (86, 87, 91, 92), je 3x Brabham (59, 60, 66), Lauda (76, 82, 84)

Großer Preis von England 1997

13. Juli 1997, 9. Lauf. Warm, wolkig, 110.000 Zuschauer

Pl. Fahrer	Team	Zeit/Rückstand
1. Jacques Villeneuve (CDN)	Williams-Renault	1:28.01,665 Std.
2. Jean Alesi (F)	Benetton-Renault	10,205 Sek.
3. Alexander Wurz (A)	Benetton-Renault	11,296 Sek.
4. David Coulthard (GB)	McLaren-Mercedes	31,229 Sek.
5. Ralf Schumacher (D)	Jordan-Peugeot	31,880 Sek.
6. Damon Hill (GB)	Arrows-Yamaha	1.13,552 Min.

Weitere
7. Fisichella (1 Runde zurück), 8. Trulli (1 Rd.), 9. Fontana (1 Rd.), 10. Marques (1 Rd.), 11. Nakano (2 Rd.)

Ausfälle
Nakano (58. Runde, Motor/aufgrund der zurückgelegten Distanz gewertet), Häkkinen (53. Rd., Motor), Magnussen (51. Rd., Motor), Verstappen (46. Rd., Motor), Irvine (45. Rd., Antriebswelle), Salo (45. Rd., Motor), Herbert (43. Rd., Getriebe), M. Schumacher (39. Rd., Radlager), Barrichello (38. Rd., Motor), Diniz (30. Rd., Motor), Frentzen (1. Rd., Unfall), Katayama (1. Rd., Unfall)

9. LAUF — 12. JULI 1998

RENNREPORT ZUM AUSFÜLLEN

Startaufstellung

Pole	Häkkinen	2.	M. Schumacher
3.	Villeneuve	4.	Coulthard
5.	Irvine	6.	Frentzen
7.	Hill	8.	Alesi
9.	Herbert	10.	Fisichella
11.	Wurz	12.	Diniz
13.	Salo	14.	Trulli
15.	Verstappen	16.	Barrichello
17.	Takagi	18.	Tuero
19.	Nakano	20.	Rosset
21.	R. Schumacher *	22.	Panis *

Pole-Zeit 1.23.271 Min.

Wetter bitte ankreuzen

Training: ☐ sonnig ☒ heiter ☐ bewölkt ☐ Regen

Rennen: ☐ sonnig ☐ heiter ☐ bewölkt ☒ Regen

Zieleinlauf

Fahrer 1:47:02.450	Punkte
1. M. Schumacher 1:47:24.915	10
2. Häkkinen 1:47:31.649	6
3. Irvine 1:47:29.402 1 Rd. zurück	4
4. Wurz ↓	3
5. Fisichella	2
6. R. Schumacher	1
7. Villeneuve	
8. Nakano	
9. Takagi	
10.	
11.	
12.	
13.	
14.	
15.	
16.	
17.	
18.	
19.	
20.	

WM-Stand nach 9 Läufen

Fahrer	Punkte
1. Häkkinen	56
2. M. Schumacher	54
3. Coulthard	30
4. Irvine	29
5. Wurz	17
6. Fisichella	15
7. Villeneuve	11
8. Frentzen	8
9. Barrichello	4
10. Salo / Alesi	3
11.	
12. R. Schumacher / Herbert	1
~~13.~~ 12. Diniz, Magnussen	1
14.	
15.	
16.	
17.	
18.	
19.	
20.	

Notizen

110 000 Zuschauer
Schnellste Rd. 1:35,704 193,346 km/h
Rekord alt. Schumacher
1:24,475 = 219,047 km/h
R. Schumacher und Diniz
10 + 16 Beste Zeit wurden
wegen nicht bestandenen
Knie-test gestrichen.

Ausfälle

Fahrer/Runde/Ursache

Alesi 53 Elektrik defekt
Diniz 45 Dreher
Panis 40 "
Barrichello 39 Unfall
Verstappen 38 Dreher
Coulthard 37 Dreher
Rosset 29 Dreher
Tuero 29 Dreher
Herbert 27 Dreher
Salo 27 Gasmechanismus defekt
Frentzen 15 Dreher
Hill 13 Dreher

Konstrukteurs-WM nach 9 Läufen

Team	Punkte
1. McLaren	86
2. Ferrari	83
3. Benetton	32
4. Williams	19
5. Stewart	5
6. Sauber, Arrows	4
7.	
8. Jordan	1
9.	

Weiter geht's abwärts zur Vale, der langsamsten Stelle – zweiter Gang, 90 km/h. In der nächsten Kurve, der Club Corner, muß ich ganz feinfühlig das Gaspedal kontrollieren, um das Auto auszubalancieren. Das Auto wird nämlich auf dem ganzen Weg durch die Kurve kontinuierlich schneller, und ich kann mich darauf verlassen, daß irgendwo in der Kurvenmitte eine Stelle kommt, an der ich plötzlich zu viel Power und zuwenig Grip habe und das Auto plötzlich hinten weggeht.

Danach beschleunige ich bergauf auf Tempo 275. In der Abbey-Sektion ist es verdammt schwierig, den Kurvenscheitel einzusehen. Abbey Corner ist eine 90-Grad-Links mit einem Knick ausgangs der Kurve, den ich einfach nicht mag, weil er ein bißchen zu langsam ist. Dann gehe ich volle Kanne aufs Gas Richtung Bridge Bend. Eine großartige Herausforderung – fünfter Gang voll, 4 g und Tempo 255, eine unglaublich aufregende Ecke.

Weil die folgende Priory ein wenig weiter gestaltet wurde, muß ich jetzt nach Bridge nicht mehr so früh in die Eisen steigen. Die ganze Priory-Brooklands-Luffield-Sektion wurde ein bißchen schneller gemacht und sorgt jetzt für eine Überholmöglichkeit in der letzten richtigen Kurve der Runde, der Luffield. Überhaupt ist Luffield eine aufregende Sache: Einerseits fängt das Auto sofort an zu sliden, sobald man nur ein wenig zu viel Gas gibt, andererseits ist die Kurvenausgangsgeschwindigkeit entscheidend für den Speed, den ich dann auf der Start-Ziel-Geraden schaffe. Wenn alles richtig geklappt hat, sollte ich schon im sechsten Gang bei Tempo 280 sein, bevor ich mich für eine weitere Runde in die Copse reinbremse.

Villeneuve jagte 97 Häkkinen, bis beim Finnen der Motor platzte.

Aus der Vogelperspektive sind die Landebahnen des ehemaligen Militärflughafens gut zu erkennen.

REISETIPS

Silverstone ist etwa 40 km von Northampton entfernt und für seine Staus zur Grand-Prix-Zeit bekannt. Dazu kommen Zuschauerplätze, die teilweise so weit vom Geschehen entfernt sind, daß man sie eher als Zuhörerplätze bezeichnen sollte. Trotzdem ist der mit Monza und Monaco klassischste Grand Prix des Formel-1-Kalenders alljährlich ausverkauft.

Rund um den ehemaligen Militärflughafen campen Zehntausende britischer Formel-1-Enthusiasten, denen das zumeist bescheidene britische Sommerwetter – entweder erreicht die Luftfeuchtigkeit 100% oder Myriaden von Fliegen verleiden den Sonntagsausflug – nichts anhaben kann.

Wer sich auf Silverstone einläßt, darf nicht mit seinem Schicksal hadern, sondern sollte das beste daraus machen und schlicht und einfach die britische Motorsporteuphorie genießen. Denn nirgendwo – mit Ausnahme von Monza – gibt es enthusiastischere Fans, die am Rennwochenende ihre vornehme britische Zurückhaltung aufgeben und eine dreitägige Motorsport-Party feiern.

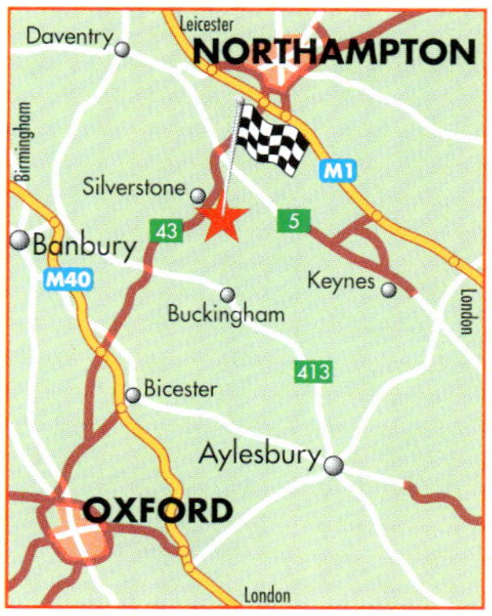

1 : 1.300.000 (1cm ≈ 13 km)

Rund um die Strecke bieten die angrenzenden Wiesen genügend Platz für Camping und Wohnmobile, was wegen der Staus gleichzeitig auch die praktischste Art ist, in Silverstone zu übernachten, denn Hotels sind in Northamptonshire Mangelware. Eine Alternative ist natürlich die Übernachtung im Großraum London, aber die Fahrtzeit beträgt mindestens zwei Stunden.

Die britische Motorsportliteratur ist die umfassendste der Welt. Entsprechend gut sortiert sind die Buchhandlungen hinter dem Fahrerlager. Wer es noch etwas naturalistischer möchte, kann eine der Führungen im Jordan-Werk direkt gegenüber vom Haupteingang des Silverstone-Areals mitmachen. Hier werden auch Jordan-Souvenirs verkauft.

Kartenverkauf
Silverstone Circuits Ltd.
Booking Office
Silverstone
Northamptonshire NN12 8TN
England
Tel. 0044 - 1327 - 857273
Fax 0044 - 1327 - 320300

Preise
ca. 240 - 950 DM
1,- £ = ca. 3,- DM

10. LAUF

26. JULI 1998

SPIELBERG

Alexander Wurz beschreibt eine fliegende Runde

Großer Preis von Österreich

Das Rennen des vergangenen Jahres kann man durchaus als kurios bezeichnen. Nach dem Start führte Häkkinen, bis am Ende von Runde eins der Motor platzte. Underdog Jarno Trulli sorgte dann als Spitzenmann für Furore – bis auch sein Motor streikte. Michael Schumacher brachte sich selbst um wertvolle Punkte, weil er unter gelber Flagge überholte. Irvine spießte Alesi auf und Villeneuve gewann mal wieder.

A1-Ring Austria

Distanz: 71 Runden à 4,319 km (306,649 km)
Schnellste Runde 1997: Jacques Villeneuve (CDN), Williams-Renault, in 1.11,814 Min. (216,709 km/h)
Schnitt des Siegers 1997: 210,228 km/h

Historie

Erster Grand Prix in Zeltweg 1964 als Grand Prix von Österreich
Sieger Lorenzo Bandini (I), Ferrari

Sieger der letzten 10 Rennen

1997	Jacques Villeneuve (CDN)	Williams-Renault
1987	Nigel Mansell (GB)	Williams-Honda Turbo
1986	Alain Prost (F)	McLaren-TAG-Porsche Turbo
1985	Alain Prost (F)	McLaren-TAG-Porsche Turbo
1984	Niki Lauda (A)	McLaren-TAG-Porsche Turbo
1983	Alain Prost (F)	Renault Turbo
1982	Elio de Angelis (I)	Lotus-Ford
1981	Jacques Laffite (F)	Ligier-Matra
1980	Jean-Pierre Jabouille (F)	Renault Turbo
1979	Alan Jones (AUS)	Williams-Ford

Häufigster Sieger
3x Prost (83, 85, 86)

Großer Preis von Österreich 1997

21. September 1997, 14. Lauf. Heiter, mild, 125.000 Zuschauer

Pl. Fahrer	Team	Zeit/Rückstand
1. Jacques Villeneuve (CDN)	Williams-Renault	1:27.35,999 Std.
2. David Coulthard (GB)	McLaren-Mercedes	2,909 Sek.
3. Heinz-Harald Frentzen (D)	Williams-Renault	3,962 Sek.
4. Giancarlo Fisichella (I)	Jordan-Peugeot	12,127 Sek.
5. Ralf Schumacher (D)	Jordan-Peugeot	31,859 Sek.
6. Michael Schumacher (D)	Ferrari	33,410 Sek.

Weitere
7. Hill (37,207 Sek. zurück), 8. Herbert (49,057 Sek.), 9. Morbidelli (1.06,455 Min.), 10. Berger (1 Rd.), 11. Katayama (2 Rd.), 12. Verstappen (2 Rd.), 13. Diniz (4 Rd.), 14. Barrichello (7 Rd.)

Ausfälle
Diniz (68. Runde, Stoßdämpfer/aufgrund der zurückgelegten Distanz gewertet), Barrichello (65. Rd., Dreher/aufgrund der Distanz gewertet), Magnussen (59. Rd., Motor), Trulli (59. Rd., Motor), Nakano (58. Rd., Motor), Salo (54. Rd., Getriebe), Irvine (37. Rd., Unfall), Alesi (37. Rd., Unfall), Häkkinen (1. Rd., Motor)

RTL

Sendezeiten

SAMSTAG, 25. JULI
12.45 h Zeittraining (bis ca. 14.15 h)

SONNTAG, 26. JULI
13.00 h Countdown
13.50 h Das Rennen
15.45 h Highlights (bis ca. 16.45 h)

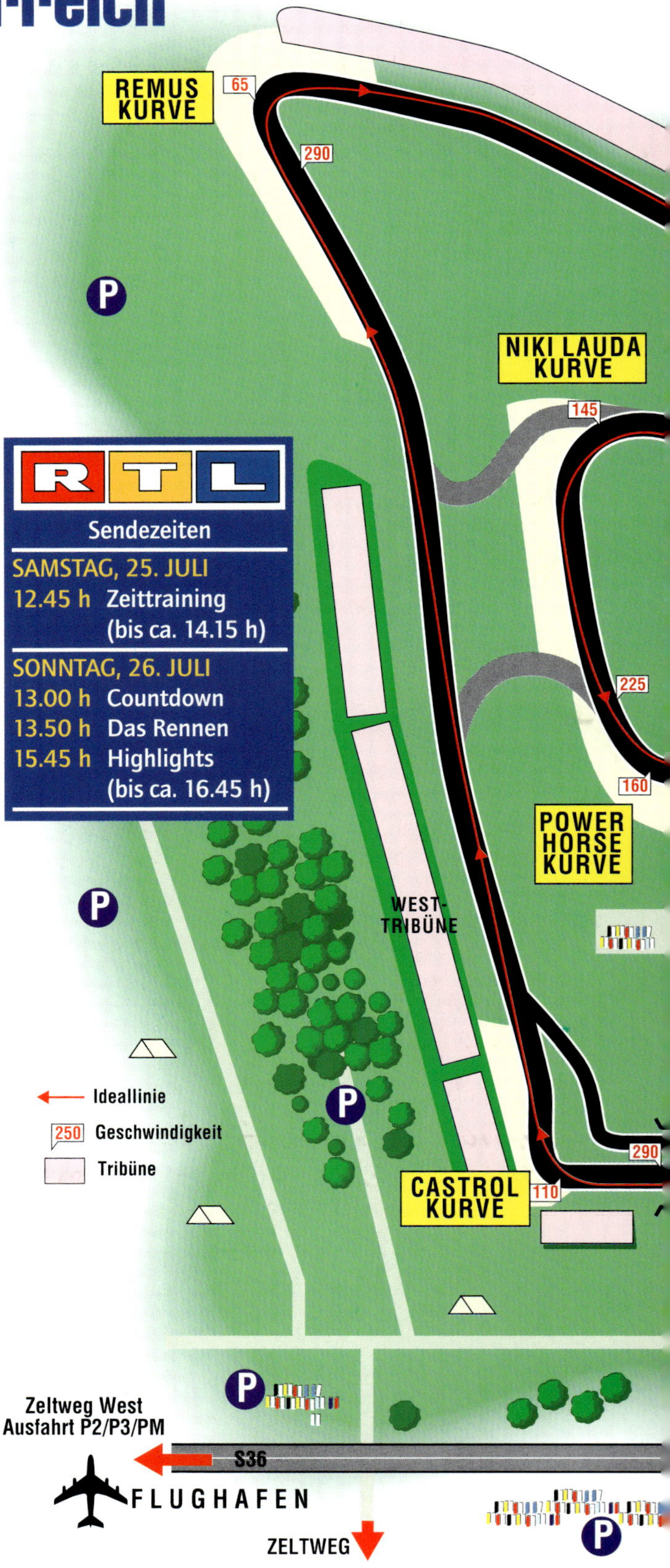

Der neue A1-Ring ist für Fahrer und Material eine ganz besondere Herausforderung. Er ist vielleicht weltweit die härteste Strecke für die Bremsen, dem Problembereich Nummer eins hier in Spielberg. Ein weiteres Problem: Obwohl mit nur zwei Linkskurven ausgestattet, ist die Belastung für die vorderen rechten Reifen mörderisch. Eine Herausforderung für Ingenieure und Fahrer beim Set-Up.

Der Asphalt bietet nicht allzuviel Grip. Um so wichtiger ist deswegen der Gummiabrieb der Autos, der die Strecke von Tag zu Tag schneller macht. Dies ist besonders bedeutungsvoll für das Qualifying.

Seit Bergers Rücktritt ist Alexander Wurz der neue Lokalmatador.

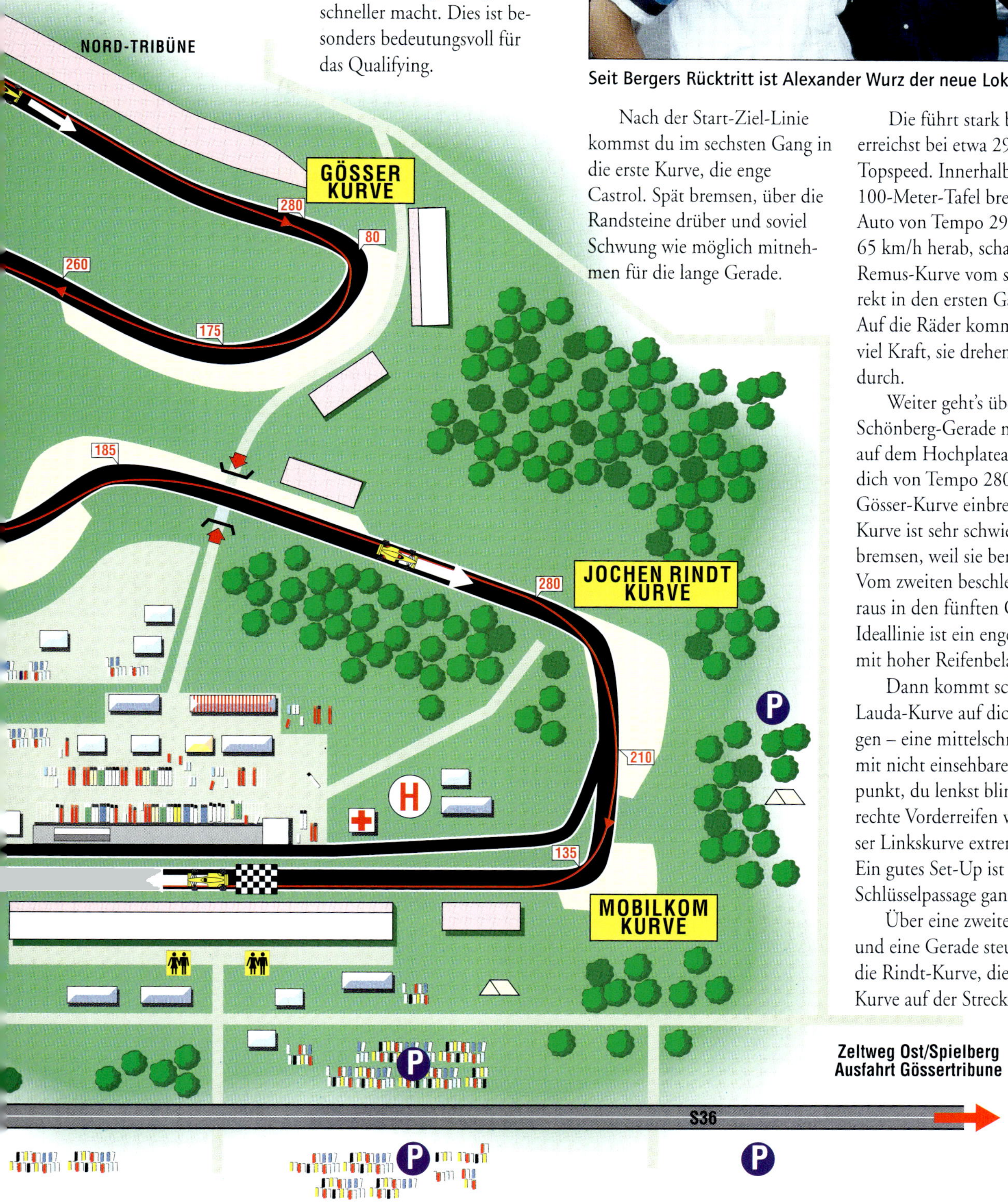

Nach der Start-Ziel-Linie kommst du im sechsten Gang in die erste Kurve, die enge Castrol. Spät bremsen, über die Randsteine drüber und soviel Schwung wie möglich mitnehmen für die lange Gerade.

Die führt stark bergauf, du erreichst bei etwa 290 km/h den Topspeed. Innerhalb der 100-Meter-Tafel bremst du das Auto von Tempo 290 auf zirka 65 km/h herab, schaltest in der Remus-Kurve vom sechsten direkt in den ersten Gang runter. Auf die Räder kommt dabei sehr viel Kraft, sie drehen hier richtig durch.

Weiter geht's über die Schönberg-Gerade mit Vollgas auf dem Hochplateau, bis du dich von Tempo 280 in die Gösser-Kurve einbremst. Diese Kurve ist sehr schwierig anzubremsen, weil sie bergab führt. Vom zweiten beschleunigst du raus in den fünften Gang, die Ideallinie ist ein enger Bogen mit hoher Reifenbelastung.

Dann kommt schon die Lauda-Kurve auf dich zugeflogen – eine mittelschnelle Kurve mit nicht einsehbarem Scheitelpunkt, du lenkst blind ein. Der rechte Vorderreifen wird in dieser Linkskurve extrem belastet. Ein gutes Set-Up ist in dieser Schlüsselpassage ganz wichtig.

Über eine zweite Linkskurve und eine Gerade steuerst du in die Rindt-Kurve, die schnellste Kurve auf der Strecke. Du gehst

Die Rennstrecke liegt zwar weitab größerer Städte, doch das steirische Panorama rund um den Kurs fasziniert nicht nur Wanderfreaks.

Das gibt es nur in Österreich: Die Kühe lassen sich durch den infernalen Lärm der F1-Boliden nicht aus ihrer stoischen Ruhe bringen.

REISETIPS

Zunächst waren alle skeptisch, als die Formel 1 nach zehn Jahren Pause in die Steiermark zurückkehrte. Aber allein der Anblick des Panoramas, das sich dem Formel-1-Fan bietet, wenn er von seinem Tribünenplatz aus ins Tal schaut, entschädigt für die lange Anreise und die Verkehrsstaus bei der Abreise.

Der Große Preis von Österreich war früher einer der Klassiker des Formel-1-Kalenders, und er wird seinen Platz auch in Zukunft halten. Denn der Star des Rennens ist die Kulisse der Strecke. Der verkürzte Hochgeschwindigkeitskurs der 70er und 80er Jahre hat zwar seine brutalsten Kurven wie die Bosch-Kurve verloren (Jacques Villeneuve beobachtete seinen Vater, als der mit 280 km/h im Abstand von 20 cm an den Leitplanken vorbeidriftete), aber die Umgebung ist noch genauso atemberaubend wie früher: die Pension Enzinger, die kleine Kirche, das Wegkreuz, die grasenden Kühe bilden die Kulisse des Österreichrings, der jetzt nach dem österreichischen Mobilfunk-Netz A1-Ring heißt.

1998 hat der Österreich-GP sein traditionelles Austragungsdatum Mitte August fast erreicht. Ende Juli herrscht in der Steiermark Hochbetrieb, denn es ist Urlaubszeit. Und wer seinen Kindern Urlaub auf dem Bauernhof versprochen hat, kann dieses Versprechen hier einlösen. In den zahllosen Pensionen und Gasthäusern der weiteren Umgebung rund um Zeltweg und Spielberg ist immer ein Zimmer frei, oder man kann zumindest auf einer der Wiesen sein Zelt aufschlagen.

1 : 2.6000.000 (1cm ≈ 26 km)

Die besten Zuschauerplätze sind auf den Tribünen der Castrol-Kurve nach Start und Ziel und der Remus-Kurve, in der im vergangenen Jahr Eddie Irvine mit Jean Alesi den F1-Elchtest ausprobierte.

Kartenverkauf
Grand Prix Tickets
Sonnenring 1
A - 8720 Knittelfeld/Spielberg
Tel. 0043 - 3512 - 709
Fax 0043 - 3512 - 73205

Preise
ca. 130 - 580 DM
100,– ÖS = ca. 14,20 DM

Gerhard Bergers letzter Heim-Grand Prix. Der Österreicher beendete 1997 seine Formel-1-Karriere.

mit Tempo 280 rein und fährst sie im Schnitt mit 210 km/h im vierten Gang.

Dann beschleunigt man Richtung A1-Kurve, die im dritten Gang genommen wird. Das Auto wird hier kurz unruhig, weil du über den Randstein mußt und weil es von einem Bergabstück ins Flache übergeht. Der Fahrer spürt hier eine kleine Kompression. Dann kommt schon die Zielgerade.

Ich werde dieses Jahr zum erstenmal in Spielberg als Formel-1-Fahrer an den Start gehen. Es muß ein Riesengefühl sein, hier bei ausverkauftem Haus zu gewinnen.

Nach zehn Jahren Pause gab die Formel 1 1997 wieder Gas in der Steiermark. Die neue Strecke entstand auf dem Gelände der alten.

10. LAUF

26. JULI 1998

RENNREPORT ZUM AUSFÜLLEN

Startaufstellung

Pole Fisichella	2. Alesi
3. Häkkinen	4. M. Schumacher
5. Barrichello	6. Salo
7. Frentzen	8. Irvine
9. R. Schumacher	10. Panis
11. Villeneuve	12. Verstappen
13. Diniz	14. Coulthard
15. Hill	16. Trulli
17. Wurz	18. Herbert
19. Tuero	20. Takagi
21. Nakano	22. Rosset

Pole-Zeit 1.29.598 Min.

Wetter bitte ankreuzen

Training

☐ sonnig ☐ heiter ☐ bewölkt ☒ Regen

Rennen

☐ sonnig ☒ heiter ☐ bewölkt ☐ Regen

Zieleinlauf

Fahrer	Punkte
1. Häkkinen 1:30:44.086	10
2. Coulthard 1:30:49.375	6
3. M. Schumacher 1:31:23.176	4
4. Irvine 1:31:28.082	3
5. R. Schumacher 1:31:34.740	2
6. Villeneuve 1:31:37.288	1
7. Hill	
8. Herbert	
9. Wurz	
10. Trulli	
11. Nakano	
12. Rosset	
13.	
14.	
15.	
16.	
17.	
18.	
19.	
20.	

WM-Stand nach 10 Läufen

Fahrer	Punkte
1. Häkkinen	66
2. M. Schumacher	58
3. Coulthard	36
4. Irvine	32
5. Wurz	17
6. Fisichella	15
7. Villeneuve	12
8. Frentzen	8
9. Barrichello	4
10. Salo/Alesi/R. Schumacher	3
11.	
12.	
13. Herbert/Diniz/Magnussen	1
14.	
15.	
16.	
17.	
18.	
19.	
20.	

Notizen

Training: Starker Regen zum Schluß abtrocknend.

55000 Zuschauer

Schnellste Runde Coulthard 1:12.878 213,348 km/h

Rekord Villeneuve 1:11.814 216,709 km/h

Ausfälle

Fahrer/Runde/Ursache

Verstappen 12 Motorschaden
Tuero 30 Dreher
Fisichella 21 Kollision m. Alesi
Alesi 21 " " Fisichella
Frentzen 16 Motorschaden
Barrichello 8 Bremsdefekt
Diniz 3 Folgeschäden aus Kollision mit Salo
Salo 1 Folgeschäden – Diniz
Panis 0 Kupplung
Takagi 0 Dreher

Konstrukteurs-WM nach 10 Läufen

Team	Punkte
1. McLaren	102
2. Ferrari	90
3. Benetton	32
4. Williams	20
5. Stewart	5
6. Arrows/Sauber	4
7.	
8.	
9.	

G P T
Grand Prix Tickets
0 35 12
709
Stehplatz – Tribünen – und Paddock Club Karten
für ALLE Grand Prix der Saison 1998!
Kostenlose Infos anfordern
aus Deutschland:
Tel. 0043-3512-709 • Fax 0043-3512-73205
aus Österreich:
Tel. 03512-709 • Fax 03512-73205
schriftlich:
Grand Prix Tickets
Sonnenring 1 • A-8720 Spielberg
e-mail:
grand.prix.tickets@christof-ammann-management.co.at

11. LAUF

2. AUGUST 1998

HOCKENHEIM

Großer Preis von Deutschland

Wenn man mit 285 km/h auf die erste Kurve zufliegt, sollte man daran denken, daß es eine Vierte-Gang-Kurve ist, die gerade mal Tempo 180 erlaubt. Sie hundertprozentig am Limit zu nehmen, ist enorm wichtig, weil man danach viel Schwung für die Gerade braucht. Und auf den Geraden hat man bekanntlich die besten Chancen für ein erfolgreiches Überholmanöver. Hier ist auch eine der schnellsten Stellen des Hockenheimringes: bei der Qualifikation werden 340 bis 350 Stundenkilometer gefahren.

Der Deutschland-Grand-Prix von 1997 erlebte die Wiederauferstehung des Gerhard Berger. Zwei Kieferoperationen, der Tod seines Vaters und die Presse hatten dem sympathischen Österreicher arg zugesetzt. In Hockenheim holte er sich die Pole, die schnellste Rennrunde – und den Sieg. Platz zwei erbte Michael Schumacher vier Runden vor Schluß von Pechvogel Giancarlo Fisichella. Teamkollege Ralf Schumacher kam bei seinem ersten Heimrennen auf den fünften Platz. Pech dagegen für Frentzen: Er und Irvine torpedierten sich schon in der ersten Kurve, für beide kam das Aus.

RTL

Sendezeiten

SAMSTAG, 1. AUGUST

12.45 h	F1-Zeittraining (bis ca. 14.15 h)

SONNTAG, 2. AUGUST

11.50 h	STW Wunstorf 6. Lauf
13.15 h	FORMEL 1: Countdown
13.50 h	Das Rennen
15.50 h	Highlights (bis ca. 16.45 h)

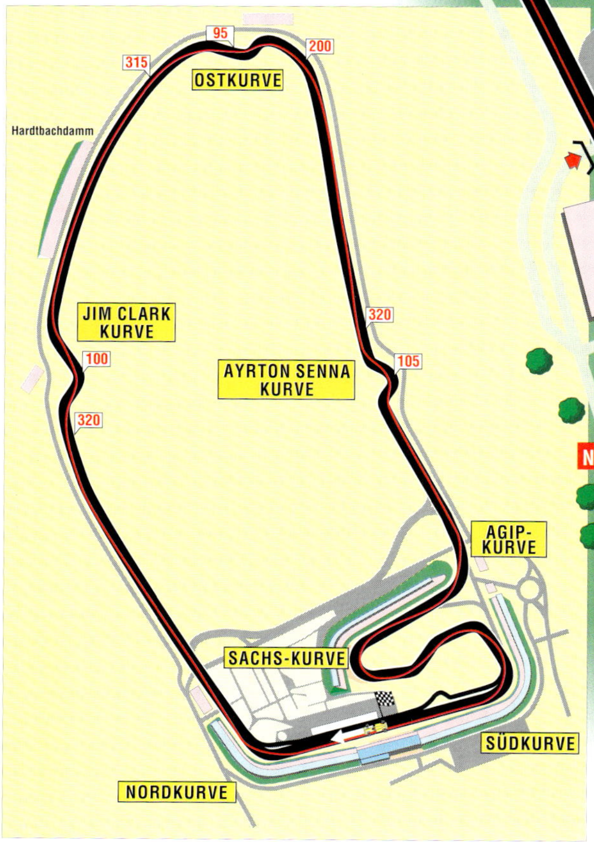

Währenddessen hörst du auf deinen Motor und hoffst, er schafft ein paar Umdrehungen mehr.

In die erste Schikane geht es mit 100 km/h ziemlich langsam. Ohne allzuviele Anforderungen fährt man im zweiten Gang. Nur der Bremspunkt ist hier nicht gerade gemütlich. Der Wagen verhält sich sehr nervös aufgrund des Bremsmanövers und der geringen Bodenhaftung.

Dann beschleunigst du auf 315 km/h und schießt Richtung Ostkurve, die ja mittlerweile eine Schikane ist. Mit 95 km/h geht es verhalten rein, aber ausgangs der Rechts-Links-Rechts ist man mit 200 km/h doch schon wieder recht zügig unterwegs. Diese Schikane ist sehr, sehr eng. Die meiste Zeit fährst

Heinz-Harald Frentzen beschreibt eine fliegende Runde

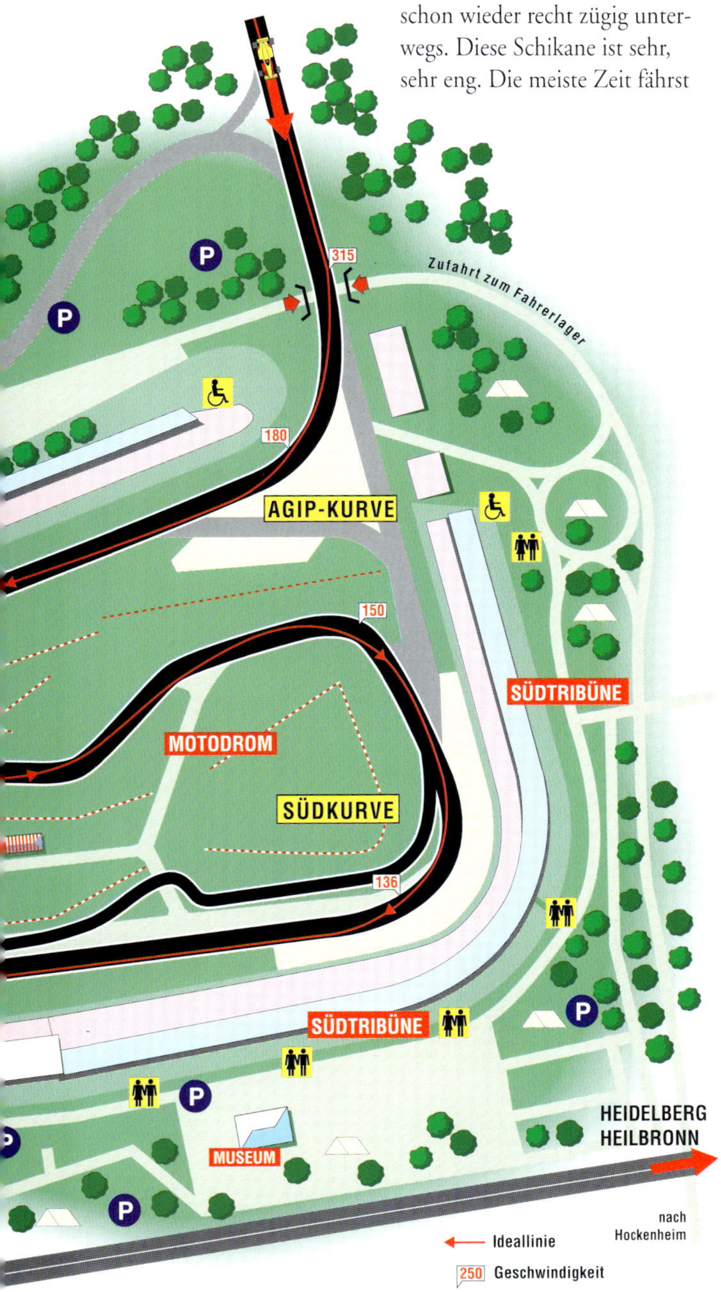

Für 1998 peilt Heinz-Harald Frentzen seinen ersten Heimsieg an.

Hockenheimring

Distanz: 45 Runden à 6,823 km (307,035 km)
Schnellste Runde 1997: Gerhard Berger (A), Benetton-Renault, in 1.45,747 Min. (232,278 km/h)
Schnitt des Siegers 1997: 227,478 km/h

Historie

Erster Grand Prix von Deutschland 1951 auf dem Nürburgring
Sieger Alberto Ascari (I), Ferrari
Erster Grand Prix auf dem Hockenheimring 1970
Sieger Jochen Rindt (A), Lotus-Ford

Sieger der letzten 10 Rennen

1997	Gerhard Berger (A)	Benetton-Renault
1996	Damon Hill (GB)	Williams-Renault
1995	Michael Schumacher (D)	Benetton-Renault
1994	Gerhard Berger (A)	Ferrari
1993	Alain Prost (F)	Williams-Renault
1992	Nigel Mansell (GB)	Williams-Renault
1991	Nigel Mansell (GB)	Williams-Renault
1990	Ayrton Senna (BR)	McLaren-Honda
1989	Ayrton Senna (BR)	McLaren-Honda
1988	Ayrton Senna (BR)	McLaren-Honda Turbo

Häufigste Sieger

je 3x Fangio (54, 56, 57), Stewart (68, 71, 73), Piquet (81, 86, 87), Senna (88 - 90)

Großer Preis von Deutschland 1997

27. Juli 1997, 10. Lauf. Warm, wolkig, 139.000 Zuschauer

Pl. Fahrer	Team	Zeit/Rückstand
1. Gerhard Berger (A)	Benetton-Renault	1:20.59,046 Std.
2. Michael Schumacher (D)	Ferrari	17,527 Sek.
3. Mika Häkkinen (FIN)	McLaren-Mercedes	24,770 Sek.
4. Jarno Trulli (I)	Prost-Mugen-Honda	27,165 Sek.
5. Ralf Schumacher (D)	Jordan-Peugeot	29,995 Sek.
6. Jean Alesi (F)	Benetton-Renault	34,717 Sek.

Weitere

7. Nakano (1.19,722 Min. zurück), 8. Hill (1 Rd.), 9. Fontana (1 Rd.), 10. Verstappen (1 Rd.), 11. Fisichella (4 Rd.)

Ausfälle

Fisichella (41. Runde, Ölleitung/aufgrund der zurückgelegten Distanz gewertet), Villeneuve (33. Rd., Dreher), Barrichello (33. Rd., Motor), Salo (33. Rd., Kupplung), Magnussen (27. Rd., Motor), Katayama (23. Rd., Spritmangel), Herbert (8. Rd., Unfall), Diniz (8. Rd., Unfall), Coulthard (1. Rd., Antrieb), Frentzen (1. Rd., Unfall), Irvine (1. Rd., Unfall), Marques (1. Rd., Antrieb)

du mit drei Rädern in der Luft. Der Achssturz verändert sich beträchtlich, und wenn man beim Beschleunigen auf der falschen Seite auf Unebenheiten trifft, wird es ziemlich anstrengend. Außerdem ist die Piste auch ein bißchen rutschig.

Dann beschleunigst du bis in den sechsten Gang und bremst erst wieder für die dritte Schikane, die Ayrton-Senna-Kurve von Tempo 320 auf 105 km/h ab. Die Kombination ist zwar etwas schneller als die erste, aber überholen kann man hier eigentlich nicht.

Es folgt eine kürzere Gerade zur rechten Agip-Kurve, für die man den dritten oder vierten Gang braucht, je nach den Verhältnissen. Die Agip ist mit 180 km/h eine der schnellsten Kurven. Sie ist am Waldrand gelegen, kurz bevor man wieder vor die Zuschauer kommt. Hier können die Gefühle ganz schön angeheizt werden, wenn die Fans dich lautstark zu einem Überholmanöver anfeuern. Die Atmosphäre ist hier wirklich toll, man fährt ins Stadion ein, mit all den wehenden Fahnen.

Dann bremst du auf die Sachs-Kurve. Die macht zuerst einen schnellen Eindruck, sie ist aber aufgrund der geringen Bodenhaftung eine ausgesprochen rutschige Angelegenheit. Es gilt also, hier besonders vorsichtig zu fahren und man sollte es bei Landstraßentempo 100 belassen.

Du beschleunigst aus der Kurve und mußt dann aber sofort wieder aufpassen in der S-Kombination bis zur Opel-Kurve. Die ist eine Rechtskurve und

Triumph des „alten" Mannes: Gerhard Berger fuhr 1997 eines seiner besten Rennen, Schumacher und Häkkinen kamen auf die Plätze.

REISETIPS

Der Große Preis von Deutschland gehört mittlerweile zu den wichtigsten Ereignissen des deutschen Sommers. Ende Juli, Anfang August verbringen in den Wäldern entlang der Autobahn Heilbronn-Mannheim Tausende braver deutscher Familienväter ihren Jahresurlaub. „Die Frauen schicken wir nach Mallorca, wenn sie nicht mitkommen wollen", erzählen die hartgesottenen Fans, die rund um ihre Zeltstädte und Wohnmobil-Wagenburgen als Leistungsnachweis leere Bierdosen, Bierfäßchen und meterhohe Fahnenmasten aufstellen.

Der Wald von Hockenheim schlägt zur Grand-Prix-Zeit das Treiben am Ballermann 6 um Längen. Über den Camping-Freunden liegt das Dröhnen der Autobahn, der Duft von gebratenen Würstchen und Steaks, verschüttetem Bier und zahllosen Stereoanlagen, auf denen häufig beim Training aufgenommene Motorengeräusche gegen den Autobahnlärm und das Discogedröhne der Zeltnachbarn ankämpfen.

Das Camping-Happening gehört zu Hockenheim genauso wie ein Meer von Deutschland- und Schumi-Fahnen. Die Tribünen sind trotz Heinz-Harald Frentzen und Ralf Schumacher noch immer fest in der Hand von Michael-Schumacher-Fans. Es kann eben nur einen Schumi geben. Und deshalb werden Anfang August wieder die Restbestände des Sylvesterfeuerwerks 1997/98 herausgekramt und den stickigen Himmel über dem badischen Motodrom erhellen, wenn Michael Schumacher auf seinem Ferrari vorbeidonnert.

Der Erwerb eines Tickets für Hockenheim kommt mittlerweile einem Sechser im Lotto gleich. Deutschland ist spätestens seit 1995, als Michael als erster Deutscher den GP Deutschland gewann, im Schumi-Fieber. Und die guten Plätze sind meist schon ein Jahr vor dem Rennen ausverkauft. Deshalb bleiben für Kurzentschlossene nur noch die Zusatztribünen, die einem das Gefühl geben, auch an der Schumimania teilhaben zu können. Aber wer nicht auf der Süd- oder Nordtribüne sitzt, der kann nicht hundertprozentig teilhaben an der für die Formel 1 einmaligen Stadionatmosphäre. Wenn Michael Schumacher beim 98er Rennen in Führung liegend ins Motodrom einbiegen sollte, dann werden die europäischen Nachbarn wieder einmal mitbekommen, wozu deutsche Kehlen fähig sind. Vergleichbar ist dieser Jubel nur mit dem unwahrscheinlichen Fall, daß Frankreich beim WM-Endspiel in Paris im Finale in Führung gehen würde...

1 : 600.000 (1cm ≈ 6 km)

Kartenverkauf
Hockenheim-Ring GmbH
Postfach 1106
D - 68754 Hockenheim
Tel. 06205 - 950222
Fax 06205 - 950299

Preise
165 - 600 DM

GROSSER PREIS VON
DEUTSCHLAND

RENNREPORT ZUM AUSFÜLLEN

Startaufstellung

Pole Häkkinen	1:42,347 2. Coulthard
1:42,365 3. Villeneuve	1:42,994 4. R. Schumacher
5. Hill 1:43,188	1:43,270 6. Irvine
7. Wurz	8. Fisichella.
9. M. Schumacher	10. Frentzen
11. Alesi	12. Herbert
13. Barrichello	14. Trulli
15. Takagi	16. Panis
17. Salo	18. Diniz
19. Verstappen	20. Nakano
21. Tuero	22.

Pole-Zeit 1.41,838 Min.

Wetter bitte ankreuzen

Training

☐ ☒ ☐ ☐

Rennen

☐ ☒ ☒ ☐

Zieleinlauf

Fahrer	Punkte
1. Häkkinen 1:20:47,984	10
2. Coulthard 1:20:48,410	6
3. Villeneuve 1:20:50,561	4
4. Hill 1:20:55,169	3
5. M. Schumacher 1:21:00,597	2
6. R. Schumacher 1:21:17,722	1
7. Fisichella	
8. Irvine	
9. Frentzen	
10. Alesi	
11. Wurz	
12. Trulli	
13. Takagi	
14. Salo	
15. Panis	
16. Tuero	
17.	
18.	
19.	
20.	

WM-Stand nach 11 Läufen

Fahrer	Punkte
1. Häkkinen	76
2. M. Schumacher	60
3. Coulthard	42
4. Irvine	32
5. Wurz	17
6. Villeuve	16
7. Fisichella	15
8. Frentzen	8
9. Barrichello/R. Schuma.	4
10.	
11. Salo, Hill, Alesi	3
12.	
13. Herbert, Diniz	1
~~14.~~ 13 Magnussen	1
15.	
16.	
17.	
18.	
19.	
20.	

Notizen

140 000 Zuschauer
Rekord: Patrese - Williams
1:44,590 241,524 km/h
Schnellste Runde:
Coulthard: 1:46,116
231,471 km/h

Ausfälle

Fahrer/Runde/Ursache

Herbert 37 Getriebeschaden
Nakano 36 "
Barrichello 27 "
Verstappen 24
Kraftübertragung
Diniz 2
Gasmechanismus

Konstrukteurs-WM nach 11 Läufen

Team	Punkte
1. McLaren	118
2. Ferrari	92
3. Benetton	32
4. Williams	24
5. Jordan	7
6. Stewart	5
7. Arrows, Sauber	4
8.	
9.	

fast schon wie in einem Loch gelegen – eine Kurve für den dritten Gang und dazu ein wenig Achssturz. Wenn man zur letzten Kurve kommt, wird es sehr hell, weil man über einen Hügel fährt. Diese letzte Kurve ist wirklich spannend und auch wieder ein bißchen rutschig. Der Straßenrand ist im Gras und nicht so gut sichtbar, was ziemlich seltsam ist. Man denkt, man fährt im Gras, ist aber doch noch auf der Piste.

Hockenheim ist für einen deutschen Fahrer immer etwas Besonderes. Und für die Zeit nach meiner aktiven Karriere habe ich mir eines vorgenommen: dort einen Grand Prix anzuschauen, von der Südtribüne aus, am besten Block D.

Frentzen kam 1997 nur eine Runde weit. Im Clinch mit Irvine hatte er sich die Aufhängung ruiniert.

Für viele Formel-1-Fans ist das badische Motodrom jedes Jahr das Urlaubsziel Nummer eins. Rund um die Rennstrecke wird gecampt.

racing tours

DER FORMEL 1-REISESPEZIALIST

Grand Prix `98

Unser Restprogramm

(Änderungen möglich; Stand Februar 1998)

GP San Marino/Imola 26. April
Flug- (2 Varianten) und Busreisen (4 Varianten)
Hotelarrangements und Tribünenkartenvermittlung

GP Spanien/Barcelona 10. Mai
Flug- (4 Varianten) und Busreisen (2 Varianten)
Hotelarrangements und Tribünenkartenvermittlung

GP Monaco/Monte Carlo 24. Mai
Flugreisen mit Lufthansa (3 Varianten)
Hotels in Monaco und Nizza
Busreisen (5 Varianten). Hotelarrangements

GP Kanada/Montreal 7. Juni
Flugreisen mit Lufthansa und Air Canada
13Tage:Toronto-Niagara Falls-Otterlake-Ottawa-Montreal
11 Tage: Toronto-Montreal
8 Tage: Weekend in Montreal
Verlängerungsprogramm New York bei allen Reisen möglich!

GP Großbritannien/Silverstone 12. Juli
Flugreisen (2 Varianten) und Hotelarrangements.

GP Österreich/A1-Ring 26. Juli
Flug- und Busreisen sowie
Hotelarrangements und Eintrittskartenvermittlung.

GP Deutschland/Hockenheim 2. August
Hotelarrangements mit Hotels in: Hockenheim, Mannheim, Heidelberg, Ludwigshafen, Heppenheim, Bad Dürkheim und Neustadt

GP Ungarn/Budapest 16. August
Flug- und Busreisen sowie
Hotelarrangements und Eintrittskartenvermittlung

GP Belgien/Spa 30. August
Hotelarrangements und Eintrittskartenvermittlung

GP Italien/Monza 13. September
Flug- und Busreisen sowie
Hotelarrangements und Eintrittskartenvermittlung

GP Luxemburg/Nürburgr. 27. September
Hotelarrangements, Tagesbusreise und Eintrittskartenvermittlung

Ersatz-GP 11. Oktober
Info ab März 1998 auf Anfrage.

GP Japan/Suzuka 1. November
Eintrittskartenvermittlung.

***

racing tours ist der deutsche Agent für den Eintrittskartenverkauf verschiedener Grand Prix und kann Ihnen daher für viele Grand Prix beste Tribünenkarten vermitteln.

***

NEU! racing tours im Internet mit Last-Minute-Info: www.racing-tours.de

***

Bitte fordern Sie unseren kostenlosen, farbigen Gesamtprospekt an!

RACING TOURS REISE GMBH • Schillerstr. 82 • D-45768 Marl • Tel.: (023 65) 9 20 20 • Fax (023 65) 92 02-22

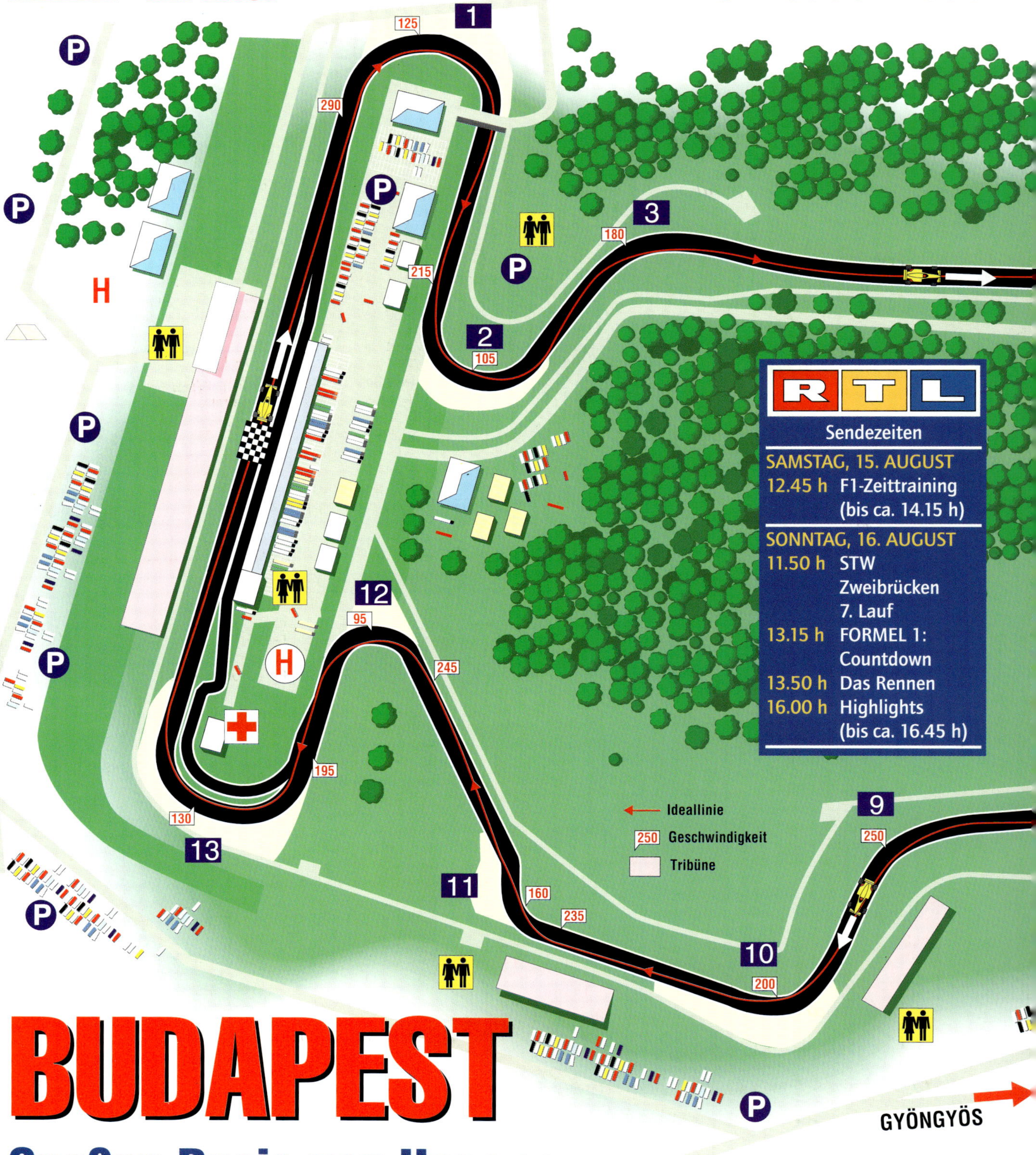

BUDAPEST

Großer Preis von Ungarn

Die Sensation war fast perfekt: Damon Hill fuhr 1997 ein fehlerfreies Rennen und führte auf seinem Arrows, bis in der letzten Runde sein Getriebe streikte und Jacques Villeneuve dem Briten den sichergeglaubten Sieg nahm. Die Siegchancen von Heinz-Harald Frentzen zerplatzten hingegen jäh. In Führung liegend verlor er das Tankventil seines Williams. Beim Boxenstopp blickten die verdutzten Mechaniker ins Leere, Frentzen mußte aufgeben.

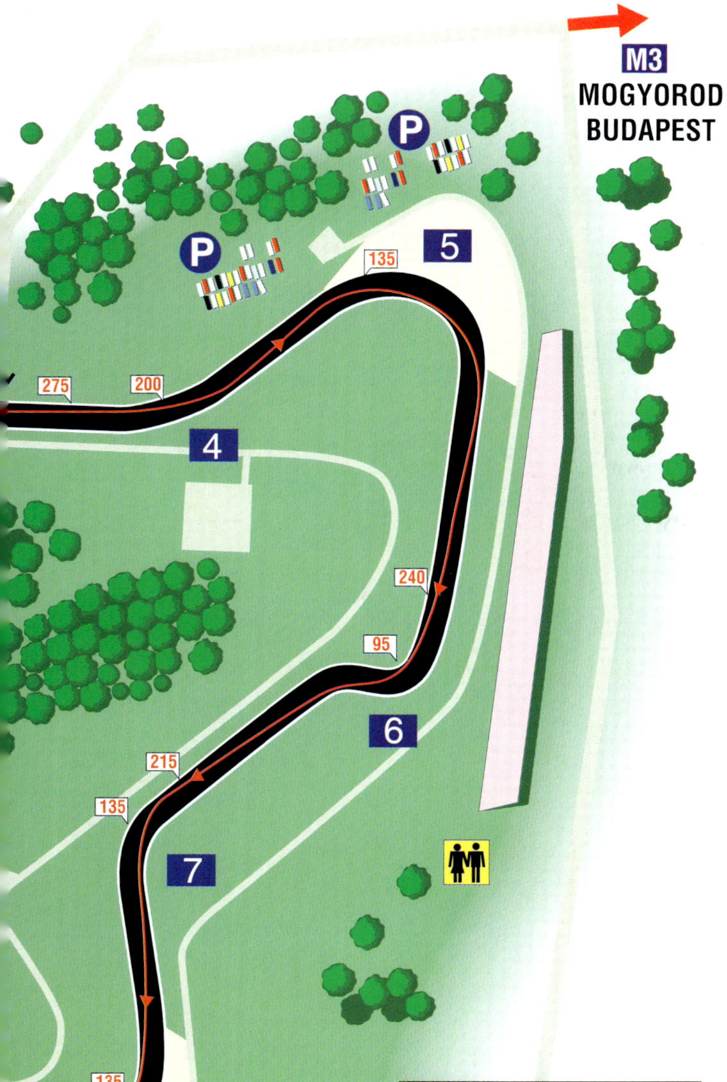

Hungaroring

Distanz: 77 Runden à 3,968 km (305,536 km)
Schnellste Runde 1997: Heinz-Harald Frentzen (D), Williams-Renault, in 1.18,372 Min. (182,269 km/h)
Schnitt des Siegers 1997: 173,295 km/h

Historie

Erster Grand Prix von Ungarn 1986 in Budapest
Sieger Nelson Piquet (BR), Williams-Honda Turbo

Sieger der letzten 10 Rennen

1997	Jacques Villeneuve (CDN)	Williams-Renault
1996	Jacques Villeneuve (CDN)	Williams-Renault
1995	Damon Hill (GB)	Williams-Renault
1994	Michael Schumacher (D)	Benetton-Ford
1993	Damon Hill (GB)	Williams-Renault
1992	Ayrton Senna (BR)	McLaren-Honda
1991	Ayrton Senna (BR)	McLaren-Honda
1990	Thierry Boutsen (B)	Williams-Renault
1989	Nigel Mansell (GB)	Ferrari
1988	Ayrton Senna (BR)	McLaren-Honda Turbo

Häufigster Sieger
3x Senna (88, 91, 92)

Großer Preis von Ungarn 1997

10. August 1997, 11. Lauf. Heiß, heiter, 120.000 Zuschauer

Pl. Fahrer	Team	Zeit/Rückstand
1. Jacques Villeneuve (CDN)	Williams-Renault	1:45.47,149 Std.
2. Damon Hill (GB)	Arrows-Yamaha	9,079 Sek.
3. Johnny Herbert (GB)	Sauber-Petronas	20,445 Sek.
4. Michael Schumacher (D)	Ferrari	30,501 Sek.
5. Ralf Schumacher (D)	Jordan-Peugeot	30,715 Sek.
6. Shinji Nakano (J)	Prost-Mugen-Honda	41,512 Sek.

Weitere
7. Trulli (1.15,552 Min. zurück), 8. Berger (1.16,409 Min.), 9. Irvine (1 Rd.), 10. Katayama (1 Rd.), 11. Alesi (1 Rd.), 12. Marques (2 Rd.), 13. Salo (2 Rd.)

Ausfälle
Irvine (77. Runde, Unfall/aufgrund der zurückgelegten Distanz gewertet), Coulthard (65. Rd., Elektrik), Verstappen (61. Rd., Getriebe), Diniz (53. Rd., Elektronik), Fisichella (42. Rd., Dreher), Frentzen (29. Rd., Tankverschluß), Barrichello (29. Rd., Motor), Häkkinen (12. Rd., Hydraulik), Morbidelli (7. Rd., Motor), Magnussen (5. Rd., Unfall)

Jarno Trulli ersetzte den verletzten Olivier Panis bei Prost.

Jarno Trulli beschreibt eine fliegende Runde

Auf die erste Kurve kommt man im sechsten Gang mit fast 290 km/h zu. Man muß hart bremsen, ohne daß man die Kurve ganz einsehen kann, man muß sie blind anfahren. Sie ist ein wenig überhöht und sehr langgezogen, und man hat gewöhnlich ziemliches Untersteuern. Man fährt im zweiten Gang mit Tempo 125 und man muß lange warten, bis man wieder aufs Gas steigen kann. Im Kurvenausgang schnell in den Dritten, dann in den Vierten für die kleine Gerade, bevor man direkt wieder hart für die kommende Links bremsen muß. Eine ziemlich rutschige Angelegenheit, die im zweiten Gang mit 105 km/h genommen wird. Hier drehen gern die Räder durch, und schon wegen des geringen mechanischen Grips ist es schwierig, hier das Auto durchzukriegen.

Ausgangs der Kurve bleibt man so lange wie möglich links, das ist für die nächste Kurve wichtig. Die Rechts mit Tempo 180 ist nicht schwierig, aber für die lange Gerade danach muß man unbedingt soviel

12. LAUF

16. AUGUST 1998

REISETIPS

Ungarns Hauptstadt Budapest versprüht ein eigenes, sympathisches Flair und ist immer eine Reise wert. Die ungarische Bevölkerung kann mit dem Formel-1-Rennen zwar wenig anfangen, weil die Eintrittspreise für die Einheimischen zu hoch sind, aber Deutsche, Österreicher und Italiener machen gerne die Reise an die Donau und nach Mogyorod, ca. 25 km außerhalb des Zentrums.

Hier bekommt man erfahrungsgemäß sogar noch am Rennwochenende recht günstige Gästezimmer westlichen Standards. Im Gegensatz dazu sind die Hotels in Budapest sehr teuer.

Die Rennstrecke, am Rande der Autobahn M3 nach Micolsc gelegen, wurde auf relativ kleinem Raum erbaut und erlaubt eigentlich keine Überholmöglichkeiten. Entsprechend rar sind auch die wirklich attraktiven Zuschauerplätze.

Die Schikane (Kurven-Nr. 6) gehört zu den interessanteren Streckenabschnitten genau wie Kurve Nummer 11, die von den Fahrern mit hohem Tempo, über die Bordsteine ratternd, genommen wird. Eine gute Übersicht zu moderaten Preisen bietet der Hügel vor der Haupttribüne. Von hier aus kann man einen erheblichen Teil der Strecke einsehen.

Alle Plätze sind ungeschützt der oftmals sengend-heißen ungarischen Sommersonne ausgesetzt. Der Zuschauer sollte deshalb für eine Kopfbedeckung und ausreichende Getränke sorgen, ansonsten ist ein Sonnenstich fast vorprogrammiert.

Kartenverkauf
GFG Import Handels-GmbH
Modecenterstr. 15
A - 1110 Wien
Tel. 0043 - 1 - 7493560
Fax 0043 - 1 - 7496795

Preise
60 - 640 DM
Landeswährung Forint

1 : 1.500.000 (1cm ≈ 15 km)

Michael Schumacher konnte 1997 dem Druck von Arrows-Pilot Damon Hill nicht standhalten.

Schwung wie möglich mitnehmen. Deshalb geht man die zweite Kurve ein wenig langsamer an als es möglich ist, damit man die dritte optimal erwischt.

Auf der Geraden kommt man in den sechsten Gang und erreicht 275 km/h. Für die folgende kurze Links muß man in den Vierten zurückschalten. In dieser Tempo-200-Kurve ist das Auto normalerweise ein wenig nervös, was das größte Problem dieser Ecke ist.

Im Fünften geht es weiter durch eine Doppelrechts. In diesem langen Teil bewegt man sich bei 135 km/h zwischen drittem und zweitem Gang. Es ist hier sehr holperig, das Auto ist unheimlich nervös, man hat dauernd mit Untersteuern zu kämpfen, und man muß die ganze Zeit mit dem Gaspedal spielen. Ausgangs schaltet man hoch in den vierten und fünften Gang bis zur sechsten Kurve, einer kleinen aber harten S-Kombination. Mit 240 km/h kommt man richtig flott an, und man schaltet vom fünften in den zweiten Gang zurück. Dann geht es mit 95 km/h hart links und rechts über die Curbs und dann sofort wieder aufs Gas.

Man kommt dann zur siebten und achten Kurve, einer langgezogenen Links-Rechts-Kombination. Sie wird ganz im Vierten genommen, wobei man

Der Start-Ziel-Bereich ähnelt den amerikanischen Ovalkursen.

sehr leicht das Auto verlieren kann. Sowohl im Links- als auch im Rechtsteil neigt das Auto zum Übersteuern. Hier gibt es jede Menge Unfälle.

Dafür ist die nächste Kurve, voll im fünften Gang mit 250 km/h, ziemlich einfach. Man sollte sich allerdings schön innen halten, damit man die Kurve zehn richtig erwischt. Die wird im fünften Gang mit rund 200 km/h genommen. Die kurveninneren Curbs werden ein wenig berührt, und dann geht es ganz nach außen auf die Curbs und bergab in den sechsten Gang. Die elfte Kurve ist eine Art Schikane, die 160 km/h verträgt – verdammt eng, mit vielen Bodenwellen, die Curbs werden auf beiden Seiten benutzt, alles sehr schwierig.

Weiter geht es im fünften Gang zur zwölften Kurve, einer Haarnadel und mit 95 km/h zusammen mit Kurve sechs die langsamste Stelle. Ausgangs muß man soviel Platz wie möglich nutzen, nur so kann man schnell Tempo aufbauen.

Die letzte Kurve ist eine Schlüsselstelle. Rund 130 km/h schnell, lang, holperig und ganz wichtig für die Gerade danach. Dort ist die einzige Stelle, an der man überholen kann. Deswegen muß man Kurve 13 richtig erwischen. Sie ist physisch sehr anspruchsvoll, wie insgesamt die ganze Strecke sehr anstrengend ist. Normalerweise ist es sehr warm, und es gibt kaum eine Gerade, auf der man sich ausruhen kann. Einer der anstrengendsten Kurse des Kalenders.

RENNREPORT ZUM AUSFÜLLEN

Startaufstellung

Pole Häkkinen 1.17.131	
	2. Coulthard 1:17,366
3. M. Schumacher 1:18,214	
	4. Hill 1:18,325
5. Irvine 1:18,337	
	6. Villeneuve
7. Frentzen	
	8. Fisichella
9. Wurz	
	10. R. Schumacher
11. Alesi	
	12. Diniz
13. Salo	
	14. Barrichello
15. Herbert	
	16. Trulli
17. Verstappen	
	18. Takagi
19. Nakano	
	20. Panis
21. Tuero	
	22.

Pole-Zeit 1.16,973 Min.

Wetter bitte ankreuzen

Training

☐ sonnig ☒ sonnig/bewölkt ☐ bewölkt ☐ Regen

Rennen

☐ sonnig ☒ sonnig/bewölkt ☐ bewölkt ☐ Regen

Zieleinlauf

Fahrer	Punkte
1. M. Schumacher 1:45:25,550	10
2. Coulthard 1:45:34,983	6
3. Villeneuve 1:46:09,994	4
4. Hill 1:46:20,626	3
5. Frentzen 1:46:22,060	2
6. Häkkinen 1 Rd. 1:45:29,929	1
7. Alesi	
8. Fisichella	
9. R. Schumacher	
10. Herbert	
11. Diniz	
12. Panis	
13. Verstappen	
14. Takagi	
15. Nakano	
16. Wurz *	
17.	
18.	
19.	
20.	

WM-Stand nach 12 Läufen

Fahrer	Punkte
1. Häkkinen	77
2. M. Schumacher	70
3. Coulthard	48
4. Irvine	32
5. Villeneuve	20
6. Wurz	17
7. Fisichella	15
8. Frentzen	10
9. Hill	6
10. Barrichello, R. Schumacher	4
11.	
12. Salo, Alesi	3
13.	
14. Herbert, Diniz	1
~~15.~~ 14. Magnussen	1
16.	
17.	
18.	
19.	
20.	

Notizen

Rundenrekord Mansell 92, 1:18.308 = 182,418 km/h
Schnellste Rd. M. Schumacher 1:19.286 = 180,349 km/h
115 000 Zuschauer
Rosset Quali-Limit nicht erreicht (107 %)
Schumacher + Ferrari überragend durch 3 Box Strategie
Häkkinen Probleme mit Vorderachse. Stabi gebrochen.

Ausfälle

Fahrer/Runde/Ursache

* Wurz 69 Antriebsschaden
Barrichello 54 Getriebe "
Trulli 28 Motor – "
Salo 18 Getriebe – "
Irvine 13 Getriebe – "
Tuero 13 Motor – "

Konstrukteurs-WM nach 12 Läufen

Team	Punkte
1. McLaren	125
2. Ferrari	102
3. Benetton	32
4. Williams	30
5. Jordan	10
6. Stewart-Ford	5
7. Arrows, Sauber	4
8.	
9.	

13. LAUF 30. AUGUST 1998

SPA-FRANCORCHAMPS

Großer Preis von Belgien

Von der Ziellinie an geht es ein ganz klein wenig bergauf zur mit 60 km/h langsamsten Stelle des Kurses, der La Source, einer Erste-Gang-Haarnadelkurve. Vor ihr kann man ganz gut überholen.

Von hier aus stürzt man sich runter zur Eau Rouge, eindeutig die phantastischste Kurve überhaupt, eine große Herausforderung. Es ist, als ob man durch

In Spa gab es 1997 ein Novum: Erstmals in der Geschichte der Formel 1 wurde ein Rennen hinter dem Safety-Car gestartet. Der Grund war ein Wolkenbruch, der die Strecke kurz vor dem Start überschwemmt hatte. Beim Reifenpoker hatte dann einmal mehr der König von Spa das beste Händchen. Michael Schumacher gewann zum vierten Mal auf seiner Lieblingsstrecke, vor Fisichella und Frentzen.

Circuit de Spa-Francorchamps

Distanz: 44 Runden à 6,968 km (306,592 km)
Schnellste Runde 1997: Jacques Villeneuve (CDN), Williams-Renault, in 1.52,692 Min. (222,596 km/h)
Schnitt des Siegers 1997: 196,149 km/h

Historie

Erster Grand Prix von Belgien 1950 in Spa
Sieger Juan-Manuel Fangio (ARG), Alfa Romeo

Sieger der letzten 10 Rennen

1997	Michael Schumacher (D)	Ferrari
1996	Michael Schumacher (D)	Ferrari
1995	Michael Schumacher (D)	Benetton-Renault
1994	Damon Hill (GB)	Williams-Renault
1993	Damon Hill (GB)	Williams-Renault
1992	Michael Schumacher (D)	Benetton-Ford
1991	Ayrton Senna (BR)	McLaren-Honda
1990	Ayrton Senna (BR)	McLaren-Honda
1989	Ayrton Senna (BR)	McLaren-Honda
1988	Ayrton Senna (BR)	McLaren-Honda Turbo

Häufigste Sieger

5x Senna (85, 88 - 91), je 4x Clark (62 - 65), M. Schumacher (92, 95 - 97), 3x Fangio (50, 54, 55)

Großer Preis von Belgien 1997

24. August 1997, 12. Lauf. Warm, bewölkt, anfangs Gewitter, später trocken, 80.000 Zuschauer

Pl. Fahrer	Team	Zeit/Rückstand
1. Michael Schumacher (D)	Ferrari	1:33.46,717 Std.
2. Giancarlo Fisichella (I)	Jordan-Peugeot	26,753 Sek.
3. Heinz-Harald Frentzen (D)	Williams-Renault	32,147 Sek.
4. Johnny Herbert (GB)	Sauber-Petronas	39,025 Sek.
5. Jacques Villeneuve (CDN)	Williams-Renault	42,103 Sek.
6. Gerhard Berger (A)	Benetton-Renault	1.03,741 Min.

Weitere

7. Diniz (1.25,931 Min.), 8. Alesi (1.42,008 Min.), 9. Morbidelli (1.42,582 Min.), 10. Irvine (1 Rd.), 11. Salo (1 Rd.), 12. Magnussen (1 Rd.), 13. Hill (2 Rd.), 14. Katayama (2 Rd.), 15. Trulli (2 Rd.)

Disqualifiziert: Mika Häkkinen (3. Platz) wegen regelwidrigen Benzins

Ausfälle

Irvine (44. Runde, Unfall/aufgrund der zurückgelegten Distanz gewertet), Hill (43. Rd., Radmutter/gewertet), Katayama (43. Rd., Elektronik/gewertet), Verstappen (26. Rd., Unfall), R. Schumacher (22. Rd., Unfall), Coulthard (20. Rd., Dreher), Marques (19. Rd., Dreher), Barrichello (9. Rd., Unfall), Nakano (6. Rd., Elektronik)

Die Fans huldigen dem neuen König von Spa: Michael Schumacher.

Michael Schumacher beschreibt eine fliegende Runde

die Luft fliegt, und plötzlich steht ein riesiger Berg vor einem. Man hat das Gefühl, als würde man in die Straße hinein, statt darüberhinweg fahren. Und wenn das Auto rechts einlenkt und man in der Mitte der Raidillon bei 270 km/h voll auf dem Gas bleibt, ist das so ziemlich das Befriedigendste, was ein Rennfahrer erleben kann.

Nach einer langen Geraden kommt man zur Les Combes, wo es die Möglichkeit zum Ausbremsen gibt. Die Bremszone ist allerdings ziemlich wellig. Rein geht es im dritten Gang mit 130 km/h. Der zweite Teil der Schikane geht nach rechts, aber man muß sich unbedingt auf der linken Seite der Straße halten. Nur so erwischt man die beste Linie für die Rivage.

Dort kann man ganz unterschiedliche Linien fahren. Hier ist es wirklich aufregend, weil das Auto zum Übersteuern tendiert und ausbrechen will. Genau hier bin ich 1996 deswegen beim Training in die Leitplanken gerauscht. Darüber hinaus ist es eine wichtige Kurve, um genug Geschwindigkeit runter Richtung Pouhon aufzubauen. Das ist eine wirklich schwierige Doppel-Links mit Tempo 260 bis 270. Schwierig deswegen, weil man den Ausgang der Kurve nicht einsehen kann. Und das wiederum macht einen Fahrer unsicher, wieviel Speed die Kurve letztendlich verträgt. Das Rauskommen aus der Kurve ist ein bißchen einfacher. Hat man erst einmal den Scheitelpunkt gefunden, geht es mit Vollgas bis zum Kurvenausgang, während man schon auf die nächste Kurve zielt, die extrem trickreiche Schikane namens Des Fagnes. Man kann da mit Tempo 150 ziemlich flott reingehen, gut im dritten Gang, während man zuerst rechts und dann links einlenkt. Der linke Teil der Schikane ist der schwierige, denn gewöhnlich geht einem

RTL

Sendezeiten

SAMSTAG, 29. AUGUST
12.45 h F1-Zeittraining (bis ca. 14.15 h)

SONNTAG, 30. AUGUST
11.50 h STW Salzburg 8. Lauf
13.15 h FORMEL 1: Countdown
13.50 h Das Rennen
15.45 h Highlights (bis ca. 16.15 h)

REISETIPS

Zwei Drittel der Formel-1-Rennfahrer bezeichnen Spa-Francorchamps als ihre Lieblingsstrekke. Und auch bei den deutschen Fans ist der Kurs in den Ardennen sehr beliebt.

Obwohl das Rennen Ende August ausgetragen wird, kann es in den Höhenzügen schon empfindlich kühl werden. Und der Wettergott beglückt die Fans (und Michael Schumacher) fast jedes Jahr mit ergiebigen Regenfällen.

Die Strecke bietet eine Vielzahl guter Zuschauerplätze. Sehr beliebt ist natürlich die Tribüne bei Eau Rouge. Aber auch im Bereich zwischen Rivage und Pouhon auf dem steilen Hügel hat man einen guten Überblick. Interessant ist auch der Bereich der Bus-Stop-Schikane. Hier muß man allerdings frühzeitig seinen Streckenplatz einnehmen, da nur die ersten Reihen

1 : 1.300.000 (1cm ≈ 13 km)

direkt am Zaun eine optimale Sicht aufs Geschehen haben.

Wer es sich leisten kann, ist natürlich in La Source, der Haarnadelkurve nach Start und Ziel, bestens aufgehoben. Noch besser sind die neuerrichteten Tribünen gegenüber der Boxengasse. Hier kann man den in Spa besonders tückischen Start beobachten und verfolgen, wie die Wagen im Pulk auf die enge 180°-Kurve La Source zufahren.

Mit Hotels kann die Gegend um Spa nur in beschränktem Umfang aufwarten. Und zur Grand-Prix-Zeit sind die Zimmer meist auf Jahre ausgebucht. Deshalb bleibt den Fans eigentlich nur der Campingplatz oder die Fahrt über die deutsche Grenze. Im letzteren Fall muß man jedoch auf die ausgezeichnete, wenn auch etwas deftige wallonisch-belgische Küche verzichten, die mehr zu bieten hat als die legendären Pommes-Frites, die hier allerdings an jeder Imbißbude ein Genuß sind.

Kartenverkauf
Circuit de Spa-Francorchamps
Route du Circuit 55
B - 4970 Francorchamps
Tel. 0032 - 87 - 275138
Fax 0032 - 87 - 275296

Preise
ca. 270 - 660 DM
100,- bfrs = ca. 4,85 DM

am Kurvenausgang die Strecke aus. Das ist mir im 94er Grand Prix passiert, als ich mich damals gedreht hatte. Zum Glück konnte ich weiterfahren.

Als nächstes kommt die Stavelot, eine enge Rechtskurve, die rund 140 km/h verträgt. Diese Kurve ist einfach ein linkes Teil und paßt so gar nicht zum übrigen Kurs. Wenn das Auto gut liegt, kann man Stavelot mit Vollgas nehmen, obwohl man meistens ein wenig beim Kurveneingang lupft. Zuviel Beschleunigung würde nämlich ein Untersteuern bewirken und damit einen geringeren Speed.

Blanchimont ist dann wieder eine Höchstgeschwindigkeitskurve – ausgesprochen anspruchsvoll und auch noch wellig. Die geht volle Lotte im sechsten oder siebten Gang, je nach Getriebe, also mit rund 300 km/h. Obwohl man sich immer wieder – vor allem im Qualifying – vornimmt, hier voll stehen zu lassen, lupft man dann im Rennen den Fuß doch ein wenig vom Gas.

Dann geht es zur Bus-Stop-Schikane, die allein schon wegen der Curbs sehr „tricky“ ist. Im Vergleich zu all den anderen Kurven ist es hier auch sehr eng, so daß man eine komplett andere Fahrtechnik anwenden muß. Nur so kommt man durch den Eingang des ersten Teils – eine Linkskurve mit 80 km/h – durch. Der folgende Rechtsschwenk, der Richtung Ausgang führt, bringt einen dann ziemlich flüssig zur Ziellinie.

Überholt werden – und damit für die Zuschauer auch sehr interessant – kann vor Les Combes, vor der Bus-Stop und auch vor La Source. Insgesamt braucht man wegen der vielen Hochgeschwindigkeitskurven ein gut ausbalanciertes Auto. Und dann gibt es in Spa immer noch eine große Frage: Wird es regnen? Wenn ja, dann ist Spa noch aufregender.

1997 startete die Formel 1 erstmals hinter einem Safety-Car.

Der längste Kurs im F1-Kalender ist ein Mix aus Landstraßen und extra angelegten Streckenteilen.

RENNREPORT ZUM AUSFÜLLEN

Startaufstellung

Pole Häkkinen → 1:48,845	2. Coulthard
3. Hill 1:49,728	4. M. Schumacher 1:50,027
5. Irvine 1:50,189	6. Villeneuve 1:50,204
7. Fisichella	8. R. Schumacher
9. Frentzen	10. Alesi
11. Wurz	12. Herbert
13. Trulli	14. Barrichello
15. Panis	16. Diniz
17. Verstappen	18. Salo
19. Takagi	20. Rosset
21. Nakano	22. Tuero

Pole ist auf der Rechten Seite

Pole-Zeit 1.48,682 Min.

Wetter bitte ankreuzen

Training

- [ ] sonnig
- [x] sonnig/bewölkt
- [ ] bewölkt
- [ ] Regen

Rennen

- [ ] sonnig
- [ ] sonnig/bewölkt
- [ ] bewölkt
- [x] Regen

Zieleinlauf

Fahrer	Punkte
1. 44 Rd. Hill 1:43:47,407	10
2. 44 R. Schumacher 1:43:48,339	6
3. 44 Alesi 1:43:54,647	4
4. 44 Frentzen 1:44:19,650	3
5. 44 Diniz 1:44:39,089	2
6. 42 Rd. Trulli 1:44:42,230	1
7. Coulthard	
8. Nakano	
9.	
10.	
11.	
12.	
13.	
14.	
15.	
16.	
17.	
18.	
19.	
20.	

WM-Stand nach 13 Läufen

Fahrer	Punkte
1. Häkkinen	77
2. M. Schumacher	70
3. Coulthard	48
4. Irvine	32
5. Villeneuve	20
6. Wurz	17
7. Hill	16
8. Fisichella	15
9. Frentzen	13
10. R. Schumacher	10
11. Alesi	7
12. Barrichello	4
13. Salo / Diniz	3
14.	
15. Herbert Magnussen	1
~~16.~~ Trulli	1
17.	
18.	
19.	
20.	

Notizen

Sintflutartige Regen – Start-Karambolage (13 Autos)
27 Rd. Karambolage Unfall zw. Schumacher + Coulthard – Schumacher lag mit 37 Sec. vor Hill. Ausfall Radaufhängung abgerissen.
100 000 Zuschauer Rekord. Prost williams
1:51,095 = 225,99 km/h.
Schnellste Runde: M. Schumacher
2:03,766 = 202,679 km/h

Ausfälle

Fahrer/Runde/Ursache

Fisichella 26 Kollision m. Nakano
M. Schumacher 25. Unfall Radaufhäng. abgerissen.
Irvine 25 Unfall
Tuero 17 Elektrikdefekt.
Villeneuve 16 Unfall
Takagi 10 Unfall
Verstappen 8 Motorschaden.
Wurz 0 Lenkungsdefekt nach Kollision mit Coulthard.
Häkkinen 0 Kollision mit Herbert nach zweiten Start
Panis 0 Massen Kollision 1. Start
Barrichello 0 "
Salo 0 "
Rosset 0 "

Konstrukteurs-WM nach 13 Läufen

Team	Punkte
1. McLaren	125
2. Ferrari	102
3. Williams	33
4. Benetton	32
5. Jordan	26
6. Sauber	8
7. Arrows	6
8. Stewart	5
9. Prost	1

14. LAUF

13. SEPTEMBER 1998

MONZA

Großer Preis von Italien

Das langweiligste Rennen der Saison 1997 fand in Monza statt. Der Hochgeschwindigkeitskurs ließ so gut wie keine Überholmanöver zu. Entscheidendes fand wie so oft in der Box statt: Der führende Jean Alesi bog zusammen mit dem Zweiten, David Coulthard, zum kleinen Service ab. Die McLaren-Crew war ein paar Zehntel schneller – und Coulthard siegte.

Eines vorab: Eine fliegende Runde auf der Powerstrecke Monza ist eine ziemlich unkomfortable Angelegenheit. Sie beinhaltet nämlich eine Menge Räubereien über die Randsteine.

Du fliegst auf die erste Kurve, die Variante Goodyear, mit rund 350 km/h zu. Klar, daß du da richtig hart bremsen mußt. Du mußt die Curbs auf der linken wie auf der rechten Seite voll mitnehmen. Es ist einfach der schnellste Weg, wenn du versuchst, die Schikane so gerade wie möglich zu durchfahren.

Johnny Herbert und seine Kollegen

RTL

Sendezeiten

SAMSTAG, 12. SEPTEMBER	
12.45 h	F1-Zeittraining (bis ca. 14.15 h)
SONNTAG, 13. SEPTEMBER	
11.50 h	STW Oschersleben 9. Lauf
13.15 h	FORMEL 1: Countdown
13.50 h	Das Rennen
15.45 h	Highlights (bis ca. 16.45 h)

gedachten 1997 in Monza der tödlich verunglückten Prinzessin Diana.

Autodromo Nazionale di Monza

Distanz: 53 Runden à 5,770 km (305,810 km)
Schnellste Runde 1997: Mika Häkkinen (FIN), McLaren-Mercedes, in 1.24,808 Min. (244,929 km/h)
Schnitt des Siegers 1997: 238,036 km/h

Historie

Erster Grand Prix von Italien 1950 in Monza
Sieger Dr. Giuseppe Farina (I), Alfa Romeo

Sieger der letzten 10 Rennen

1997	David Coulthard (GB)	McLaren-Mercedes
1996	Michael Schumacher (D)	Ferrari
1995	Johnny Herbert (GB)	Benetton-Renault
1994	Damon Hill (GB)	Williams-Renault
1993	Damon Hill (GB)	Williams-Renault
1992	Ayrton Senna (BR)	McLaren-Honda
1991	Nigel Mansell (GB)	Williams-Renault
1990	Ayrton Senna (BR)	McLaren-Honda
1989	Alain Prost (F)	McLaren-Honda
1988	Gerhard Berger (A)	Ferrari Turbo

Häufigste Sieger

4x Piquet (80, 83, 86, 87), je 3x Fangio (53 - 55), Moss (56, 57, 59), Peterson (73, 74, 76), Prost (81, 85, 89)

Großer Preis von Italien 1997

7. September 1997, 13. Lauf. Bewölkt, schwül, 120.000 Zuschauer

Pl. Fahrer	Team	Zeit/Rückstand
1. David Coulthard (GB)	McLaren-Mercedes	1:17.04,609 Std.
2. Jean Alesi (F)	Benetton-Renault	1,937 Sek.
3. Heinz-Harald Frentzen (D)	Williams-Renault	4,343 Sek.
4. Giancarlo Fisichella (I)	Jordan-Peugeot	5,871 Sek.
5. Jacques Villeneuve (CDN)	Williams-Renault	6,416 Sek.
6. Michael Schumacher (D)	Ferrari	11,481 Sek.

Weitere

7. Berger (12,471 Sek. zurück), 8. Irvine (17,639 Sek.), 9. Häkkinen (49,373 Sek.), 10. Trulli (1.02,706 Min.), 11. Nakano (1.03,327 Min.), 12. Morbidelli (1 Rd.), 13. Barrichello (1 Rd.), 14. Marques (3 Rd.)

Ausfälle

Hill (47. Runde, Motor), R. Schumacher (40. Rd., Unfallfolgen), Herbert (39. Rd., Unfall), Salo (34. Rd., Motor), Magnussen (32. Rd., Antrieb), Verstappen (13. Rd., Getriebehydraulik), Katayama (9. Rd., Reifen), Diniz (5. Rd., Aufhängung)

Du bist im zweiten Gang und verläßt die Schikane im dritten.

Die Curva Grande ist kein Thema und geht zügig mit rund 280 km/h. An der zweiten Schikane benutzt du den ersten Curb nicht, der ist einfach zu heftig. Auch hier bist du zuerst im zweiten, ausgangs dann im dritten Gang.

Die erste Lesmo, du kommst hier mit 270 km/h an und mußt runter auf 165 km/h bremsen, ist unter dem Grip-Aspekt eine der unangenehmsten Kurven überhaupt. Im Bereich Kurveneingang bis zum Scheitelpunkt gibt es Untersteuern ohne Ende, dann allerdings wechselt der Belag, die Reifen krallen sich richtig rein und mit dem Untersteuern ist Schluß. Das kann dein Auto ein wenig unruhig werden lassen, und deswegen solltest du an dieser Stelle ausreichend Platz einplanen.

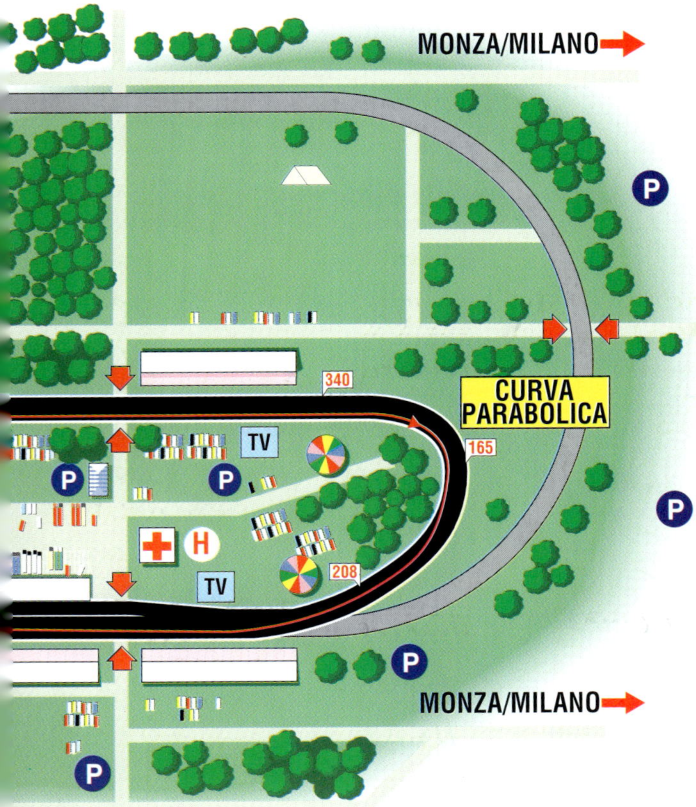

Johnny Herbert beschreibt eine fliegende Runde

Die zweite Lesmo mußt du so rund 75 Meter vorher aus Tempo 260 heraus anbremsen und dann im dritten Gang mit 160 km/h nehmen. An der Stelle, wo du rechts einlenkst, fällt die Strecke ein wenig nach außen ab. Da das die Wagenfront ein bißchen leichter macht, kann es passieren, daß du in der Mitte der Kurve an Grip verlierst. Auf jeden Fall benutzt du kurvenausgangs die Curbs. Von da an geht es mit Vollgas weiter.

Wenn du die Variante Ascari erreichst, stellt sich ein gutes Gefühl ein. Die Strecke wechselt von einem ziemlich engen Teil in ein offenes Areal. Du hast hier vor dir eine große Tribüne, und das gibt dir einen guten Eindruck von der Atmosphäre an der Strecke. Das Anbremsen ist ziemlich schwierig, weil es hier sehr wellig ist. Zuerst brauchst du den zweiten, dann den dritten Gang. Da nach der Ascari eine ziemlich lange Gerade kommt, ist es

14. LAUF 13. SEPTEMBER 1998

RENNREPORT ZUM AUSFÜLLEN

Startaufstellung

Pole M. Schumacher	2. Villeneuve 1.25.561
3. Häkkinen 1.25.679	4. Coulthard 1.25.987
5. Irvine 1.26.159	6. R. Schumacher 1.26.309
7. Wurz	8. Alesi
9. Panis	10. Trulli
11. Fisichella	12. Frentzen
13. Barrichello	14. Hill
15. Herbert	16. Salo
17. Verstappen	18. Rosset
19. Takagi	20. Diniz
21. Nakano	22. Tuero

Pole-Zeit 1.25,289 Min.

Wetter bitte ankreuzen

Training

☐ sonnig ☒ heiter ☐ bewölkt ☐ Regen

Rennen

☐ sonnig ☒ heiter ☐ bewölkt ☐ Regen

Zieleinlauf

Fahrer	Punkte
1. M. Schumacher 1:17:09,672	10
2. Irvine 1:17:47,649	6
3. R. Schumacher 1:17:50,824	4
4. Häkkinen 1:18:05,343	3
5. Alesi 1:18:~~[illegible]~~.544	2
6. Hill 1:18:16.360	1
7. Frentzen	
8. Fisichella	
9. Takagi	
10. Barrichello	
11. Tuero	
12. Rosset	
13. Trulli	
14.	
15.	
16.	
17.	
18.	
19.	
20.	

WM-Stand nach 14 Läufen

Fahrer	Punkte
1. Häkkinen	80
2. M. Schumacher	80
3. Coulthard	48
4. Irvine	38
5. Villeneuve	20
6. Hill Wurz	17
7.	
8. Fisichella	15
9. R. Schumacher	14
10. Frentzen	13
11. Barrichello	4
12. Salo Diniz	3
13.	
14.	
15. Herbert, Magnussen	1
16. Trulli	1
17.	
18.	
19.	
20.	

Notizen

190 000 Zuschauer
Rekord: Häkkinen 1:24.808
244,929
Schnellste Runde Häkkinen
1:25.139 = 243,977 km/h
53 Runden 305.81 km

Ausfälle

Fahrer/Runde/Ursache

Verstappen 39 Getriebe
Villeneuve 37 Dreher
Salo 32 Gasmechanismus
Wurz 24 Getriebe
Coulthard 16 Motor
Panis 15 Vibration Aufgabe
Nakano 13 Motor
Herbert 12 Dreher
Diniz 10 Getriebe

Konstrukteurs-WM nach 14 Läufen

Team	Punkte
1. McLaren	128
2. Ferrari	118
3. Williams	33
4. Benetton	32
5. Jordan	31
6. Sauber	10
7. Arrows	6
8. Stewart	5
9. Prost	1

ausgesprochen wichtig, die Ascari optimal zu erwischen. Du mußt auch hier wieder hart über die Curbs, und du bewegst dich dabei verdammt knapp am Kiesbeet vorbei.

Ich halte mich auf der folgenden Geraden immer auf der rechten Seite, bis zur Stelle unter der Brücke, und dann wechsle ich auf die linke Seite. Das scheinen die meisten Fahrer so zu halten, und dadurch ist es wohl die sauberste Spur.

Die Parabolica ist das beste von Monza. Das ist eine Vierte-Gang-Kurve, die mit 340 km/h rund 100 Meter vorher angebremst werden muß. Die Parabolica ist im Kurveneingang sehr, sehr schwierig, weil es hier starkes Untersteuern gibt. Du spielst vorsichtig mit dem Gaspedal, bis sich die Wagenfront beruhigt hat. Die Parabolica solltest du in einem weiten Bogen nehmen. Allerdings: Es ist ganz schön heikel, aufs Gas zu steigen, denn bei dieser weiten Linie kann dir ganz schnell die Straße ausgehen. Es handelt sich hier wahrscheinlich um den wichtigsten Teil der Strecke, besonders im Qualifying. Im Kurvenausgang versuchst du, von deinem Vordermann den Windschatten zu erwischen. Wenn dir das gelingt, sorgt das für zusätzliche 10 km/h auf der Start-Ziel-Geraden.

Die Entscheidung über den Sieg: Coulthard verließ 97 die Box vor dem bis dahin führenden Alesi.

Monza: Die schnellste Rennstrecke des Grand-Prix-Kalenders ist auch eine der traditionsreichsten.

REISETIPS

Wer es gerne hysterisch, euphorisch, chaotisch aber liebenswert mag, kommt in Monza ganz auf seine Kosten. Hier atmet das Streckengelände die langjährige Formel-1-Tradition, und hier herrscht von Freitag bis Sonntag Ausnahmezustand. An diesen Tagen gehört Monza den Ferrari-Fans, die mit italienischer Leichtigkeit auf Bäume oder Reklametafeln klettern, um ihre geliebten roten Boliden zu erblicken. Der Streckensprecher bewegt sich drei Tage lang an der schmalen Grenze zum Herzinfarkt. Und die Tifosi verfallen in Hysterie, wenn die Ferrari am Morgen das erste Mal vorbeikommen.

Die besten Zuschauerplätze sind an der Goodyear-Schikane, in der die Piloten direkt nach dem Start erfahrungsgemäß heftigst um gute Positionen kämpfen. Ein Geheimtip ist die kleine Tribüne in der Variante Roggia, der zweiten Schikane. Hier hat sich in manchen Jahren das gesamte Renngeschehen abgespielt. Ansonsten sind Monzas Tribünenplätze wenig aufregend. Auf dem ultraschnellen Kurs sind die Zuschauer aus Sicherheitsgründen weit entfernt und sehen häufig nur kleine Streckenteile ein.

1 : 1.000.000 (1cm = 10km)

In das Autodromo sollte man mit dem Auto aufgrund der ständigen Staus nicht hineinfahren. Parken kann man auch außerhalb des Parks in Seitenstraßen, von wo man nach dem Rennen viel besser weg kommt. Für die Übernachtung sollte man sich ein Zimmer am Comer See suchen. Die Gegend ist eine ruhige Alternative zum hektischen, staugeplagten Monza und verfügt über ausreichend Betten.

Unbedingt sollte man die kleinen Läden hinter dem Fahrerlager besuchen. Hier findet der Fan wirklich alles, was sein Herz begehrt zu günstigen Preisen.

Kartenverkauf

Autodromo Nazionale Monza
I - 20052 Monza
Tel. 0039 - 39 - 24821
oder 0039 - 39 - 2482212
Fax 0039 - 39 - 2482407
oder 0039 - 39 - 320324

Preise

ca. 80 - 500 DM
1.000 Lire = ca. 1,– DM

15. LAUF

27. SEPTEMBER 1998

NÜRBURGRING

Großer Preis von Luxemburg

Der zweite Heim-Grand-Prix deutscher Piloten ist eigentlich keiner mehr: Luxemburg ist offiziell Austragungsort, weil jedes Land nur einen Formel-1-Lauf austragen darf. Das Rennen 1997 sah zum Entsetzen der Schumacher-Fans bereits in der ersten Kurve eine Vorentscheidung. Ralf Schumacher schoß seinen Bruder Michael ab, der Kampf um die WM fand an diesem Tag ohne den Ferrari-Fahrer statt. Doch auch Jacques Villeneuve konnte erst jubeln, nachdem beide McLaren-Mercedes in Führung liegend mit kapitalen Motorschäden ausfielen.

Auf der Start-Ziel-Geraden fährt man im sechsten Gang, was in der Nürburgringübersetzung rund 275 km/h ausmacht. Dann muß man scharf bremsen, runter in den dritten Gang schalten und in den ersten Teil des Castrol-S einlenken. Die Ecke verträgt zwischen 120 und 130 km/h. Es ist wichtig, daß man gut reinkommt aber noch wichtiger, daß man sauber und zügig wieder aus der Kurve rauskommt. Denn die Ausfahrt ist recht lang, und mit Tempo 250 geht es entsprechend schnell über die Conti-Spange auf die nächste Kurve zu, eine Linksschere, die man im vierten Gang anfährt.

RTL

Sendezeiten

SAMSTAG, 26. SEPTEMBER
12.45 h Zeittraining (bis ca. 14.15 h)

SONNTAG, 27. SEPTEMBER
13.00 h Countdown
13.50 h Das Rennen
16.00 h Highlights (bis ca. 17.00 h)

SONNTAG, 4. OKTOBER
13.30 h STW Nürburgring 10. Lauf (bis ca. 15.45 h)

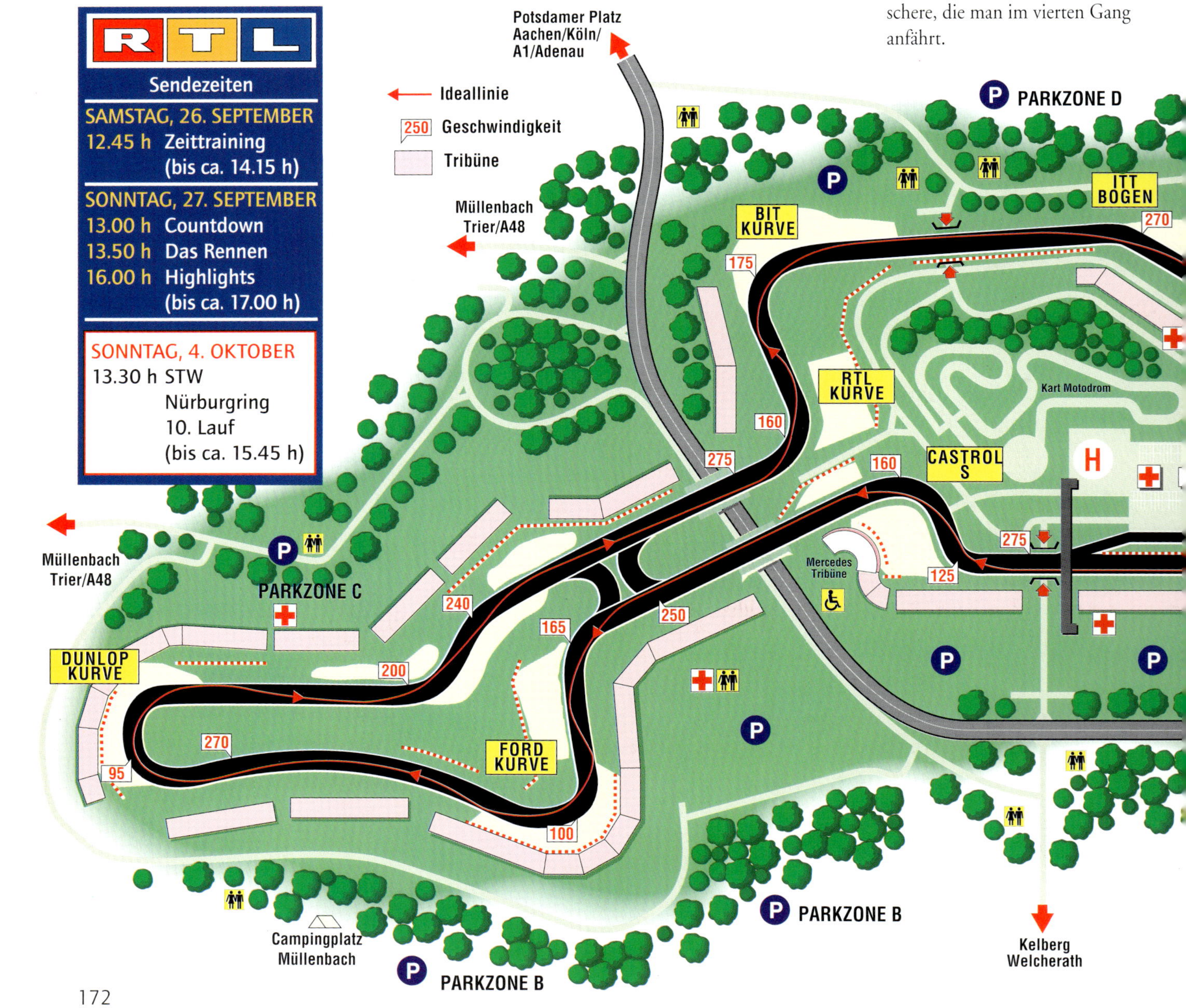

Als nächstes geht es bergab in die Ford-Kurve und runter in den zweiten Gang. Dort liegen rund 100 km/h an. Was folgt, ist eine schnelle, ganz langgezogene Links. Von den Zeiten her gesehen ist die Einfahrt in diese Linkskurve wahrscheinlich entscheidender, aber die Ausfahrt in die folgende Gerade ist deshalb so wichtig, weil anschließend die ziemlich tückische Haarnadelkurve folgt. Wenn es naß ist, kann es einen dort ganz leicht von der Piste bringen.

David Coulthard beschreibt eine fliegende Runde

Ich beschleunige jetzt den Hügel hinunter auf die Dunlop-Haarnadelkurve zu, mit etwa 95 km/h ist das einer der langsamsten Streckenteile. Man muß gehörig auf die Bremse treten und runterschalten in den zweiten Gang. Es ist wichtig, daß man die Kurve gut anfährt, denn wenn man nicht hundertprozentig rauskommt, dann kostet das wertvolle Zeit, weil man die nächste Kurve hinter der Steigung normalerweise mit einigem Tempo, guten 200 km/h, anfahren kann. Es ist eine sehr schnelle Linkskurve, die man im fünften Gang durchfahren kann.

Dann geht es ziemlich gerade auf die nächste Linkskehre zu, die RTL-Kurve. Die nimmt man im dritten Gang bei rund 160 km/h, bevor es dann im vierten auf die schnellere Bit-Kurve zugeht. Im Grunde handelt es sich eher um eine Schikane als um zwei einzelne Kurven.

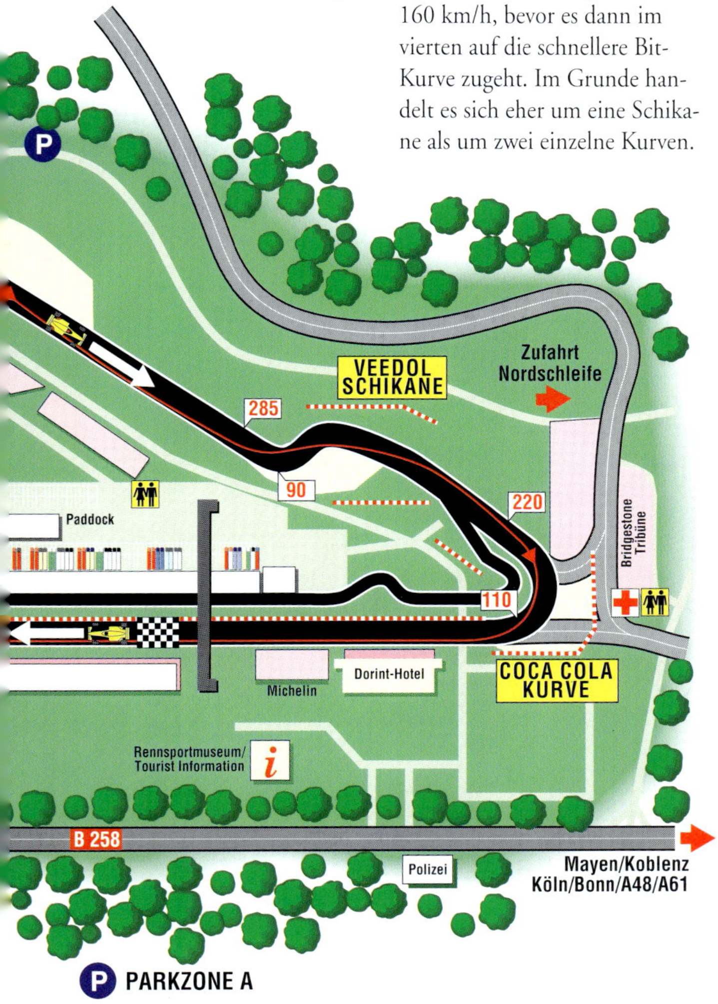

Coulthard hatte 97 den Sieg vor Augen – aber Villeneuve gewann.

Nürburgring

Distanz: 67 Runden à 4,556 km (305,252 km)
Schnellste Runde 1997: Heinz-Harald Frentzen (D), Williams-Renault, in 1.18,805 Min. (208,128 km/h)
Schnitt des Siegers 1997: 200,232 km/h

Historie

Erster Grand Prix auf dem Nürburgring 1951 als GP von Deutschland
Sieger Alberto Ascari (I), Ferrari
Erster Grand Prix auf dieser Strecke 1984
Sieger Alain Prost (F), McLaren-TAG-Porsche Turbo

Sieger der letzten 10 Jahre

1997	Jacques Villeneuve (CDN)	Williams-Renault
1996	Jacques Villeneuve (CDN)	Williams-Renault
1995	Michael Schumacher (D)	Benetton-Renault
1985	Michele Alboreto (I)	Ferrari Turbo
1984	Alain Prost (F)	McLaren-TAG-Porsche Turbo
1976	James Hunt (GB)	McLaren-Ford
1975	Carlos Reutemann (ARG)	Ferrari
1974	Clay Regazzoni (CH)	Brabham-Ford
1973	Jackie Stewart (GB)	Tyrrell-Ford
1972	Jacky Ickx (B)	Ferrari

Häufigste Sieger

je 3x Fangio (54, 56, 57), Stewart (68, 71, 73)

Großer Preis von Luxemburg 1997

28. September 1997, 15. Lauf. Heiter, warm, 120.000 Zuschauer

Pl. Fahrer	Team	Zeit/Rückstand
1. Jacques Villeneuve (CDN)	Williams-Renault	1:31.27,843 Std.
2. Jean Alesi (F)	Benetton-Renault	11,770 Sek.
3. Heinz-Harald Frentzen (D)	Williams-Renault	13,480 Sek.
4. Gerhard Berger (A)	Benetton-Renault	16,416 Sek.
5. Pedro Diniz (BR)	Arrows-Yamaha	43,147 Sek.
6. Olivier Panis (F)	Prost-Mugen-Honda	43,750 Sek.

Weitere

7. Herbert (44,354 Sek. zurück), 8. Hill (44,777 Sek.), 9. Morbidelli (1 Rd.), 10. Salo (1 Rd.)

Ausfälle

Verstappen (51. Runde, Motor), Häkkinen (44. Rd., Motor), Barrichello (44. Rd., Hydraulik), Coulthard (43. Rd., Motor), Magnussen (41. Rd., Antriebswelle), Irvine (23. Rd., Motor), Nakano (17. Rd., Motor), M. Schumacher (3. Rd., Aufhängung gebrochen), Marques (2. Rd., Motor), Katayama (2. Rd., Unfall), R. Schumacher (1. Rd., Unfall), Fisichella (1. Rd., Unfall)

REISETIPS

Eines ist klar: Am 27.9.1998 wird der Nürburgring auf keinen Fall ein derartiges Politprominenz-Aufgebot erleben wie im vergangen Jahr. Denn es ist der Sonntag der Bundestagswahl. Da werden sie alle in ihren Wahlkreisen darauf warten, daß das Volk ihnen in Form der Stimmzettel die Denkzettel verpaßt.

Die echten Schumacher-Fans wird die Wahl frühestens am Sonntagabend interessieren. Denn zunächst einmal wird, wenn alles klar geht, die WM Ende September in ihre entscheidende Phase treten.

Der Nürburgring erlebt, wenn das Wetter mitspielt, eine ähnlich traumhafte Camping-Atmosphäre wie Hockenheim. Im vergangenen Jahr verwöhnte herrliches Spätsommerwetter die Formel-1-Gemeinde. Es ist jedoch nicht davon auszugehen, daß sich dieses Kaiserwetter wiederholt. Deshalb sollte man bei einem Besuch der Eifel mit dem schlimmsten rechnen. Entsprechend garstig kann deshalb die Übernachtung auf dem Campingplatz werden. Aber es bleibt den Fans nicht viel anderes übrig. Denn in der Eifelregion gibt es zwar eine ganze Anzahl von Privatunterkünften, aber die sind erfahrungsgemäß weit im voraus ausgebucht.

Die Tribünen sind am Nürburgring zum großen Teil weit von der Strecke entfernt. Empfehlenswert ist auf jeden Fall der Bereich des Castrol-S. Dort kann man immer mit spannenden Einlagen der Formel-1-Fahrer rechnen. Es muß ja nicht gleich so dicke kommen wie im vergangenen Jahr.

Kartenverkauf
Nürburgring GmbH
Abteilung Kartenvorverkauf
D - 53520 Nürburg
Tel. 02691 - 923060
Fax 02691 - 923066

Preise
85 - 600 DM

1 : 2.000.000 (1cm = 20 km)

Der „neue" Ring ist mit der Nordschleife nicht zu vergleichen.

Den nächsten Hügel hinunter wird voll beschleunigt, ehe man vor der Veedol-Schikane wieder vom sechsten in den zweiten Gang herunter muß. Kein leichter Job für die Bremsen, schließlich müssen sie von über 280 auf 90 km/h verzögern. Dafür darf man dann in der Veedol ein wenig räubern, man kann hier gut die Randbefestigung benutzen und sehen, daß man zügig wieder herauskommt.

Die Coca-Cola-Kurve ist eine langgezogene Rechtskurve, die man entweder im zweiten oder dritten Gang fährt. Sie verträgt nur etwa 110 km/h. Aber einerlei, in welchem Gang man sie durchfährt, eines ist ganz wichtig: Hier kommt es darauf an, mit optimalem Tempo auf der Ideallinie aus der Kurve rauszukommen. Denn die Geschwindigkeit, die einem Piloten hier fehlt, trägt er als Verlust die ganze lange Start-Ziel-Gerade mit sich herum.

Insgesamt gesehen mag ich den Nürburgring. So wie der Kurs angelegt ist, mit seiner Betonung auf Bodenhaftung, müßte er den McLaren-Mercedes entgegenkommen. Zumindest war das im vergangenen Jahr der Fall. Das große Problem ist allerdings, wie auf vielen anderen Strecken auch, das Überholen. Die einzigen Stellen, wo Ausbremsmanöver mit ein bißchen Mut und Können funktionieren können, sind die Veedol-Schikane und das Castrol-S. Man muß sich allerdings darauf verlassen können, daß der Gegner mitspielt.

Und dann ist da natürlich noch das in der Eifel sehr wechselfreudige Wetter. Bei Regen ist die Strecke wegen der vielen engen Kurven ausgesprochen tückisch.

Die Flugeinlage von Ralf Schumacher bescherte den Fans seines Bruders einige schlaflose Nächte.

RENNREPORT ZUM AUSFÜLLEN

Startaufstellung

Pole	M. Schumacher	2.	1:18.907 Irvine
3.	1:18.940 Häkkinen	4.	1:19.043 Fisichella
5.	1:19.169 Coulthard	6.	1:19.455 R. Schumacher
7.	Frentzen	8.	Wurz
9.	Villeneuve	10.	Hill
11.	Alesi	12.	Barrichello
13.	Herbert	14.	Trulli
15.	Panis	16.	Salo
17.	Diniz	18.	Verstappen
19.	Takagi	20.	Nakano
21.	Tuero	22.	Rosset

Pole-Zeit 1.18,561 Min.

Wetter bitte ankreuzen

Training

☐ sonnig ☐ heiter ☒ bewölkt ☐ Regen

Rennen

☐ sonnig ☐ heiter ☒ bewölkt ☐ Regen

Zieleinlauf

Fahrer		Punkte
1.	Häkkinen 1:32:14.789	10
2.	M. Schumacher 1:32:17.000	6
3.	Coulthard 1:32:48.952	4
4.	Irvine 1:33:19.571	3
5.	Frentzen 1:33:15.036	2
6.	Fisichella 1:33:16.148	1
7.	Wurz	
8.	Villeneuve	
9.	Hill	
10.	Alesi	
11.	Barrichello	
12.	Panis	
13.	Verstappen	
14.	Salo	
15.	Nakano	
16.	Tuero im Ziel aber	
17.	nicht gewertet – zu geringe	
18.	Distanz.	
19.		
20.		

WM-Stand nach 15 Läufen

Fahrer		Punkte
1.	Häkkinen	90
2.	M. Schumacher	86
3.	Coulthard	42
4.	Irvine	41
5.	Villeneuve	20
6.	Hill Wurz	17
7.		
8.	Fisichella	16
9.	Frentzen	15
10.	R. Schumacher	14
11.	Alesi	9
12.	Barrichello	4
13.	Salo + Diniz	3
14.		
15.	Herbert, Magnussen	1
~~16.~~	Trulli	1
17.		
18.		
19.		
20.		

Notizen

140000 Zuschauer
67 Runden 305,252 km.
Rekord Frentzen Williams
1:18.805 = 208.128 km/h
Schnellste Runde Häkkinen
1:20.450 = 203.873 km/h
Bewölkt bis Rechtes
Wetter

Ausfälle

Fahrer/Runde/Ursache

R. Schumacher. Bremsscheibe gebrochen 53
Herbert 37 Motor
Rosset 36 Motor
Trulli 6 Getriebe
Diniz 6 Hydraulik

Konstrukteurs-WM nach 15 Läufen

Team		Punkte
1.	McLaren	142
2.	Ferrari	127
3.	Williams	35
4.	Benetton	33
5.	Jordan	31
6.	Sauber	10
7.	Arrows	6
8.	Stewart	5
9.	Prost	1

16. LAUF

11. OKTOBER 1998

GROSSER PREIS VON ???

RTL
Sendezeiten

BITTE ACHTEN SIE AUF AKTUELLE PROGRAMM-HINWEISE IN IHRER FERNSEHZEITUNG. BEI REDAKTIONSSCHLUSS STANDEN NOCH KEINE SENDEZEITEN FEST.

Zu Saisonbeginn stand lediglich fest, daß der Große Preis von Portugal 1998 definitiv nicht stattfindet. Ob und wo an diesem Termin ein Rennen gefahren werden soll, war aber völlig offen. Zur Auswahl stehen drei Schauplätze, die im Zusammenhang mit diesem Termin immer wieder genannt wurden: Jerez (Spanien), Kyalami (Südafrika) und Zhuhai (China).

Der Kurs im chinesischen Zhuhai wäre für die Formel-1-Piloten eine völlig neue F1-Strecke und die erste überhaupt im Land der Mitte.

Zhuhai
Distanz: 71 Runden à 4,32 km (305,532 km)

Die Rennstrecke von Zhuhai liegt in der Nähe der Business-Metropole Hongkong. Bisher fanden auf dem 1996 fertiggestellten Kurs vor allem Sportwagen-, GT- und Motorradrennen statt. Die chinesische Regierung ist jedoch fest entschlossen, die Formel 1 auf diesem Kurs zu etablieren. Der erste Auftritt der Königsklasse war ursprünglich für 1998 geplant, dann auf 1999 verschoben worden – vielleicht klappt es 98 nun doch.

Rund um die Strecke entstehen und entstanden Hotels und Einkaufsmöglichkeiten – China öffnet sich dem Westen. Dazu lockt die Metropole Hongkong mit ihrem Angebot an zahllosen Unterhaltungsmöglichkeiten.

Jerez/Spanien

Die Region um die südspanische Rennstrecke von Jerez ist vor allem für ihren hervorragenden Sherry und Weinbrand bekannt.

Jerez sah im vergangenen Jahr das Saisonfinale der Formel 1, ebenfalls als Ersatz für den Portugal-Grand-Prix. Das Rennen endete mit einem Skandal, als Michael Schumacher versuchte, Williams-Pilot und Titelrivale Jacques Villeneuve abzuschießen. Mit dem Ergebnis, daß der Kanadier Weltmeister wurde und Schumacher ausschied. Im Nachhinein wurde ihm der zweite Rang im WM-Klassement genommen. Anschließend hatte der Deutsche in der Presse einen schweren Stand.

Eigentlich sollten in Jerez keine Formel-1-Rennen mehr stattfinden. Nach dem 97er GP hatten einige Lokalpolitiker einen unrühmlichen Auftritt. Die FIA war dermaßen verstimmt, daß sie den Streckenbetreibern einen Denkzettel verpassen wollte. Offensichtlich hat man sich inzwischen geeinigt, denn Jerez ist wieder im Gespräch.

Circuito de Jerez

Distanz: 69 Runden à 4,428 km (305,532 km)
Schnellste Runde 1997: Heinz-Harald Frentzen (D), Williams-Renault, in 1.23,135 Min. (191,745 km/h)
Schnitt des Siegers 1997: 185,240 km/h

Großer Preis von Europa 1997

26. Oktober 1997, 17. Lauf. Wolkig, warm, 60.000 Zuschauer

Pl. Fahrer	Team	Zeit/Rückstand
1. Mika Häkkinen (FIN)	McLaren-Mercedes	1:38.57,771 Std.
2. David Coulthard (GB)	McLaren-Mercedes	1,654 Sek.
3. Jacques Villeneuve (CDN)	Williams-Renault	1,803 Sek.
4. Gerhard Berger (A)	Benetton-Renault	1,919 Sek.
5. Eddie Irvine (GB)	Ferrari	3,789 Sek.
6. Heinz-Harald Frentzen (D)	Williams-Renault	4,537 Sek.

Weitere

7. Panis (1.07,145 Min. zurück), 8. Herbert (1.12,961 Min.), 9. Magnussen (1.17,487 Min.), 10. Nakano (1.18,215 Min.), 11. Fisichella (1 Rd.), 12. Salo (1 Rd.), 13. Alesi (1 Rd.), 14. Fontana (1 Rd.), 15. Marques (1 Rd.), 16. Verstappen (1 Rd.), 17. Katayama (1 Rd.)

Ausfälle

M. Schumacher (48. Runde, Unfall), Hill (48. Rd., Getriebe), R. Schumacher (45. Rd., Motorschaden), Barrichello (31. Rd., Getriebe), Diniz (12. Rd., Dreher)

Den Start von Jerez gewann Schumacher 1997, die WM verlor er.

Kyalami/Südafrika

Der Grand-Prix-Kurs von Kyalami liegt im Nordosten Südafrikas auf einem Hochplateau etwa 1.800 Meter über dem Meeresspiegel.

Kyalami
Distanz: 72 Runden à 4,261 km (306,792 km)

Südafrika hat zuletzt 1993 einen Formel-1-Lauf ausgetragen. Auf der Rennstrecke von Kyalami, rund 20 Kilometer nördlich von Johannesburg und 25 Kilometer südlich der Hauptstadt Pretoria gelegen, fanden von 1967 bis 1985 20 Grand Prix statt. Danach wurde das Land wegen der Apartheidspolitik geächtet, erst 1992 gab es eine Neuauflage des Südafrika-GP.

In der Sprache der Zulu bedeutet „Khyalami" soviel wie „meine Heimat". Der Kurs wurde 1961 eingeweiht und im Jahre 87 erstmals umgebaut. Die letzten kleineren Modernisierungen fanden im Winter 1996/97 statt.

Beim bisher letzten Auftritt der Formel 1 auf der südafrikanischen Piste gingen 26 Piloten an den Start – nur fünf sahen die Zielflagge. Es siegte Alain Prost (Williams), der 1993 seinen vierten WM-Titel gewann, vor Ayrton Senna (McLaren) und Mark Blundell (Ligier). Der einzige Deutsche im Feld, Michael Schumacher, strandete mit seinem Benetton im Kies, nachdem er Senna berührt hatte. Pikantes Detail: Nach einem Wolkenbruchm in Runde 68 wurde das Rennen trotz überfluteter Piste nicht abgebrochen.

RENNREPORT ZUM AUSFÜLLEN

Startaufstellung

Pole	2.
3.	4.
5.	6.
7.	8.
9.	10.
11.	12.
13.	14.
15.	16.
17.	18.
19.	20.
21.	22.

Pole-Zeit _._ _ ,_ _ _ Min.

Wetter bitte ankreuzen

Training

☐ ☐ ☐ ☐

Rennen

☐ ☐ ☐ ☐

Zieleinlauf

Fahrer	Punkte
1.	10
2.	6
3.	4
4.	3
5.	2
6.	1
7.	
8.	
9.	
10.	
11.	
12.	
13.	
14.	
15.	
16.	
17.	
18.	
19.	
20.	

WM-Stand nach 16 Läufen

Fahrer	Punkte
1.	
2.	
3.	
4.	
5.	
6.	
7.	
8.	
9.	
10.	
11.	
12.	
13.	
14.	
15.	
16.	
17.	
18.	
19.	
20.	

Notizen

Ausfälle

Fahrer/Runde/Ursache

Konstrukteurs-WM nach 16 Läufen

Team	Punkte
1.	
2.	
3.	
4.	
5.	
6.	
7.	
8.	
9.	

17. LAUF

1. NOVEMBER 1998

SUZUKA

Großer Preis von Japan

In Japan hätte 1997 die WM-Entscheidung bereits fallen können. Doch Jacques Villeneuve übersah im Training zum wiederholten Mal eine gelbe Flagge. Er durfte zwar starten, aber der Kanadier wurde nachträglich disqualifiziert. Michael Schumacher fuhr ein bravouröses Rennen und siegte nicht zuletzt Dank der Unterstützung seines Teamkollegen Eddie Irvine.

RTL

Sendezeiten

SAMSTAG, 31. OKTOBER	
05.45 h	Zeittraining (live) (bis ca. 7.15 h)
13.00 h	Zeittraining (Wiederholung)
SONNTAG, 1. NOVEMBER	
01.20 h	Warm up (bis ca. 2.00 h)
05.15 h	Countdown
05.50 h	Das Rennen (live)
14.00 h	Das Rennen (Wiederholung)
15.45 h	Highlights (bis ca. 16.15)

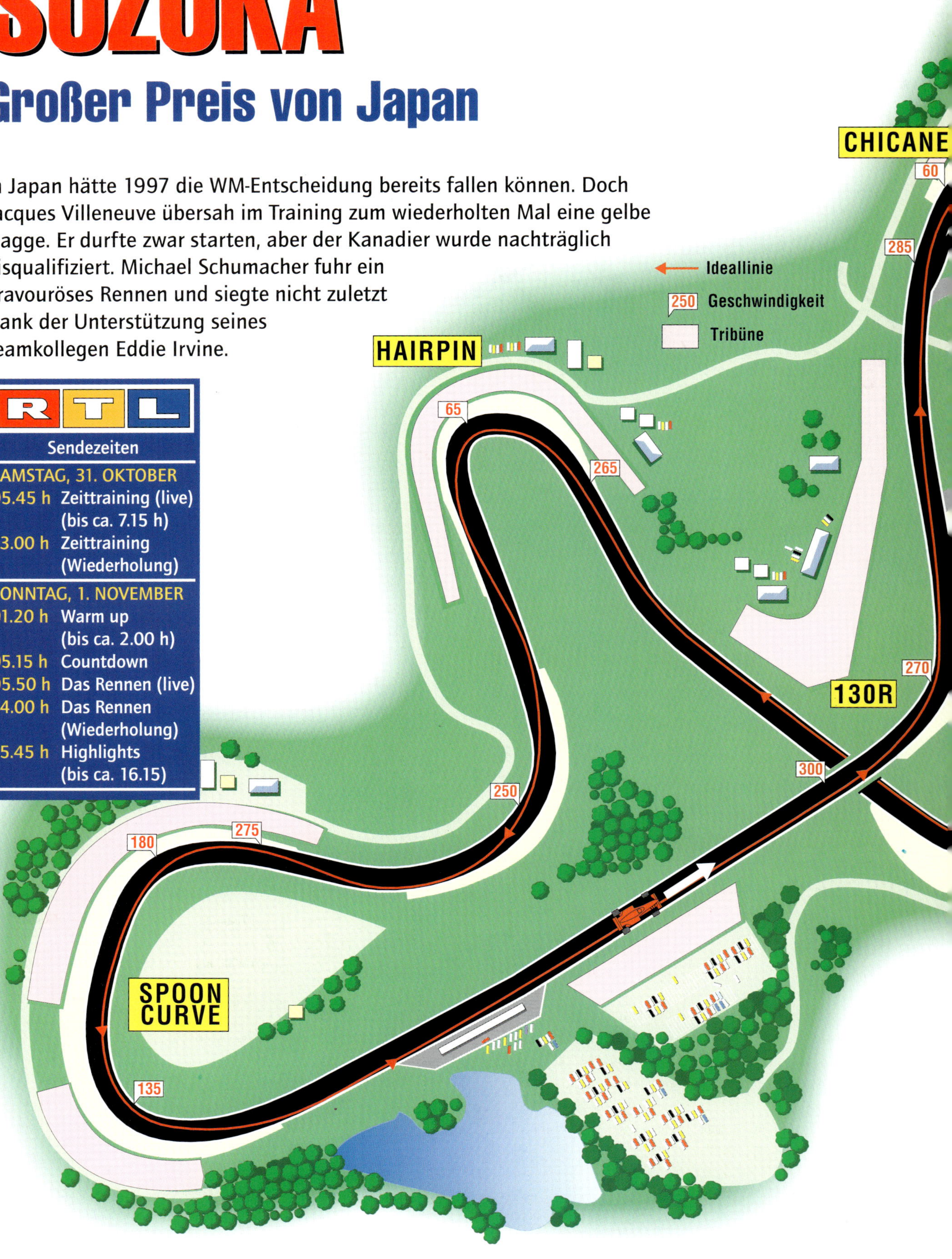

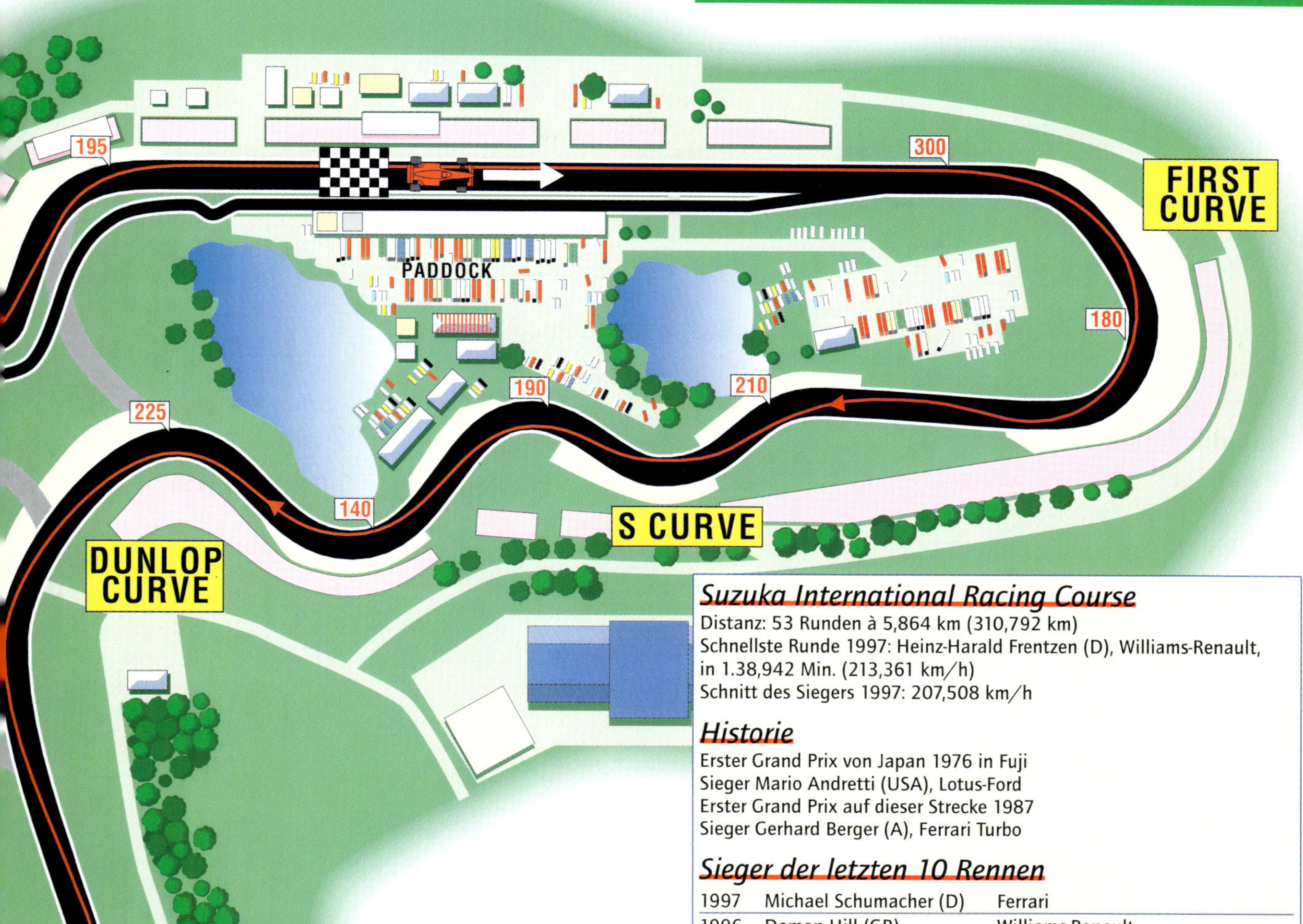

Suzuka International Racing Course

Distanz: 53 Runden à 5,864 km (310,792 km)
Schnellste Runde 1997: Heinz-Harald Frentzen (D), Williams-Renault, in 1.38,942 Min. (213,361 km/h)
Schnitt des Siegers 1997: 207,508 km/h

Historie

Erster Grand Prix von Japan 1976 in Fuji
Sieger Mario Andretti (USA), Lotus-Ford
Erster Grand Prix auf dieser Strecke 1987
Sieger Gerhard Berger (A), Ferrari Turbo

Sieger der letzten 10 Rennen

1997	Michael Schumacher (D)	Ferrari
1996	Damon Hill (GB)	Williams-Renault
1995	Michael Schumacher (D)	Benetton-Renault
1994	Damon Hill (GB)	Williams-Renault
1993	Ayrton Senna (BR)	McLaren-Ford
1992	Riccardo Patrese (I)	Williams-Renault
1991	Gerhard Berger (A)	McLaren-Honda
1990	Nelson Piquet (BR)	Benetton-Ford
1989	Alessandro Nannini (I)	Benetton-Ford
1988	Ayrton Senna (BR)	McLaren-Honda Turbo

Häufigste Sieger

je 2x Berger (87, 91), Senna (88, 93), D. Hill (94, 96), M. Schumacher (95, 97)

Großer Preis von Japan 1997

12. Oktober 1997, 16. Lauf. Wolkig, windig, warm, 140.000 Zuschauer

Pl. Fahrer	Team	Zeit/Rückstand
1. Michael Schumacher (D)	Ferrari	1:29.48,446 Std.
2. Heinz-Harald Frentzen (D)	Williams-Renault	1,378 Sek.
3. Eddie Irvine (GB)	Ferrari	26,384 Sek.
4. Mika Häkkinen (FIN)	McLaren-Mercedes	27,129 Sek.
5. Jean Alesi (F)	Benetton-Renault	40,403 Sek.
6. Johnny Herbert (GB)	Sauber-Petronas	41,630 Sek.

Weitere

7. Fisichella (56,825 Sek. zurück), 8. Berger (1.00,429 Min.), 9. R. Schumacher (1.22,036 Min.), 10. Coulthard (1 Rd.), 11. Hill (1 Rd.), 12. Diniz (1 Rd.), 13. Verstappen (1 Rd.)

Disqualifiziert: Jacques Villeneuve (5. Platz) wegen Mißachtens gelber Flaggen

Ausfälle

Coulthard (53. Runde, Motor/aufgrund der zurückgelegten Distanz gewertet), Marques (47. Rd., Getriebe), Salo (47. Rd., Motor), Panis (37. Rd., Motor), Nakano (23. Rd., Radlager), Katayama (9. Rd., Motor), Barrichello (7. Rd., Dreher), Magnussen (4. Rd., Dreher)

Ralf Schumacher beschreibt eine fliegende Runde

Fangen wir mit der ersten Kurve an. Im sechsten Gang, mit Vollgas, komme ich mit Tempo 300 an, schalte im ersten Kurventeil einen Gang runter, gehe wieder kurz aufs Gas und bremse dann wieder an, schalte dabei im Kurvenmittelpunkt in den dritten zurück. 180 müßte ich dann drauf haben. Die Schwierigkeit der ersten Kurve liegt darin, daß man sowohl im Kurveneingang als auch in der Mitte Untersteuern hat. Das liegt daran, daß man ziemlich zügig ankommt und die Kurve dabei ein wenig abfällt.

Nach dem Rausbeschleunigen kommen so-

Schumacher und Irvine feierten ihren 97er Sieg überschwenglich.

Models gehören zur Formel-1-Szene wie der Geruch des Benzins.

Durch sein Japan-Jahr 96 kannte Ralf den Kurs von Suzuka bereits.

Nach seinem Boxenstopp schoß Villeneuve quer über die Piste. Er riskierte

fort die sogenannten S-Kurven, eine lange Kombination von Links-Rechts-Links-Rechts und einer langen Links. Ungeheuer anspruchsvoll. Wenn hier das Auto einen Hang zum Untersteuern hat, kann man gleich zu Hause bleiben. Ein untersteuerndes Auto kostet hier ganz locker eine Sekunde, ohne daß man genau weiß, warum. Das A und O ist hier der richtige Rhythmus. Von der Geschwindigkeit bewegt man sich zwischen 210 km/h, dann runter bis 140 und wieder rauf auf 225 km/h.

Als nächstes steht die Degner-Kurve an, eine Doppel-Rechts, in der 190 km/h möglich sind. Die erste Rechts ist völlig problemlos, die folgende allerdings bringt das Auto zum Übersteuern und man dreht sich ziemlich schnell. Das kann relativ ungesund sein, weil an dieser Stelle nicht allzuviel Platz bis zu den Reifen ist.

Die folgende Hairpin anzubremsen kann ein Problem werden, weil man sich an dieser Stelle ganz leicht einen Bremsplatten holen kann. Man muß nämlich von 265 auf 65 km/h runter. Reinbremsen ist also nicht ganz einfach, Gasgeben raus allerdings auch nicht, weil

dabei eine Kollision mit Schumacher.

RENNREPORT ZUM AUSFÜLLEN

Startaufstellung

Pole M. Schumacher	2. Häkkinen 1:36.471
3. Coulthard 1:37.444	4. Irvine 1:38.197
5. Frentzen 1:38.461	6. Villeneuve 1:38.448
7. R. Schumacher	8. Hill
9. Wurz	10. Fisichella
11. Hubert	12. Alesi
13. Panis	14. Trulli
15. Salo	16. Barrichello
17. Takagi	18. Diniz
19. Verstappen	20. Nakano
21. Tuero	22.

Pole-Zeit 1.36,293 Min.

Wetter bitte ankreuzen

Training: ☐ sonnig ☒ sonnig/bewölkt ☐ bewölkt ☐ Regen

Rennen: ☐ sonnig ☒ sonnig/bewölkt ☐ bewölkt ☐ Regen

Zieleinlauf

	Fahrer	Punkte
1.	Häkkinen 1:27:22,535	10
2.	Irvine 1:27:29.026	6
3.	Coulthard 1:27:50.197	4
4.	Hill 1:28:36.026	3
5.	Frentzen 1:28:36.392	2
6.	Villeneuve 1:28:38.402	1
7.	Alesi	
8.	Fisichella	
9.	Wurz	
10.	Panis	
11.	Trulli nicht in Ziel aber	
12.	gewertet.	
13.		
14.		
15.		
16.		
17.		
18.		
19.		
20.		

Notizen

140000 Zuschauer
51 Runde = 298,863 km
Rekord Frentzen Williams
1:38.942 = 213.361 km/h
Schnellste Runde M. Schumacher
1:40.190 = 210.703 km/h

Ausfälle

Fahrer/Runde/Ursache

Trulli 48 Motor
Nakano 40 Elektrik
M. Schumacher 31. Reifenplatzer
Takagi 28 Kollision
Tuero 28 Kollision
Barrichello 25 Hydraulik
Verstappen 21. Getriebe
Salo 14 Hydraulik
R. Schumacher 13 Motor
Diniz 2 Dreher

REISETIPS

Nach Suzuka wird es wohl nur die wenigsten Fans verschlagen. Wer den Trip trotzdem wagt, sollte bis Nagoya fliegen. Vom Flughafen fährt man mit dem Bus an den Bahnhof und besteigt hier die Kintesu-Zuglinie, die direkt nach Suzuka führt (Ausstieg bei Shiroko Station). Von hier aus ist die Strecke nur noch wenige Taxi- oder Busminuten entfernt.

Das größte Problem wird die Eroberung eines der für europäische Verhältnisse winzigen Hotelzimmer sein. Es ist deshalb dringend angeraten, sich über einen Reiseveranstalter ein Hotel zu besorgen. Wer dann noch genügend Geld hat und die japanische Küche schätzt, kann es sich in Suzuka gutgehen lassen.

Für den Formel-1-Fan bietet Suzuka eine unglaubliche Auswahl an Fanartikeln. Die Preise sind zwar hoch, aber selbst Kenner sind immer wieder von neuen und in Europa nicht bekannten Artikeln überrascht.

In der Vergangenheit war der Japan-GP immer ausverkauft. Letztes Jahr jedoch sah man erstmals leere Tribünenplätze. Die Euphorie vergangener Jahre ist abgekühlt. Für Zuschauer interessant sind die Haarnadelkurve, die Chicane und die gigantische Betontribüne von der ersten Kurve bis hin zu den schnellen Links-Rechts-Kurven.

Suzuka kann im Oktober noch mit relativ mildem, aber zugigem Klima aufwarten. Gefürchtet sind allerdings die monsunartigen Regenfälle, die in dieser Jahreszeit nicht unüblich sind.

Kartenverkauf
Suzuka Circuit
7992 Ino-cho, Suzuka-shi
Mie 510-88, Japan
Tel. 0081 - 593 - 701478
Fax 0081 - 593 - 702408

Preise
ca. 135 - 900 DM
100 Yen = ca. 1,50 DM

1 : 1.300.000 (1cm = 13 km)

Als einziger aktueller Formel-1-Kurs hat der Suzuka Circuit eine achtförmige Streckenführung.

man einfach sehen muß, daß man genug Traktion hat. Fehlt die, kann man ganz schnell viel Zeit verlieren.

Mit Vollgas geht es zur Spoon 1 und Spoon 2. Spoon 1 ist unkompliziert, da geht man mit Tempo 180 schnell durch. Ein kleines Problem könnte an dieser Stelle Untersteuern sein. Spoon 2 ist unter diesem Aspekt wirklich happig. Auch hier neigt das Auto zum Untersteuern. Das kostet einerseits Zeit und man zerstört sich dabei die Reifen.

Als nächstes kommt die 130R. Obwohl bei Tempo 270 nicht so richtig einsehbar, ist die Kurve grundsätzlich problemlos. Dann aber folgt die Schikane, die gerade mal 60 km/h erlaubt. Hier sollte man rechtzeitig bremsen, die Gefahr, geradeaus zu schießen, ist einfach zu groß. Selbst wenn die Räder nur ein wenig blockieren, läuft man Gefahr, den richtigen Einlenkpunkt zu verpassen, und schon hat man sich die ganze Sektion versaut. Das ist mir im vergangenen Qualifying zweimal passiert. Da habe ich jeweils exakt acht Zehntel verloren. Ganz wichtig beim Rausfahren ist die Traktion. Je früher man hier in Schwung kommt, desto schneller ist man auf der Start-Ziel-Geraden.

Eines muß zum Schluß noch gesagt werden: Suzuka ist wegen der hohen Fliehkräfte eine sehr anstrengende Strecke. Hier muß man richtig fit sein. Und noch ein Tip für die Zuschauer: Ich würde mich in die Spoon-Sektion oder in die S-Kurven stellen.

WELTMEISTERSCHAFT 1998

Fahrer-WM

	Fahrer	Team	Punkte
1.	Häkkinen	McLaren	100
2.	M. Schumacher	Ferrari	86
3.	Coulthard	McLaren	56
4.	Irvine	Ferrari	47
5.	Villeneuve	Williams	21
6.	Hill	Jordan	20
7.	Frentzen	Williams	17
8. / 7.	Wurz	Benetton	17
9.	Fisichella	Benetton	16
10.	R. Schumacher	Jordan	14
11.	Alesi	Sauber	9
12.	Barrichello	Stewart	4
13.	Salo	TWR Arrows	3
14. / 13	Diniz	TWR Arrows	3
15.	Herbert	Sauber	1
16. / 15	Magnussen	Stewart	1
17. / 15	Trulli	Prost	1
18.			
19.			
20.			
21.			
22.			

Konstrukteurs-WM

	Team	Punkte
1.	McLaren Mercedes	156
2.	Ferrari	133
3.	Williams-Mecachrome	38
4.	Jordan-Mugen-Honda	34
5.	Benetton-Mecachrome	33
6.	Sauber-Petronas	10
7.	Arrows	6
8.	Stewart-Ford	5
9.	Prost-Peugeot	1
10.		
11.		

Die Saison 1998 begann mit einem Paukenschlag: Mika Häkkinen und David Coulthard dominierten auf ihren McLaren-Mercedes dermaßen,

daß sie das gesamte Feld überrundeten. Nach ihrem grandiosen Doppelsieg folgte ihnen ein nachdenklicher HH Frentzen in den Parc fermé.

TYRRELL – DAS ENDE DER LEGENDE

Reminiszenz an eine goldene Zeit: 1970 fuhr der Tyrrell 001, von Derek Gardner konstruiert, allen davon. Bei der Premiere im kanadischen

Der Name Tyrrell steht ebenso für Tradition in der Formel 1 wie Ferrari oder McLaren. Dreißig Jahre betrieb Ken Tyrrell Motorsport in der Königsklasse. Doch damit ist jetzt Schluß. Der Name Tyrrell wird ebenso Geschichte sein wie es die Erfolge des Teams längst sind. Ken Tyrrell verkaufte Anfang 1998 seinen Rennstall und zog sich still zurück. Das Team wird die 98er Saison ein letztes Mal unter dem Namen Tyrrell bestreiten.

Ken Tyrrell, der große alte Mann des Formel-1-Sports, hatte Tränen in den Augen, und beinahe versagte seine Stimme. Die erschütternde Szene spielte sich am 2. Dezember 1997 im BBC-House in London ab. Gerade hatten Villeneuve-Manager Craig Pollock und Rennwagen-Hersteller Adrian Reynard der internationalen Presse in bester Laune verkündet, daß sie – finanziell durch den Tabakriesen British American Tobacco (BAT) abgesichert – den neuen Formel-1-Rennstall British American Racing (BAR) gegründet haben.

So sah eine moderne Formel-1-Werkstatt Ende der 60er Jahre aus.

Tyrrells Renntransporter vor der Fabrik, die 50 Pfund gekostet hat.

Mont-Tremblant war Jackie Stewart nur durch einen Defekt zu stoppen.

Und das Duo verriet auch den ersten Schritt des neuen Teams: Den Kauf der Tyrrell Racing Organisation Ltd., einem der Traditions-Rennställe des GP-Sports. Dann trat Ken Tyrrell auf. Mister Tyrrell erschien in dieser finsteren Stunde, in der das Ende seines Lebenswerkes besiegelt wurde, zwar nicht persönlich, aber per Video grüßte er die Festgemeinde – mit feuchten Augen und einem gewaltigen Kloß im Hals…

Es sei, so der Boß, eine notwendige Entscheidung gewesen, das Team zu verkaufen. Wirtschaftlich hätte er seine Firma dank der TV-Gelder noch länger über Wasser halten können. Aber das war Ken Tyrrell nicht genug. Dreimal kam der Formel-1-Weltmeister aus seinem Team. Tyrrell warf das Handtuch, als er endgültig eingesehen hatte, wohl niemals mehr an diese Erfolge anknüpfen zu können.

Trotz des Verkaufs wird das Team 1998 noch einmal unter dem Namen Tyrrell antreten. Der alte Haudegen Ken wird jedoch nicht mehr an der Boxenmauer stehen und Regie führen. Die Leitung übernimmt kommissarisch der Technische Direktor des Teams, Dr. Harvey Postlethwaite.

Der Brite R. Kenneth Tyrrell wurde am 3. Mai 1924 in Ockham geboren. Als Holzhändler brachte er es zu Ansehen und Vermögen, aber seine Leidenschaft war der Rennsport. In den 50er Jahren fuhr er die kleinen 500-ccm-Wägelchen der britischen Formel 3, dann auch Rennwagen der Formel Junior und sogar F2-Autos. Berühmtheiten wie Stirling Moss, Peter Collins, Reg Parnell oder Bruce McLaren zählten zu seinen Gegnern. Einmal gelang es ihm, den großen Stirling Moss im direkten Duell auszutricksen und zu überholen. „Ich erfuhr davon", erinnert sich Tyrrell von herzlich dröhnendem Lachen begleitet, „am folgenden Tag aus der Zeitung im Hospital. Die Kurve, vor der ich Stirling

Vom Holz-Millionär zum Teamchef

ausgebremst hatte, packte ich nämlich nicht mehr..."

Weil das Talent nicht ausreichte, wechselte der Holz-Millionär die Fronten. Zunächst arbeitete er – „Von montags bis donnerstags verdiene ich Geld, dann folgt immer ein langes Wochenende." – als Manager des Formel-2-Teams seines Landsmannes Alan Brown. Ab 1960 war er dann auch während der Weekends sein eigener Chef, als er einen Formel-Junior-Rennstall gründete. Als Brown-Manager hatte Tyrrell hochkarätige Piloten unter seinen Fittichen gehabt, Männer wie Masten Gregory, Innes Ireland, Bruce McLaren, Jack Brabham, Ron Flockhart oder Carrol Shelby. Auch nun gab er sich nicht mit der zweiten Garnitur ab: John Surtees, der zum F1-Champion aufsteigen sollte, fuhr sein erstes Autorennen für Tyrrell am Steuer eines Cooper der Formel Junior.

Bereits im Gründungsjahr des eigenen Teams wurde der erste Sieg gefeiert: Henri Taylor gewann das Rahmenrennen des Grand Prix von Monaco. Aber

Der P34 war das einzige sechsrädrige Formel-1-Auto. Jody Scheckter gewann damit 76 in Schweden.

Erfolgstrio: Der Chef mit Derek Gardner und Jackie Stewart (v.l.).

Schon 1968 galt das Matra-Chassis als hervorragend. Stewart belegte im WM-Klassement Rang zwei. 1969 wurde er erstmals Champion.

schon in dieser Phase wurde Ken Tyrrell auch mit der Schattenseite seines Sports konfrontiert. In jenen Jahren war der Motorsport noch ausgesprochen gefährlich. Außer Sturzhelmen sahen die Sicherheitsbestimmungen nichts vor. Tim Mayer, der Bruder des späteren McLaren-Chefs Teddy Mayer, zog sich in Tyrrells Diensten tödliche Verletzungen zu, als er im Training für einen Lauf der Tasman-Meisterschaft gegen einen Baum prallte.

Mit Mayer verlor Ken Tyrrell einen absoluten Spitzenpiloten, der auf dem Weg in die Formel 1 war. Aber der Mann mit den markanten Schneidezähnen hatte bereits ein zweites As unter Vertrag: Jackie Stewart. 1964 gab es für den Schotten mit dem irritierenden Silberblick keinen Gegner. In Tyrrells BMC-Cooper der Formel 3 räumte Stewart derart überzeugend ab, daß er für 1965 ein Formel-1-Angebot erhielt. Das Supertalent unterschrieb bei BRM. Mit Ken Tyrrell hatte er sich noch per Handschlag geeinigt...

As im Ärmel: Jackie Stewart

Aber Ken Tyrrell und Jakkie Stewart sollten schon bald nach der Trennung erneut zusammenarbeiten. Während eines Preisverleihungs-Dinners in Paris kam Tyrrell mit Jean-Luc Lagardere ins Gespräch. Der Franzose war Chef der Firma Matra, die gerade ein Formel-2-Chassis gebaut hatte. Monsieur Lagardere bat seinen Gesprächspartner, über eine Testmöglichkeit des Matra nachzudenken. Tyrrell erinnert sich: „Ich war sehr skeptisch, denn ich hatte zuvor viele merkwürdige französische Konstruktionen gese-

ADRIAN REYNARD – DER PERSONIFIZIERTE ERFOLG

Die etablierten Formel-1-Teams haben allen Grund, Adrian Reynard ausgesprochen ernst zu nehmen. Dem 46jährigen geht ein legendärer Ruf voraus. Der Brite ist der einzige Rennwagen-Konstrukteur der Welt, dem das Kunststück gelang, jeweils das erste Rennen jedes Monoposto-Championats zu gewinnen, in dem sein Werk antrat!

Seine ersten Rennautos baute der Technische Direktor des neuen Rennstalls BAR, der 1999 in den Grand-Prix-Sport einsteigen wird, als Student im Jahr 1973 – damals, als der Tyrrell-Stewart seinen dritten und letzten WM-Titel gewann. Nur ein Jahr später arbeitete der Jungingenieur für British Leyland, wo er bis 1977 blieb. Anschließend gründete er seine eigene Firma, und schon 1979 tauchten die ersten Reynard-Chassis, die in der Formel Ford 2000 auf Anhieb siegten, auf.

Über die Formeln 3 und 3000 setzte sich der Erfolg fort. Als Reynard 1994 in die amerikanische CART-Szene einstieg, schien ein Niveau erreicht zu sein, auf dem das „Senkrechtstarten" wohl nicht möglich war. Schien – denn beim Debütrennen stand der Reynard in der ersten Startreihe und „natürlich" siegte er dann auch! Da ist es verständlich, daß Adrian Reynard bei der Präsentation des BAR-Projekts in London sagte: „Die Formel 1 ist einfach unser nächster logischer Schritt. Auf allen anderen Ebenen des Motorsports hatten wir viel Erfolg. Es ist klar, daß wir die letzte Herausforderung auch noch annehmen. Die Formel 1 wird für uns die ultimative Aufgabe."

Martin Broughton von BAT, Reynard und Pollock (v.l.) besiegeln die Partnerschaft.

CRAIG POLLOCK – DER BUSINESSMAN

Viele Wege führen nach Rom. Wohl niemand – Craig Pollock selbst am allerwenigsten – hätte damit gerechnet, daß der Schotte eines Tages sein Geld im Motorsport machen würde. Nachdem er 1977 ein Studium in den Fächern Biologie und Sport an der Glasgower Kordan Hill Universität abgeschlossen hatte, sprach jedenfalls nichts für eine Zukunft in der PS-Welt.

Zwei Jahre lang war Pollock anschließend in der Wirtschaft tätig, dann ließ er sich von einer exklusiven Schweizer Privatschule als Lehrer anheuern. Der „Pauker" konnte nicht ahnen, daß damit der erste Schritt in Richtung Motorsport getan war. Zu seinen Schülern zählte ein gewisser Jacques Villeneuve, der Sohn des Formel-1-Piloten, der 1982 im belgischen Zolder tödlich verunglückt war. Pollock erinnert sich: „Jacques bewies beim Skifahren unglaublichen Mut. Er baute auch sehr viel Mist während des Unterrichts. Aber er besaß derart viel Charme, daß ihm niemand richtig böse sein konnte."

Lehrer und Schüler verloren sich aus den Augen. Villeneuve begann seine Rennfahrerkarriere, und seinen Erzieher zog es zurück in die Business-Welt, wo er für zahlreiche Firmen tätig war. 1993 kreuzten sich dann die Wege der beiden wieder. Villeneuve bot Pollock den Posten eines Managers an. Doch der lehnte zunächst ab. Der Rennfahrer stimmte seinen ehemaligen Lehrer jedoch mit einem merkwürdigen Argument um: „Ich habe sehr viel Glück – tu' dich mit mir zusammen, mein Glück wird sich auf dich übertragen."

Die Idee des eigenen F1-Rennstalls kam Craig Pollock 1995 beim Frühstück in Indianapolis, das er im eigenen Haus gemeinsam mit Adrian Reynard verzehrte. „Wäre es nicht toll", fragte er sein Gegenüber, „wenn wir eines Tages gemeinsam in der Formel 1 mitmachten?"

hen. Aber ich wollte nicht unhöflich sein und sagte deshalb nicht klar nein. Ich versuchte es mit Ausreden, aber Mister Lagardere begegnete meinen organisatorischen Einwänden mit immer neuen Lösungsvorschlägen. Als er mir anbot, das Auto einsatzbereit nach England zu fliegen, gingen mir die Argumente aus. Ich willigte ein."

Sofort setzte sich Tyrrell mit Stewart zusammen und fragte, ob er ein neues F2-Auto testen möchte. „Natürlich", erzählt Tyrrell, „fragte er sofort nach dem Hersteller. Ich sagte ihm, es sei ein französisches Auto – ein Matra. Jackie war gar nicht begeistert. Was um Himmels Willen in mich gefahren sei, fragte er und fügte kopfschüttelnd hinzu: Wo bist du da nur wieder hineingeraten – du mußt es doch eigentlich besser wissen!"

Stewart ließ sich trotz seiner Bedenken überreden und testete das Auto. Anschließend zeigte er sich tief beeindruckt und wollte am Steuer des Matra auch Rennen fahren. 1966 und 1967 setzte Tyrrell die Matra ein. Jackie Stewart und Jacky Ickx fuhren die Matra für Tyrrell einige Male zum Sieg, aber Brabham war in der Formel 2 damals derart überlegen, daß die angepeilte Dominanz nicht erreicht wurde.

Was in der Formel 2 verpaßt wurde, sollte in der Formel 1 nachgeholt werden. Mit Beginn der Saison 1968 stieg Matra in den Grand-Prix-Sport ein, und natürlich

Mit Matra zum ersten Titel

wurde das Team von Ken Tyrrell, der seine Meinung über französische Rennwagen inzwischen gewaltig geändert hatte, geleitet. Stewart belegte im Schlußklassement Rang zwei hinter Graham Hill. Vielleicht hätte es sogar zum Titelgewinn gereicht, wenn sich Stewart nicht bei einem F2-Einsatz in Spanien den Arm gebrochen hätte.

1969 war es dann soweit: Stewart wurde auf Matra-Ford MS80 mit 26 Punkten Vorsprung vor Brabham-Pilot Jacky Ickx Formel-1-Champion.

Aber vom Höhepunkt seiner Karriere als Teamchef war Ken Tyrrell auch in dieser Stunde des Triumphes immer noch weit entfernt. Die wirkliche Blüte wurde kurz darauf eingeleitet, als der Chef den Auftrag gab, ein erstes eigenes Chassis zu bauen. Das Projekt, für das Konstrukteur Derek Gardner verantwortlich war, lief unter größter Geheimhaltung an. Gardner arbeitete zu Hause, und ein Mock-up – zur Anpassung des Ford-V8 – entstand in der heimischen Garage. Am 20. September 1970 bestritt der Tyrrell 001 sein erstes Rennen. Jackie Stewart hatte den Boliden während des Trainings für

Auf dem Weg zu seinem dritten WM-Titel gewann Stewart 1973 auch den Großen Preis von Monaco.

Zwei, die die Formel 1 prägten: Bernie Ecclestone und Tyrrell 1976.

den GP von Kanada in Mont-Tremblant auf die Pole-Position gestellt. 31 Runden lang führte der Schotte das Rennen an, dann stoppte ihn ein Aufhängungsschaden.

Auch im folgenden Rennen führte Stewart, bis ihn ein Defekt aus dem Rennen warf. Damit stand fest: Der Tyrrell-Ford war das Auto, das es 1971 zu schlagen galt. Dieses Kunststück gelang der Konkurrenz allerdings nicht! Der Schotte holte Titel Nummer zwei. 1972 mußte sich Tyrrell dem brasilianischen Lotus-Piloten Emerson Fittipaldi beugen, aber

Beeindruckende Bilanz von Tyrrell

1973 hatte die Kombination Stewart/Tyrrell wieder Oberwasser: Titel Nummer drei wurde gewonnen.

Die Bilanz der Tyrrell-Boliden konnte sich zu diesem Zeitpunkt sehen lassen. Seit dem Debüt im September 1970 waren 14 Pole-Positions heimgefahren worden. Dazu kamen 16 Siege, zwei Fahrertitel und eine Konstrukteurs-WM (1971). Zehn schnellste Rennrunden wurden nebenbei auch noch registriert. Ein tragischer Unfall ließ die Saison 1973 trotzdem zu einem traurigen Rennjahr werden.

Am Morgen des zweiten Trainingstages zum Grand Prix der USA in Watkins Glen war François Cevert, der zwei Jahre zuvor auf dieser Piste seinen einzigen Grand Prix gewonnen hatte, im Streckenabschnitt „Esses“ aus nie geklärten Gründen von der Piste abgekommen. Sein Tyrrell stieg auf, überschlug sich und landete

Mit Stewart ging der Erfolg

kopfüber auf den Leitplanken, die den wehrlosen Rennfahrer in Stücke schnitten. Die Formel 1 erlebte einen der grausamsten Unfälle ihrer Geschichte.

Für Kens Sohn Bob (l.) waren die Fußstapfen des Vaters zu groß.

1974 trat Tyrrell mit Jody Scheckter und Patrick Depailler an. Der Südafrikaner wurde Dritter der WM, und diesen Platz belegte das Team auch in der Konstrukteurs-Wertung. Dank zweier Siege wurde bewiesen, daß Tyrrell auch ohne Stewart gewinnen konnte.

Nach dem kleinen „Durchhänger“ sollte es wieder steil aufwärtsgehen. Tatsächlich geriet der Rennstall in eine Abwärtsspirale. Ausgerechnet in einer Zeit der Kostenexplosion ging der Anschluß an die Spitze verloren. Daran konnte selbst die legendäre Sechsrad-Konstruktion P34 nichts ändern.

Weil die Erfolge fehlten, öffneten die großen Sponsoren ihre Portemonnaies für andere Teams – die Talfahrt war programmiert. 1975 und 1976 wurde nur je einmal triumphiert, dann folgte die erste Nullrunde, sieht man vom Debütjahr 1970 mit nur drei Starts ab. 1978, 1982 und 1983 wurden die letzten drei Siege gefeiert, seitdem herrscht Finsternis.

Bis zuletzt hoffte Ken, den Anschluß an die Spitze wieder herstellen zu können. Aber es gab auch Jahre der Resignation, zumal sich herausstellte, daß Sohn Bob den Platz des Firmengründers nie ausfüllen würde. Mehrmals bot Tyrrell sein Team zum Kauf an, aber niemand zeigte ernsthaftes Interesse.

Ende 1997 bot Ex-Teamchef Walter Wolf dann 20 Millionen Dollar für den Rennstall. Tyrrell winkte ab. BAR legte anschließend 30 Millionen auf den Tisch, und der Chef nickte.

Michele Alboreto, hier vor Teamkollege Danny Sullivan, holte 1983 den letzten Sieg für Tyrrell.

Teamstatistik auf Seite 80.
Alles über das 98er Team ab Seite 72.

Am Ende der Boxengasse sind grundsätzlich die kleineren Teams und die Neueinsteiger untergebracht. Die Vergabe der Boxen erfolgt nach

der Plazierung in der Konstrukteurs-WM des Vorjahres. Der Champion wählt in der Regel die erste Box, alle anderen folgen der Reihe nach.

JOBS IN DER FORMEL 1

**Zwei Dutzend Piloten stehen im Rampenlicht – aber viele hundert Menschen arbeiten in der Formel 1. Manche hauptberuflich, viele nur gelegentlich oder ehrenamtlich.
Neidgefühle sind nicht angebracht: Die Honorierung entspricht bei weitem nicht den Gagen der Fahrer, dafür sind die Arbeitszeiten extrem. Aber allein das Gefühl, bei der großen Show dabeizusein, entschädigt viele Motorsportbegeisterte.**

Startnummern-Girl

Jeder hat sie schon einmal live oder am Fernseher gesehen: Die jungen Mädchen, die während der Startaufstellungs-Zeremonie geduldig die Startnummern-Tafeln der einzelnen Piloten halten. Einmal dort zu stehen, und den Startplatz von Michael Schumacher, Jacques Villeneuve oder Mika Häkkinen zu markieren, ist für viele ein Traum. Aber Vorsicht: Es ist unmöglich, das Idol anzuhimmeln, denn die Position ist immer vor dem Rennwagen, und der Blick der Nummern-Girls muß stets nach vorn gerichtet sein!

Tatsächlich sind selten eingefleischte Fans im Einsatz. Die weiblichen Truppen werden über Agenturen engagiert, die ihre Mitarbeiter normalerweise als Messe-Hostessen oder für vergleichbare Jobs einsetzen. Da in der Formel 1 nichts dem Zufall überlassen wird, müssen sich interessierte Mädchen darauf einstellen, daß die Zeremonie – inklusive Auf- und Abmarsch – geübt wird. Der Crash-Kurs endet regelmäßig mit einer Generalprobe am Samstagabend. Und Angst vor einem Schnupfen darf auch niemand haben: Auf die meist knapp bemessene Garderobe nimmt das Wetter nicht immer Rücksicht. Die Funktionäre erst recht nicht: Auch bei strömendem Regen müssen sich die Mädels auf der Strecke postieren.

Der Auftritt ist kurz und genau geprobt: Bevor die Fahrer an den Start

rollen, markieren nette Mädchen den Startplatz. Kontakt zum Piloten gibt's leider kaum. Dafür jede Menge begeisterte Fotografen.

Mechaniker

Teamgeist zählt: Jeder Mechaniker hat eine große Verantwortung.

Kein Formel-1-Team stellt einen Auszubildenden ein, um Nachwuchs für die Crew im Werk zu „züchten". Auch wer als Kfz-Mechaniker ausgelernt hat, wird sich vergeblich um einen Job bemühen. Gefragt werden Spezialisten mit Berufserfahrung – Berufserfahrung im Motorsport. Es gilt, sich von der Pike auf hochzuarbeiten. Das heißt: wer nicht bereits mindestens auf der Ebene Formel 3000 geschraubt hat, kann sich das Porto für einen Bewerbungsbrief sparen.

Meistens werden die wirklichen Talente „entdeckt" und für die höheren Kategorien geködert. Wie für jeden Arbeitnehmer in der Formel 1 gilt: Genommen wird nur das Beste vom Besten. Von den Mechanikern wird nicht nur erstklassige Arbeit verlangt. Jedes Mitglied der Crew muß außerdem bereit sein, alles zu vergessen, was es je zuvor über Begriffe wie Arbeitszeit- und Pausenregelung gehört hat. Nachtschichten sind an der Tagesordnung und die 40-Stunden-Woche wird als ein Witz betrachtet, über den man immer wieder lacht. Auch die Einkommen liegen in der Regel im Rahmen dessen, was eine Kfz-Werkstatt für einen Mechaniker zahlt.

Ingenieur

Detailtüfteleien sind das tägliche Brot eines Formel-1-Ingenieurs.

Natürlich läuft ohne ein entsprechendes Studium gar nichts. Als Fachgebiete stehen eine breite Palette vom Motorenbau bis hin zur Aerodynamik zur Verfügung. Als Ingenieure werden immer wieder – natürlich nicht nur – Berufsanfänger gesucht. Wer dann glaubt, Grand-Prix-Luft schnuppern zu können, ist allerdings schief gewickelt. Das Heer der Ingenieure arbeitet im heimischen Werk und ist stets damit beschäftigt, unter enormem Zeitdruck Detailaufgaben zu lösen, die von den Chef-Technikern vorgegeben werden. Nicht einmal in Ausnahmefällen darf der Standard-Ingenieur mit zu den Rennen reisen – die Boxen- und Fahrerlager-Pässe der Teams sind begrenzt und natürlich für die Kerntruppe reserviert. Es muß schon ein Mechaniker krank werden, damit ein Ingenieur die Chance einer Dienstreise bekommt.

Wer die berufliche Erfüllung darin findet, jahrelang an Radaufhängungen herumzutüfteln oder die aerodynamischen Auswirkungen immer neuer Deflektoren-Varianten zu erforschen, der ist in diesem Bereich bestens aufgehoben. Das Interesse an der Technik muß größer als die Rennbegeisterung sein.

Balbir Singh - Schumis Pyhsiotherapeut - beschirmt seinen Boss.

Physiotherapeut

Für das körperliche Wohl der Formel-1-Asse zu sorgen, ist eine Aufgabe, die nicht zwingend Freude am Rennsport erfordert. Der Weg auf eine der Planstellen dieses Sektors geht entweder über das Team oder den Piloten direkt. Erfahrung in der Betreuung von Rennfahrern ist nicht erforderlich – wohl aber gute Zeugnisse, was die Zusammenarbeit mit anderen Spitzensportlern betrifft.

Die Arbeit bezieht sich auf Massagen, Fitneßübungen, Behandlungen von Erkrankungen und Verletzungen wie z.B. Prellungen. Unterstützt durch Sportärzte „vermessen" die Physiotherapeuten ihre Kunden und arbeiten an den Ergebnissen dieser Untersuchungen orientierte Trainingspläne aus. Daneben sind sie meist auch für die Ernährung der Fahrer zuständig und rühren entsprechende Müslis und Zauber-Drinks selbst an. Wesentliche Voraussetzung für diesen Job ist die Qualität der „Chemie", die zwischen dem Bewerber und dem Piloten entsteht.

Motorhome-Mitarbeiter

Kulinarisches trotz drangvoller Enge: die Küche im Motorhome.

Wer den Sprung in eine Motorhome-Crew geschafft hat, der findet seinen Arbeitsplatz im „Allerheiligsten“ der GP-Pisten, dem Fahrerlager. In die Boxen oder an den Pistenrand darf er allerdings nicht – die Zugangsbereiche der einzelnen F1-Pässe sind exakt definiert. Verstöße gegen die strengen Sitten werden hart bestraft.

Wer kochen, servieren, spülen, einkaufen etc. kann, findet in diesem Bereich mit Glück einen Arbeitsplatz. Obwohl auch hier eine überdurchschnittliche Belastbarkeit gefordert wird, sind die Jobs begehrt. Der Weg führt meist nicht über das Team, sondern über den Chef des Motorhomes, der in der Regel als selbständiger Unternehmer engagiert wird. An den Rennwochenenden wird mittags ein hervorragendes Buffet aufgebaut.

Neugierige sollten sich auf ein Zigeunerleben mit Extrawürsten einstellen: Es handelt sich um eine wahre Begebenheit, daß einer der Fahrer täglich Weintrauben gereicht bekommen will – geschälte Weintrauben. Auch wenn sonntags 20 hungrige, nicht angemeldete VIPs hereinschneien, kommt in den Fünf-Quadratmeter-Küchen Freude auf!

Trucky

Erste Aufgabe des Truckies im Fahrerlager: den Truck polieren.

Alle europäischen Grand Prix werden von den Teams auf dem Landweg angesteuert. An Lkw-Fahrern besteht also Bedarf. Mit dem meist langen Ritt auf dem Bock ist die Arbeit allerdings noch längst nicht getan. Deshalb werden auch für diese Aufgabe Männer mit Berufserfahrung gesucht. Noch im Februar hielt eines der F1-Teams nach einem geeigneten Trucky Ausschau – Bedingung war Erfahrung in der Formel 3000.

Nach der Ankunft werden die riesigen Transporter von ihren Chauffeuren zunächst auf Hochglanz gewienert. Anschließend müssen sich die Fahrer auf andere Art nützlich machen. Meist sind sie dafür verantwortlich, die benötigten Reifen zwischen den Boxen und dem Arbeitsplatz des Pneu-Partners hin- und herzukarren. Zum Gummijob gehört auch das Waschen der Reifen und Felgen sowie das rechtzeitige und präzise Aufheizen.

Eingestellt werden die Truckies vom Team-Manager. Wegen des enormen Zeitdrucks bei An- und Abreise ist der Job kein Honiglecken. Schon mehrmals landeten Transporter im Straßengraben, weil der Mann am Steuer nach einem harten Arbeitstag einschlief.

Streckenposten

Der Standardweg führt über die Mitgliedschaft in einem Motorsportclub. Nach entsprechenden Schulungskursen und bei spezifischer Eignung folgen die ersten Einsätze bei kleineren Veranstaltungen. Anschließend verläuft der Werdegang getreu der Lehre des alten Darwin: Die Guten steigen auf, die weniger Guten bleiben auf dem Weg nach oben auf der Strecke.

Gefordert wird eine überdurchschnittliche Konzentrationsfähigkeit, ein kühler Kopf und Reaktionsgeschwindigkeit. Streckenposten müssen ihren Job mehr lieben als den Motorsport, denn wer sich durch das sportliche Geschehen fesseln läßt, verliert die eigentliche Aufgabe aus den Augen. Wer vor einer engen Kurve steht und sich durch die Ausbremsmanöver vor dem Eck ablenken läßt, wird den Dreher in seinem eigenen Rükken nicht registrieren und die gelbe Warnflagge im Köcher lassen. Leben kann keiner von diesem Job: Streckenposten ist man ehrenamtlich.

Wenn der Kies auf der Stecke liegt, werden die Posten zum Feger.

Melbourne 1998: Ferrari-Pilot Eddie Irvine jagte den Williams von Heinz-Harald Frentzen. Beide Fahrer zeigten im ersten Rennen eine starke

Leistung. Der Deutsche wurde Dritter und nahm seinem Teamkollegen über 30 Sekunden ab. Irvine fuhr ungefährdet auf Platz vier ins Ziel.

CHAMPION-CHARTS

1950
1. Giuseppe Farina (I), Alfa Romeo, 30 P.
2. Juan-Manuel Fangio (RA), Alfa Romeo, 27 P.
3. Luigi Fagioli (I), Alfa Romeo, 24 P.

1951
1. Juan-Manuel Fangio (RA), Alfa Romeo, 31 P.
2. Alberto Ascari (I) Ferrari, 25 P.
3. José Froilan Gonzales (RA), Ferrari, 24 P.

1952
1. Alberto Ascari (I), Ferrari, 36 P.
2. Giuseppe Farina (I), Ferrari, 25 P.
3. Piero Taruffi (I), Ferrari, 22 P.

1953
1. Alberto Ascari (I), Ferrari, 34,5 P.
2. Juan-Manuel Fangio (RA), Maserati, 28 P.
3. Giuseppe Farina (I), Ferrari, 26 P.

1954
1. Juan-M. Fangio (RA), Maserati/Mercedes, 42 P.
2. José Froilan Gonzales (RA), Ferrari, 25 P.
3. Mike Hawthorn (GB), Ferrari, 24,5 P.

1955
1. Juan-Manuel Fangio (RA), Mercedes, 40 P.
2. Stirling Moss (GB), Mercedes, 23 P.
3. Eugenio Castellotti (I), Lancia/Ferrari, 12 P.

1956
1. Juan-Manuel Fangio (RA), Ferrari, 30 P.
2. Stirling Moss (GB), Maserati, 27 P.
3. Peter Collins (GB), Ferrari, 25 P.

1957
1. Juan-Manuel Fangio (RA), Maserati, 40 P.
2. Stirling Moss (GB), Vanwall, 25 P.
3. Luigi Musso (I), Ferrari, 16 P.

1958
1. Mike Hawthorn (GB), Ferrari, 42 P.
2. Stirling Moss (GB), Cooper-Climax/Vanwall, 41 P.
3. Tony Brooks (GB), Vanwall, 24 P.

1959
1. Jack Brabham (AUS), Cooper-Climax, 31 P.
2. Tony Brooks (GB), Ferrari, 27 P.
3. Stirling Moss (GB), Cooper-Climax, 25,5 P.

1960
1. Jack Brabham (AUS), Cooper-Climax, 43 P.
2. Bruce McLaren (NZ), Cooper-Climax, 34 P.
3. Stirling Moss (GB), Lotus-Climax, 19 P.

1961
1. Phil Hill (USA), Ferrari, 34 P.
2. Wolfgang Graf Berghe von Trips (D), Ferrari, 33 P.
3. Stirling Moss (GB), Lotus-Climax, 21 P.

1962
1. Graham Hill (GB), BRM, 42 P.
2. Jim Clark (GB), Lotus-Climax, 30 P.
3. Bruce McLaren (NZ), Cooper-Climax, 27 P.

1963
1. Jim Clark (GB), Lotus-Climax, 54 P.
2. Graham Hill (GB), BRM, 29 P.
Richie Ginther (USA), BRM, 29 P.

1964
1. John Surtees (GB), Ferrari, 40 P.
2. Graham Hill (GB), BRM, 39 P.
3. Jim Clark (GB), Lotus-Climax, 32 P.

1965
1. Jim Clark (GB), Lotus-Climax, 54 P.
2. Graham Hill (GB), BRM, 40 P.
3. Jackie Stewart (GB), BRM, 33 P.

1966
1. Jack Brabham (AUS), Brabham-Repco, 42 P.
2. John Surtees (GB), Ferrari/Cooper-Maserati, 28 P.
3. Jochen Rindt (A), Cooper-Maserati, 22 P.

1967
1. Denis Hulme (NZ), Brabham-Repco, 51 P.
2. Jack Brabham (AUS), Brabham-Repco, 46 P.
3. Jim Clark (GB), Lotus-Cosworth, 41 P.

1968
1. Graham Hill (GB), Lotus-Cosworth, 48 P.
2. Jackie Stewart (GB), Matra-Cosworth, 36 P.
3. Denis Hulme (NZ), McLaren-Cosworth, 33 P.

1969
1. Jackie Stewart (GB), Matra-Cosworth, 63 P.
2. Jacky Ickx (B), Brabham-Cosworth, 37 P.
3. Bruce McLaren (NZ), McLaren-Cosworth, 26 P.

1970
1. Jochen Rindt (A), Lotus-Cosworth, 45 P.
2. Jacky Ickx (B), Ferrari, 40 P.
3. Clay Regazzoni (CH), Ferrari, 33 P.

1971
1. Jackie Stewart (GB), Tyrrell-Cosworth, 62 P.
2. Ronnie Peterson (S), March-Cosworth, 33 P.
3. François Cevert (F), Tyrrell-Cosworth, 26 P.

1972
1. Emerson Fittipaldi (BRA), Lotus-Cosworth, 61 P.
2. Jackie Stewart (GB), Tyrrell-Cosworth, 45 P.
3. Denis Hulme (NZ), McLaren-Cosworth, 39 P.

1973
1. Jackie Stewart (GB), Tyrrell-Cosworth, 71 P.
2. Emerson Fittipaldi (BRA), Lotus-Cosworth, 55 P.
3. Ronnie Peterson (S), Lotus-Cosworth, 52 P.

1974
1. Emerson Fittipaldi (BRA), McLaren-Cosworth, 55 P.
2. Clay Regazzoni (CH), Ferrari, 52 P.
3. Jody Scheckter (ZA), Tyrrell-Cosworth, 45 P.

1975
1. Niki Lauda (A), Ferrari, 64,5 P.
2. Emerson Fittipaldi (BRA), McLaren-Cosworth, 45 P.
3. Carlos Reutemann (RA), Brabham-Cosworth, 37 P.

1976
1. James Hunt (GB), McLaren-Cosworth, 69 P.
2. Niki Lauda (A), Ferrari, 68 P.
3. Jody Scheckter (ZA), Tyrrell-Cosworth, 49 P.

1977
1. Niki Lauda (A), Ferrari, 72 P.
2. Jody Scheckter (ZA), Wolf-Cosworth, 55 P.
3. Mario Andretti (USA), Lotus-Cosworth, 47 P.

1978
1. Mario Andretti (USA), Lotus-Cosworth, 64 P.
2. Ronnie Peterson (S), Lotus-Cosworth, 51 P.
3. Carlos Reutemann (RA), Ferrari, 48 P.

1979
1. Jody Scheckter (ZA), Ferrari, 51 P.
2. Gilles Villeneuve (CDN), Ferrari, 47 P.
3. Alan Jones (AUS), Williams-Cosworth, 40 P.

1980
1. Alan Jones (AUS), Williams-Cosworth, 67 P.
2. Nelson Piquet (BRA), Brabham-Cosworth, 54 P.
3. Carlos Reutemann (RA), Williams-Cosworth, 42 P.

1981
1. Nelson Piquet (BRA), Brabham-Cosworth, 50 P.
2. Carlos Reutemann (RA), Williams-Cosworth, 49 P.
3. Alan Jones (AUS), Williams-Cosworth, 46 P.

1982
1. Keke Rosberg (SF), Williams-Cosworth, 44 P.
2. Didier Pironi (F), Ferrari Turbo, 39 P.
John Watson (GB), McLaren-Cosworth, 39 P.

1983
1. Nelson Piquet (BRA), Brabham-BMW Turbo, 59 P.
2. Alain Prost (F), Renault Turbo, 57 P.
3. René Arnoux (F), Ferrari Turbo, 49 P.

1984
1. Niki Lauda (A), McLaren TAG-Porsche, 72 P.
2. Alain Prost (F), McLaren TAG-Porsche, 71,5 P.
3. Elio De Angelis (I), Lotus-Renault T., 34 P.

1985
1. Alain Prost (F), McLaren TAG-Porsche, 73 P.
2. Michele Alboreto (I), Ferrari, 53 P.
3. Keke Rosberg (SF), Williams-Honda, 40 P.

1986
1. Alain Prost (F), McLaren TAG-Porsche, 72 P.
2. Nigel Mansell (GB), Williams-Honda Turbo, 70 P.
3. Nelson Piquet (BRA), Williams-Honda Turbo, 69 P.

1987
1. Nelson Piquet (BRA), Williams-Honda Turbo, 73 P.
2. Nigel Mansell (GB), Williams-Honda Turbo, 61 P.
3. Ayrton Senna (BRA), Lotus-Honda Turbo, 57 P.

1988
1. Ayrton Senna (BRA), McLaren-Honda Turbo, 90 P.
2. Alain Prost (F), McLaren-Honda Turbo, 87 P.
3. Gerhard Berger (A), Ferrari Turbo, 41 P.

1989
1. Alain Prost (F), McLaren-Honda, 76 P.
2. Ayrton Senna (BRA), McLaren-Honda, 60 P.
3. Riccardo Patrese (I), Williams-Renault, 40 P.

1990
1. Ayrton Senna (BRA), McLaren-Honda, 78 P.
2. Alain Prost (F), Ferrari, 71 P.
3. Nelson Piquet (BRA), Benetton-Ford, 43 P.

1991
1. Ayrton Senna (BRA), McLaren-Honda, 96 P.
2. Nigel Mansell (GB), Williams-Renault, 72 P.
3. Riccardo Patrese (I), Williams-Renault, 53 P.

1992
1. Nigel Mansell (GB), Williams-Renault, 108 P.
2. Riccardo Patrese (I), Williams-Renault, 56 P.
3. Michael Schumacher (D), Benetton-Ford, 53 P.

1993
1. Alain Prost (F), Williams-Renault, 99 P.
2. Ayrton Senna (BRA), McLaren-Ford, 73 P.
3. Damon Hill (GB), Williams-Renault, 69 P.

1994
1. Michael Schumacher (D), Benetton-Ford, 92 P.
2. Damon Hill (GB), Williams-Renault, 91 P.
3. Gerhard Berger (A), Ferrari, 41 P.

1995
1. Michael Schumacher (D), Benetton-Renault, 102 P.
2. Damon Hill (GB), Williams-Renault, 69 P.
3. David Coulthard (GB), Williams-Renault, 49 P.

1996
1. Damon Hill (GB), Williams-Renault, 97 P.
2. Jacques Villeneuve (CDN), Williams-Renault, 78 P.
3. Michael Schumacher (D), Ferrari, 59 P.

1997
1. Jacques Villeneuve (CDN), Williams-Renault, 81 P.
2. Heinz-Harald Frentzen (D), Williams-Renault, 42 P.
3. David Coulthard (GB), McLaren-Mercedes, 36 P.
Jean Alesi (F), Benetton-Renault, 36 P.

Die Multi-Weltmeister

5 Titel
Juan-Manuel Fangio (RA)
1951, 54, 55, 56, 57
4 Titel
Alain Prost (F)
1985, 86, 89, 93
3 Titel
Ayrton Senna (BRA)
1988, 90, 91
Nelson Piquet (BRA)
1981, 83, 87
Niki Lauda (A)
1975, 77, 84
Jackie Stewart (GB)
1969, 71, 73
Jack Brabham (AUS)
1959, 60, 66

Die Fahrer mit den meisten GP-Siegen

1.	Alain Prost (F)	51
2.	Ayrton Senna (BR)	41
3.	Nigel Mansell (GB)	31
4.	Michael Schumacher (D)	27
	Jackie Stewart (GB)	27
6.	Jim Clark (GB)	25
	Niki Lauda (A)	25
8.	J.-M. Fangio (RA)	24
9.	Nelson Piquet (BR)	23
10.	Damon Hill (GB)	21
	Stirling Moss (GB)	16
12.	Jack Brabham (AUS)	14
	E. Fittipaldi (BR)	14
	Graham Hill (GB)	14
15.	Alberto Ascari (I)	13
16.	C. Reutemann (RA)	12
	Alain Jones (AUS)	12
	Mario Andretti (USA)	12
19.	Jacques Villeneuve	11
20.	James Hunt (GB)	10
	Ronnie Peterson (S)	10
	Jody Scheckter (ZA)	10
	Gerhard Berger (A)	10
24.	Dennis Hulme (NZ)	8
	Jacky Ickx (B)	8

Alle statistischen Angaben auf dieser Seite entsprechen dem Stand vor Beginn der Weltmeisterschaft 1998

Die Konstrukteurs-Weltmeister (seit 1958)

9 Titel
Williams: 1980, 81, 86, 87, 92, 93, 94, 96, 97
8 Titel
Ferrari: 1961, 64, 75, 76, 77, 79, 82, 83
7 Titel
Lotus: 1963, 65, 68, 70, 72, 73, 78
McLaren: 1974, 84, 85, 88, 89, 90, 91
2 Titel
Cooper: 1959, 60
Brabham: 1966, 67
1 Titel
Vanwall: 1958
BRM: 1962
Matra: 1969
Tyrrell: 1971
Benetton: 1995

Die fleißigsten Fahrer (Anzahl der GPs)

1.	Riccardo Patrese (I)	256
2.	Gerhard Berger (A)	210
3.	Andrea de Cesaris (I)	208
4.	Nelson Piquet (BR)	204
5.	Alain Prost (F)	199
6.	Michele Alboreto (I)	194
7.	Nigel Mansell (GB)	187
8.	Graham Hill (GB)	176
	Jacques Laffite (F)	176
10.	Niki Lauda (A)	171
11.	Thierry Boutsen (B)	163
12.	Ayrton Senna (BR)	161
⋮		⋮
37.	J. Mass (D)	105
40.	M. Schumacher (D)	102
59.	H.-J. Stuck (D)	74
71.	H.-H. Frentzen (D)	65

Die jüngsten GP-Sieger

Name	Jahre	Tage
Troy Ruttman	22	80
Bruce McLaren	22	104
Jacky Ickx	22	188
Michael Schumacher	23	240
Emerson Fittipaldi	23	296
Mike Hawthorn	24	86
Jody Scheckter	24	131
Elio de Angelis	24	148
David Coulthard	24	181
Peter Collins	24	208
Jacques Villeneuve	25	19
Ayrton Senna	25	31
Niki Lauda	25	65
Tony Brooks	25	145
Michele Alboreto	25	276

Die Teams der Weltmeister

9 Titel
Ferrari: 1952, 53, 56, 58, 61, 64, 75, 77, 79
McLaren: 1974, 76, 84, 85, 86, 88, 89, 90, 91
7 Titel
Williams: 1980, 82, 87, 92, 93, 96, 97
6 Titel
Lotus: 1963, 65, 68, 70, 72, 78
4 Titel
Brabham: 1966, 67, 81, 83
2 Titel
Alfa Romeo: 1950, 51
Mercedes: 1954, 55
Maserati: 1954, 57
Cooper: 1959, 60
Tyrrell: 1971, 73
Benetton: 1994, 95
1 Titel
BRM: 1962
Matra: 1969

Die Fahrer mit den meisten Punkten

1.	Prost	798,5
2.	Senna	614
3.	Piquet	485,5
4.	Mansell	482
5.	Lauda	420,5
6.	Berger	385
7.	M. Schumacher	362
8.	Stewart	360
9.	D. Hill	333
10.	Reutemann	310
⋮		⋮
60.	Frentzen	71
	Mass	71
71.	Berghe v. Trips	56

Die meisten Pole-Positions

1.	Ayrton Senna	65
2.	Jim Clark	33
	Alain Prost	33
4.	Nigel Mansell	32
5.	Juan-Manuel Fangio	28
6.	Niki Lauda	24
	Nelson Piquet	24
8.	Damon Hill	20
9.	Mario Andretti	18
	Rene Arnoux	18
11.	Michael Schumacher	17
	Jackie Stewart	17
⋮		⋮
22.	Jochen Rindt	10
52.	Heinz-Harald Frentzen	1
	W. Graf Berghe v. Trips	1

Die Siege der Rennställe

1.	Ferrari	113
2.	McLaren	107
3.	Williams	103
4.	Lotus	79
5.	Brabham	35
6.	Benetton	27
7.	Tyrrell	23
8.	BRM	17
9.	Cooper	16
10.	Renault	15
11.	Alfa Romeo	10
12.	Ligier	9
	Maserati	9
	Matra	9
	Mercedes	9
	Vanwall	9
17.	March	3
	Wolf	3
19.	Honda	2
20.	Eagle	1
	Hesketh	1
	Penske	1
	Porsche	1
	Shadow	1

Internationale WM-Titel-Hitparade

Großbritannien	12
Brasilien	8
Argentinien	5
Australien	4
Frankreich	4
Österreich	4
Italien	3
Deutschland	2
USA	2
Finnland	1
Kanada	1
Neuseeland	1
Südafrika	1

Siege der Motoren (ohne Indianapolis)

1.	Ford	174
2.	Ferrari	113
3.	Renault	95
4.	Honda	71
5.	Climax	40
6.	Porsche	26
7.	BRM	18
8.	Alfa Romeo	12
	Mercedes	12
9.	Maserati	11
10.	BMW	9
	Vanwall	9
13.	Repco	8
14.	Matra	3
15.	Mugen-Honda	1
	Weslake	1

Die Formel 1 bringt Farbe ins Spiel: Fans von David Coulthard schminken sich die schottischen Farben ins Gesicht (l.). David selbst fuhr bei den ersten Funtionstests den 98er McLaren in der Hausfarbe orange (u.).
Sorgte das Jordan-Team 1997 mit dem Schlangen-Design schon für Aufsehen, so haben sie in diesem Jahr noch einen draufgesetzt: Mit einer Hornisse haben die Designer erneut ihre Kreativität unter Beweis gestellt (r.).
Der Mann mit den verschieden farbigen Schuhen ist Benetton-Pilot Alexander Wurz. Der abergläubige Österreicher steigt grundsätzlich mit einem roten und einem blauen Schuh in seinen Rennwagen (r.u.).

FARBENSPIELE

Wenn der umtriebige Schumacher-Manager Willi Weber so herzhaft lacht, hat er garantiert wieder einen guten Deal gemacht. Eddie Jordan,

selbst ein geschäftstüchtiger Fuchs, scheint an dem Handel nicht beteiligt zu sein, was wiederum Team-Manager Ian Phillips amüsiert.

Blick nach vorn: David Coulthard will 1998 Weltmeister werden. Mit dem starken McLaren-Mercedes sind seine Chancen besser denn je.

Die wichtigsten Flaggen

Schwarz/weiß kariert:	Rennende
Rot:	Rennen unterbrochen
Gelb:	Gefahr, Überholverbot
Grün:	Freie Fahrt
Rot/gelb gestreift:	Rutschige Strecke
Blau:	Überholen lassen
Schwarz:	Disqualifikation
Schwarz mit rotem Punkt:	Problem am Auto
Weiß:	Langsames Auto unterwegs

Bildnachweis

Arrows: 86 (u.l.)
ASA Fotoagentur: 4, 8/9, 27 (o.), 83 (l.), 92, 106/107 (o.), 125, 142 (o.), 151 (u.), 143, 155, 164, 166 (o.), 173, 174 (u.), 191, 198 (u.), 199 (o.r.)
Autodromo di Monza: 171 (u.)
Benetton: 198 (o.r.)
Bongarts: 94
Circuit de Catalunya: 131
Circuit de Jerez: 177 (o.)
Empics: 24/25, 25, 108/109, 208
Ferrari: 85 (o.)
Ford: 87 (u.l.)
Formula One Pictures: 118 (o.), 138 (u.), 162 (u.), 178
Foto Olimpia: 126 (u.)
Lukas T. Gorys: Vorsatz, Nachsatz, 2/3 (11), 4/5, 12/13 (3), 16/17, 18, 19 (o.), 20 (u.), 22/23, 24, 26 (o.), 27 (u), 28/29 (5), 30/31, 32/33, 33/34 (2), 35/36 (8), 38/39 (2), 40/41 (8), 42/43 (2), 44/45 (8), 46/47 (2), 48/49 (8), 50, 52/53 (2), 54 (6), 56/57 (2), 58/59 (8), 60/61 (2), 62/63 (7), 64/65 (2), 66/67 (8), 68/69 (2), 70/71 (8), 72/73 (2), 74/75 (7), 76/77 (2), 78/79 (8), 82 (r.), 85 (u.), 86 (o.), 87 u.r.), 88/89 (3), 90/91, 99 (o.), 100/101 (3), 102, 106 (o.), 109, 110/111, 112 (o.), 113, 114/115 (4), 116/117, 118 (u.), 121, 123 (2), 126 (o.), 129 (2), 136 (2), 141, 145, 150 (u.), 151 (o.), 158 (o.), 161 (2), 168/169, 174 (o.), 177 (u.), 181, 182 (3), 186/187, 192 (o.), 193 (2), 194/195, 196/197, 199 (o.l.), 200/201, 204/205 (4), 206/207
A. Gouillardon: 142 (u.)
Ute Heinzerling: 138 (o.)
Hruby: 150 (o.)
Institut Geographique National de Monaco: 134 (u.)
I.S.F. Joseph Nandrin: 166 (u.)
Jordan: 55 (2), 86 (u.r.)
LAT: 96 (u.), 190 (o.)
McLaren: 84
Günther Molter: 14
Oliver Reck: 94/95
Primus Picture: 110, 112 (u.)
Sauber: 83 (M. r.), 87 (o.)
Strähle KG: 158 (u.)
Sutton Motorsport Images: 6/7, 15, 19 (u.), 20 (o.), 21 (3), 26 (u.), 82 (l.), 83 (M. l., r.), 96 (o.), 97, 98 (3), 99 (u.), 106/107 (u.), 107, 132, 134 (o.), 147 (2), 149, 156, 162 (o.), 171 (o.), 176, 182/183, 188/189 (3), 190 (M., u.), 192 (u.), 198 (o.l.), 199 (u.)
Suzuka Circuit: 184
TAG Heuer: 90, 91 (2), 93 (2)

Titelfotos
oben: Coulthard und Häkkinen nach ihrem Doppelsieg in Melbourne (ASA).
Mitte: Das Feld in der ersten Kurve nach dem Start (Sutton).
unten: Frentzen, Villeneuve und M. Schumacher beim Gruppenfoto (Gorys).

Rücktitel
ganz oben: Models in Melbourne (Gorys).
2. Reihe: Wurz in der Box (l.), Coulthard-Fan in Melbourne (beide Gorys).
3. Reihe: Schlafender Streckenposten (ASA), Alesi mit Frau (Gorys).
unten: Ralf Schumacher im freien Training von Melbourne (Gorys).

West
COMPUTER ASSOCIATES
Coulthard
FINLANDIA
VODKA
Mobil
1